本书是湖南省教育科学“十二五”规划2014年度课题“湖湘文化融入湖南高校文化建设的实践研究”（编号：XJK014BGD058）的系列研究成果之一，本书也是湖南省民　间非物质文化研究基地的研究成果之一。

湖湘文化融入
湖南高校文化建设的实践研究

——以怀化学院为例

田光辉 / 著

HUXIANG WENHUA RONGRU
HUNAN GAOXIAO WENHUA JIANSHE DE SHIJIAN YANJIU

中国社会出版社
国家一级出版社 · 全国百佳图书出版单位

图书在版编目（CIP）数据

湖湘文化融入湖南高校文化建设的实践研究：以怀化学院为例 / 田光辉著. -- 北京：中国社会出版社，2018.3

ISBN 978-7-5087-5910-4

Ⅰ.①湖… Ⅱ.①田… Ⅲ.①高等学校—校园文化—研究—湖南 Ⅳ.①G647

中国版本图书馆 CIP 数据核字（2018）第 044227 号

书　　名：湖湘文化融入湖南高校文化建设的实践研究——以怀化学院为例
著　　者：田光辉

出 版 人：浦善新
终 审 人：李　浩
责任编辑：陈贵红　　　　责任校对：杨春岩

出版发行：中国社会出版社　　邮政编码：100032
通联方式：北京市西城区二龙路甲 33 号
电　　话：编辑部：（010）58124828
　　　　　邮购部：（010）58124848
　　　　　销售部：（010）58124845
　　　　　传　真：（010）58124856
网　　址：www. shcbs. com. cm
　　　　　shcbs. mca. gov. cn
经　　销：各地新华书店

中国社会出版社天猫旗舰店

印刷装订：三河市华东印刷有限公司
开　　本：170mm×240mm　1/16
印　　张：15
字　　数：258 千字
版　　次：2018 年 3 月第 1 版
印　　次：2018 年 3 月第 1 次印刷
定　　价：48.00 元

中国社会出版社微信公众号

前　言

文化是民族的血脉，是人民的精神家园。党的十九大报告指出：“文化兴国运兴，文化强民族强。没有高度的文化自信，没有文化的繁荣兴盛，就没有中华民族伟大复兴。要坚持中国特色社会主义文化发展道路，激发全民族文化创新创造活力，建设社会主义文化强国。”当今世界，文化地位和作用更加凸显，越来越成为民族凝聚力和创造力的重要源泉、越来越成为综合国力竞争的重要因素、越来越成为经济社会发展的重要支撑，丰富精神文化生活越来越成为我国人民的热切愿望。随着中国特色社会主义进入新时代，随着人民的需要从物质文化需求发展到美好生活需要，随着中华民族迎来从站起来、富起来到强起来的伟大飞跃，文化建设也要提升至更高层面，肩负更多的使命。在道路自信、理论自信和制度自信的背后，是我们坚定的文化自信。文化创造美好，美好需要文化。在人民日益增长的美好生活需要中，丰富的精神食粮不可或缺。

在新的历史时期以习近平新时代中国特色社会主义思想为指导，推动社会主义文化大发展大繁荣，关系到实现全面建成小康社会、基本实现社会主义现代化、建成富强民主文明和谐美丽的社会主义现代化强国目标，关系到实现中华民族的伟大复兴。习近平总书记曾在2016年12月的全国高校思想政治工作会议上指出：“要更加注重以文化人以文育人，广泛开展文明校园创建，开展形式多样、健康向上、格调高雅的校园文化活动。”对于“文化”的界定，学界有多种定义。

一般认为，文化分为广义的文化与狭义的文化。广义的文化是指人类在社会历史发展过程中所创造的物质财富和精神财富的总和。狭义的文化则指意识形态所创造的精神财富，包括宗教、信仰、风俗习惯、道德情操、学术思想、文学艺术、科学技术、各种制度等。广义的文化包括四个层次：一是物态文化层，由物化的知识力量构成，是人的物质生产活动及其产品的总和，是可感知的、具有物质实体的文化事物。二是制度文化层，由人类在社会实践中建立的各种社会规范构成。包括社会经济制度、婚姻制度、家族制度、政治法律制度等。三是行为文化层，以民风民俗形态出现，见之于日常起居活动之中，具有鲜明的民族、地域特色。四是心态文化层，由人类社会实践和意识活动中经过长期孕育而形成的价值观念、审美情趣、思维方式等构成，是文化的核心部分。

传统湖湘文化是指历代湖湘民众和流寓湖南的外省人士在湖湘大地上所创造的实物、知识、信仰、艺术、道德、法律、风俗以及其余通过各种途径所学到的能力和知识的总和，包含了物质文化、制度文化和精神文化三个层面。传统湖湘文化是一个丰富的、多层面的复合体。本书所说的湖湘文化是指传统湖湘文化中的优秀部分，比重占绝对优势。作为中华优秀传统文化重要组成部分的湖湘文化源远流长、博大精深，具有独特的文化品质和文化魅力。湖湘文化历代代表性人物有屈原、贾谊、蔡邕、柳宗元、周敦颐、胡安国、胡宏、辛弃疾、张栻、朱熹、真德秀、王船山、谭嗣同、左宗棠、黄兴、宋教仁、陈天华、蔡锷、毛泽东、刘少奇、向警予、任弼时、何叔衡、陈赓、林伯渠、罗亦农、罗荣桓、贺龙、徐特立、陶铸、彭德怀、粟裕（新中国成立后人物按姓氏笔画排序）等。湖湘文化为湖南高校文化建设提供了丰富的教育资源。高校校园是大学生成长的具体环境，校园文化蕴含着师生员工共同的价值观念，高校的精神、校风、教风、行为准则等，对大学生价值观起着潜移默化的作用。良好的高校文化对大学生思想和心理的健康发展起着积极的促进作用。怀化学院是一所多学科门类协调发展的省属综合性普通高校。学校坐落于古有“滇黔门户、全楚咽喉”之称，现有沪昆高铁,湘黔、枝柳、渝怀铁路,及209、320国道、沪昆、包茂高速交会的交通枢纽怀化市,自然环境优美,人文积淀深厚。学校创办于1958年,前身为怀化师范高等专科学校,2002年经教育部批准升格为全日制普通本科院校,2004年获得学士学位授予权,2012年6月通过教育部本科教学工作合格评估。学校先后被评为"湖南省文明单位""湖南省文明高校""全国精神文明建设工作先进单位""国家节约型公共机构示范单位"。学校现有21个学院(部、中心),54个本科专业;教职员工1000多人,专任教师658多人;普通全日制在校生16000多人;校园面积1158亩,校舍总建筑面积42万平方米;资产总值7.7亿元,教学科研仪器设备总值1.4亿元;各类图书200.8万册。近年来,在湖南省委、省政府和省教育厅的正确领导和大力支持下,学校坚持"立足怀化、面向湖南、辐射全国"的服务定位,以"应用性、民族性、区域性"为办学特色,践行"厚德博学,唯实求新"校训和"怀仁化物,立地仰天"的办学理念,坚持严格要求、严格管理的治校方略,形成了良好的学风校风。学校在师资队伍建设、学科建设、科学研究、人才培养、学术交流与合作、服务社会、办学影响等方面取得了显著成绩。

党的十九大报告提出,要坚定文化自信,推动社会主义文化繁荣兴盛。湖湘文化融入湖南高校文化建设要以习近平新时代中国特色社会主义思想为指导。本书从湖湘文化的历史与现实出发,以怀化学院为个案,研究湖湘文化融入湖南高校文化建设在大学生素质培养中的重要作用,对湖湘文化融入湖南高校文化建设问题进行解析。湖南高校文化建设应更好地服务于大学生素质培养,尤其要注重发挥湖湘文化所起的重要作用。本书主要内容是关于湖湘文化融入湖南高校文化建设的理论思考和实践探索。书中有大量实例,是湖南高校校园生活、高校文化建设的真实反映。高校文化建设担负着校园舆论引导和校园文明建设的责任和使命,而湖湘文化所具备的立足湖南历史现实的特点,为它贴近湖南高校校园师生、充分发挥在高校文化建设中的作用提供了重要条件。以"湖湘文化"作为加强高校文化建设新的切入点,本身就具有特殊的文化特色与历史底蕴,人文环境的针对性强。湖湘文化是湖南省的地域文化,湖南高校不可避免地打上了湖湘文化的烙印。湖南高校的文化建设不仅能从湖湘大地丰富的自然人文景观、名人名著、科教水平等物质文化中找到参照,同时受到湖湘伦理法制、风俗民风、宗教信仰等制度性约束,还能从湖湘文史、艺术等精神成果中汲取灵感。湖南高校应该充分汲取湖湘文化的营养,结合高校自身发展建设的传统与现实,以物质文化为载体,以制度文化为保障,以精神文化为灵魂,培育出底蕴深厚、特色鲜明、立足长远的高校文化。“十三五”时期,随着湖南省“一核三极四带多点”战略的全面推进,湖南高校理所当然地肩负着人才培养、科学研究、社会服务、文化传承与创新、国际交流合作的重要使命。作为湖南高校,要结合湖南实际,把湖湘文化融入湖南高校文化建设实践中。文化建设对于湖南高校切实加强和改善党的领导,全面提升文化建设水平,培养德才兼备、全面发展的中国特色社会主义合格建设者和可靠接班人具有重要的意义。本书不仅仅是湖湘文化的展示,更展现了湖南高校文化所体现出来的生命力、创造力和凝聚力。积极探索湖湘文化融入湖南高校文化建设的路径,从而在传承和发展湖湘文化的基础上,寻求湖南高校文化建设取得新的突破。创建一个和谐、优美、宽松、积极向上的育人环境,是新时期湖南高校文化建设面临的艰巨任务之一。湖南高校要充分利用湖湘文化资源,以理想信念教育为核心,以社会主义核心价值观为重点,建设健康向上、形式活泼、主题鲜明的校园文化,营造一个良好的教书育人、服务育人、管理育人和促进大学生全面发展的教育环境。湖南高校还要充分利用湖南改革发展的伟大成就、重大历史事件纪念活动、爱国主义教育基地等组织开展主题教育,弘扬湖湘文化,推动湖湘文化融入湖南高校文化建设实践中,引导师生深刻领会党中央治国理政新理念新思想新战略,坚定中国特色社会主义道路自信、理论自信、制度自信、文化自信。

田光辉

2018 年 1 月

目　录

CONTENTS

第一章

湖湘文化的发展历史

湖湘文化是历史上湖湘民众和流寓湖南的外省人士共同创造的具有湖湘地方特色的精神文化、制度文化与物质文化的总称,包括生产方式、生活方式、社会意识、价值观念、社会心理、风俗习惯、思想观念和思维方式等。湖湘文化是中华文化的有机组成部分,湖湘文化是中华文化的一个分支,是湖湘大地上有着悠久历史、积淀深厚、颇具特色的地域文化。在长期的历史发展过程中逐步产生和发展起来的湖湘文化带有浓厚的湖南地域色彩。

第一节 湖湘文化的起源

在现今湖南地域范围内形成和发展起来的湖湘文化具有鲜明的湖湘地域风格。湖湘文化包括物质、制度和精神三个层次的内容。按达尔文的进化论观点,人由猿进化而来,其谱系是古猿(700 万年前)—早期猿人(180 万年前)—晚期猿人(30 万年前)—早期智人(5 万年前)—晚期智人(1 万年前)—现代人。第四纪冰川作用对人类的诞生有非常重要的意义,在 20 世纪 30 年代,李四光教授就确定湖南省雪峰山区有第四纪冰川地貌,20 世纪 60 年代中国科学院进行的第四纪冰川地质调查,发现湘、资、沅、澧四水流域山区也有第四纪冰川地貌,洞庭湖区也有第四纪冰川地貌。① 湖湘大地有洞庭湖及湘、资、沅、澧四水流域独特的地质地理环境,具备形成湖湘文化的深厚土壤。如洞庭湖区及湘、资、沅、澧四水流域临水靠山,土地肥沃、物产丰富。旧石器时期的湖南人已经表现出了敢为人先和经世致用的品格,这是湖湘文化的开端。旧石器时代湖南古人类(早期猿人—晚期

---

① 童潜明. 以地学论洞庭湖的八个基础问题,2011 洞庭湖发展论坛文集,2011(10).

猿人)进入周邻地区使其具有湖南旧石器时期烙印;周邻地区古人类也可进入湖南,使之具有各地旧石器时期之优点。① 之后的新石器时期②湖南人的敢为人先得到了进一步发展,创造了不少的人类社会第一。在新石器时代的早期、中期,湖南的稻作农业、矿产利用、文字创造、城市建设在我国甚至在全球都是第一,正是这些创造,促进了人类社会文明的发展。湖南人在新石器时期早、中、晚三个时期的独特创造包括栽培稻的培育、黏土矿产的利用、城市的建立等,正是这些创造促进了人类社会的文明进程。商周时代,湖湘文化逐渐完善,不只在于敢为人先和经世致用,还有了忧国忧民的思想内涵和勇武不屈的民族气节。③ 在古老的湖湘大地上,促使湖湘文化孕育萌芽的文化元素有蚩尤文化、炎帝文化、舜帝文化、三苗文化、扬越文化、南蛮文化、楚文化等。

一、蚩尤文化

蚩尤、黄帝与炎帝被称为中华民族三大人文始祖,已经得到学界的一致认同。历史上发生在黄河下游和华北平原的"涿鹿之野"战事正是黄帝、炎帝与蚩尤三大部落集团相互争夺部落利益主导权的战争。据学者伍新福研究:蚩尤与炎帝和黄帝的决定性大战"涿鹿之战"前后有两次。"一次为蚩尤与炎帝之战;一次为蚩尤与黄帝之战。《逸周书》载:'蚩尤乃逐帝(即炎帝),争于涿鹿之阿,九隅无遗。'这是第一次涿鹿之战。炎帝战败,所辖领地都被蚩尤部落占据了。《史记·五帝本纪》:'轩辕之时……蚩尤作乱,不用帝命,于是黄帝乃征师诸侯与蚩尤战于涿鹿之野,遂擒杀蚩尤。'这是第二次涿鹿之战。黄帝可能联合被蚩尤战败的炎帝部落,并借助'诸侯'即其他部落的力量,最后打败和擒杀了蚩尤。"④由此可见,作为中华民族始祖之一的蚩尤领导的部落联盟是远古时期一个强大的部落联盟,如果没有充分的物质条件和强大的经济基础以及先进的科学技术,要想战败炎帝,再与

---

① 童潜明. 从地学谈湖湘文化的起源(上)[J]. 国土资源导刊,2010(03):15.

② 新石器时期是英国考古学家卢伯克于1865年首先提出的,年代大约从距今18000年开始,结束于距今5000年左右,可分为几个时期,各国、各地区分法不同。我国一般将其分为三期:早期从距今18000年至距今9000年,中期从距今9000年至距今7000年,晚期从距今5500年至距今2000年。

③ 童潜明. 从地学谈湖湘文化的起源(下)[J]. 国土资源导刊,2010(04):15.

④ 伍新福. 从东夷、南蛮到苗族[A],中国民俗学会、花垣县人民政府,魂牵蚩尤——全国蚩尤文化研讨会(湖南·花垣)论文资料汇编[C],北京. 民族出版社,2010年11月第一版,第39页。

黄帝分庭抗礼是不可能的。蚩尤在部落集团的政治、军事、文化诸多方面都应有着其不可磨灭的贡献。蚩尤虽然被黄帝战败身死,但他的部族遗民还在,部落后裔还在。他们经过艰难地迁徙,退至黄河下游以南地域,又再被迫迁往长江中游的今江西、湖南一带。分布于这一带的峻岭崇山之中,继承着部族的文化,发展着部族的文明。至今苗族、瑶族、畲族等民族仍在继承和弘扬蚩尤文化。蚩尤尚武善战,历来被苗族尊为武圣、战神。为此,苗族后裔怀着对先祖的敬仰,也是为了保家护园,习武练功蔚然成风。日常的生产生活用具都可作武器。锄头、板凳、筷子等,随手拿来即可作为防身技击的武器。在许多苗乡,至今还流传着蚩尤拳。从古至今,湖南湘西苗疆涌现了众多为国为民英勇善战的英雄。有打响反击西方不法传教士第一枪的云贵总督田兴恕;有赶走法国侵略者收复台湾的陕甘总督杨岳斌,有名震华夏全歼日本加强排获得湘北大捷的湘西革屯抗日军。最为有名的是领导乾嘉苗民起义的花垣苗族领袖石三保、石柳邓、吴八月。苗疆儿女外御强敌,内抗悍匪,千百年来,谱写了多少可歌可泣的英雄故事。这正说明了苗族继承了先祖蚩尤宁死不屈、宁折不弯的英雄气概和敢于反抗一切压迫的斗争精神。①

蚩尤除了在军事上成了一代枭雄之外,他在长期的部族统治中,对政治、经济、文化也作出了杰出的贡献。从现今苗族后裔传承的一系列古老的节庆风俗可看出蚩尤对后代的深远影响。而这些原生态的饮食服饰和节庆风俗都很好地保存在湘西这块古老的土地上。如为了迁徙方便,苗族服饰上缀满了金银,在古代的战乱中,把财富做成金银首饰由妇女、儿童戴在头上,穿在身上,既可保全财产,又有装饰的作用,这是古老的迁徙,游牧民族惯用的方法;苗绣更具特色:花草图案,规格式样,精美绝伦,它一方面展示着苗族智慧和苗族百姓乐观的生活态度;另一方面承载着苗族百姓对先民的怀念,是一种历史记忆。苗族服饰更是品种繁多,传承完好,它可以说是我国服饰文化的活化石,是研究我国服饰文化的百科全书。除此之外,还有更为丰富的苗族文化节日:椎牛节,赶秋节;独具特色的苗歌,神奇精妙的苗医,生动形象的剪纸,卓绝特异的编织等。在当今世界民族大融合的时代背景下,苗族能以一个少数民族的身份引起世人的注目,是与其源远流长的文化底蕴分不开的。而这些苗族文化,正是蚩尤文化的现代显现。②

---

① 互联网文档资源(http://wenku. baidu. c),2012 - 11 - 11.

② 龙晓飞,石群勇,龙文玉. 苗祖蚩尤与湘西苗疆[A],中国民俗学会、花垣县人民政府,《魂牵蚩尤——全国蚩尤文化研讨会(湖南·花垣)论文资料汇编》[C],北京. 民族出版社,2010 年 11 月第一版,第 28 页。

二、炎帝文化

中华民族始祖之一的炎帝神农氏是我国农耕文明的创始人、医药文化的鼻祖。始于炎帝的农耕文化、医药文化、工业文化、商贸文化、火文化、易文化、龙文化、原始艺术等,是炎帝文化的总和。炎帝在湖南也留下了许多传说。湖南拥有五岳之一的南岳及祝融传说,然而自西周以来一直被视为蛮荒之地。从近年的考古发掘及对历代文献与传说的研究成果可知,中华文明起源是多元的,但又是一体的,湖南是中华文化一体的最早源头之一。道县附近有嘉禾县,文献记载与神农有关。道县出土的人工水稻与神农发明农业应有关联。《桂阳州志》云:"天降嘉谷,神农拾之,教耕于骑田岭之北,其地曰禾仓,后以置县。"《衡湘稽古录》:"帝之匠赤制氏,作耒耜于郴州耒山。"神农揭开了中国农业浩浩史册的第一页。嘉禾县,古称"禾仓堡",清人李元度重修《南岳志》卷十引《湘衡稽古》云:"今桂阳县北有淇江,其阳有嘉禾县。相传炎帝之世,天降嘉禾,帝拾之以教耕,以其地为禾仓。后置县,因名嘉禾。"从考古角度看,有道县玉蟾岩遗址,有怀化洪江高庙遗址,有距今6200多年的澧县城头山古城及距今6500年的最早的水稻田。这一系列考古文化构成了中华文明之源,且皆与炎帝有关系,可称为炎帝文化圈。①

从文化认同和影响及祭祀大典规格说,湖南株洲市的炎帝陵在海内外华人心目中地位最高。我国上古时代杰出的部落首领炎帝神农氏,相传是农业、医药、商业、音乐之祖,又是农耕文化、茶文化创始人。他从北方南下寻找粮食及医药,最终在湖南发现原始水稻并建立古厉山国,从此中国开始了农业文明进程。据史籍记载:炎帝神农氏"生于厉乡,所谓烈山氏也"。"长于姜水,因以为姓,火德王,故曰炎帝"。"崩葬长沙茶乡之尾,是曰茶陵",即今湖南省株洲市炎陵县鹿原陂。为缔造中华古国最早的文明,为发展社会生产力,为中华民族的繁荣昌盛作出了不可磨灭的贡献。几千年来,炎帝神农氏受到炎黄子孙的世代钦敬。高庙遗址也与炎帝有关,如"炎帝会同说",阳国胜等先生提出了众多的理由,包括怀化会同县的许多地名,如:连山、八卦庙、会同等都与炎帝有关。另外其所引几条古书记载也是可供研究的。如:东汉《春秋纬·元命苞》:"少典妃安登游于华阳,有神龙首感之于常羊,生神农,人面龙颜,好耕,是谓神农,始为天子。"《山海经·大荒西经》明确记载:"大巫山、有金之山,西南,大荒之中隅,有偏句、常羊之山。"而晋代《伏滔

① 刘俊男.湖南泛炎帝文化遗址旅游开发论,《船山学刊》,2007(07).

集》载《刁凿齿论青楚人物略》:"神农生于黔中",又据《会同县志》记载,会同古属"黔中"之地。①

据专家研究,炎帝可与城头山古城挂钩。神农氏又称烈山氏,传说在湖南建了厉山国。《读史方舆纪要》:"澧水:州南三里,源出慈利西之厉山,东流会淡水,又东经石门县会溇水,又东至州城下,州北七十里之涔水,州东二十五里之澹水,俱流合焉,下流入于洞庭。《楚辞》:'濯余珮于醴浦'虞喜云即澧水……",可见,烈、厉、澧、醴相通,今湖南西有澧县,东有醴陵市,炎陵县,皆古长沙境。《南岳志·前献》引王万澍曰:"(炎帝)[神农]都长沙凡七代。"这个古长沙包括澧县,可能就是澧县城头山谷城,因为炎帝的年代与古城能交合。因此,湖南的三大新石器遗址都属于炎帝文化。②

三、舜帝文化

舜帝是道德文化的鼻祖,《史记》所载:"天下明德,皆自虞舜始。"九嶷山是舜文化的藏精之所。《史记》载:"崩于苍梧之野,葬于江南九嶷。"道县,据《今县释名》:"有营道山在西北,唐初置营州,后改道州。"1913 年改为道县。一说以古道国为名。《括地志》云:"鼻亭神在营道县北六十里。故老传云:舜葬九嶷,象来至此,后人立祠,名为鼻亭神。舆地志云:零陵郡应阳县东有山,山有象庙。王隐晋书云:本泉陵县北部,东五里有鼻墟,象所封也。"舜帝是中国上古"三皇五帝"之一,是中华道德文化的奠基人,为社会道德规范的建立和中华传统文化的形成作出了突出贡献,被后人尊称为"道德始祖""百孝之首""文明之元"。中国古代的许多思想家都对大舜给予很高的评价,《尚书》记载"德自舜明",《史记》记载"天下明德,皆自虞舜始"。

舜帝文化是人类文明史中罕有的具有最完整的文化构成要素的从未间断的历史最久远的一门独特文化。最完整的文化构成要素,是指一门文化同时具备了十方面的构成要素,即名称、地域、时间、代表人物、史实、演化、承传、所创物质和精神财富、发展程度、在历史及人类文明史中所处地位。舜帝文化不但具备所有上述文化的构成要素,而且其内涵相当博大全面。过去人们谈及舜帝文化,多侧重人伦孝悌方面的影响,因为舜被列为古代的二十四孝之首。舜帝文化可以归结

---

① 石兴邦. 论"炎帝文化研究"及其相关问题,王俊义主编《炎黄文化研究》第四辑。

② 刘俊男. 湖南泛炎帝文化遗址旅游开发论,《船山学刊》,2007(07).

为以下几个方面:第一,政治上"公天下"的真正倡导和执行者。儒家所乐道的天下为公,最推崇的典范莫过于唐虞盛世时尧禅舜、舜禅禹之例。尧禅舜虽是易姓而王,毕竟有翁婿传位之嫌。唯舜禅禹,才是昭之于世的公天下的大举动。他禅位的不是一般的易姓,而是被他杀掉的鲧的儿子禹,这体现出他真正不计个人事后安危,出于公心,贤不避仇的气度和胸襟。第二,施仁政,宽五刑,立至圣人极之念。舜在施政的整个时期,治国理念以施仁为至要。他处处以"仁"为行动之指南,御世之圭臬。他极力提倡并推行五常之教,并将上古传统的五刑刺面、割鼻、剁脚、阉雄、处死等酷刑用流放代替。他主张"不虐无告",即不虐待鳏寡孤独没有依靠的人;"不废困穷",即对困苦贫穷的人不要抛弃不管。他对下边的人平易不讲排场,对黎民仁义宽厚不苛刻,实为后世"仁政"思想的发轫之源。第三,建国一统,以法治政,促成中华民族大一统凝聚力的形成。据典籍所载,舜在治国施政过程中,把统一律历和度量衡作为己任。舜在登封泰山时,便开始进行统一律历、度量衡的工作。他的终生理念,是要建立天下书同文、车同轨、人同伦、族同宗、乐同律、时同历、宾同礼的大一统社会。这样的同文、同宗、同律、同伦等的做法,为炎黄子孙成为具有永久向心力的民族奠定了基础。第四,先人后己高尚品格的身体力行者。舜在执政后也处处亲历艰险,事必躬亲。他所到之处,总是劝农授耕。他把亲自耕垦或教垦的土地,分给别人,自己却未留一寸。故《史记·苏秦列传》载"舜无咫尺之地",其先人后己的品行,举不胜举。第五,民族和睦的执政先哲。舜帝在年轻时便是调解劝和的有名人物,氏族方国间的纷争往往经他一调解便和好如初。在他执政后,更是以除乱安邦为能事。"除四凶"之事,便是其中典型。所谓四凶,是当时与尧有利害冲突的几个大氏族。舜采取睦族方略,用氏族平等、互相融合的治国之策安定了天下。其中,据《淮南子·原道训》载:"舜理三苗,朝羽民,徙裸国,纳肃慎。"其"理、朝、徙、纳"四策,正是舜的氏族和睦政策的创造,远古时代创立中华大家庭的圣明之举。全面审视和评价舜"除四凶"的真正用意,是重在使其"变"而融,而非逐而裂。因而史书称赞他:"天下化之,蛮夷率服","通于神明,光于四海"。①

舜帝施政能"明四目,达四聪",公开招贤,宾四门,立诽谤之木,设敢谏之鼓,广纳四海之贤。舜之广纳贤,不以当权者个人的好恶亲疏为标准,不仅敢于起用

① 王金铃.舜文化的博大内涵及发祥地诸城,《2009 中国(诸城)大舜文化学术研讨会论文集》,2009(06).

尧未起用的八凯、八元、十六族和其他贤人，而且力排众议起用禹，显示出用人为公的真正气度。他对自己的子女亲属并无重任。舜还善任贤，对所任之职，又五年一巡狩，三年一考绩，以防诸侯威福任己，自专一国。舜帝勇于发明，善于革新，努力发展生产。据史载，舜是凿井、制犁的发明人，也是陶器的改进者。舜所到之处总是教人凿井，让人离水而居，避免水患；教人治陶，故使陶“不窳”；他还教人制犁耕田、授人以技。舜帝也是礼仪之邦的先创人。舜为礼仪之教，设规立矩，做出了非常具体的努力并付诸了实施。他宾四门，设五教，立五礼，甚至服饰亦有因人而异之定制。这样做，在当时起到了告别荒蛮，提倡文明，使族人行之有规、礼之有度的作用。舜对礼仪的创设，对我中华重礼仪、守信用的民族性的形成，有极大的推动作用。舜帝创韶乐，立万舞，设二学，为创立中华原始文化做出了不世之功。据史所记，舜是箫的发明者，又是韶乐的发明人。韶乐发展到后世竟让孔子闻而“三月不知肉味”。舜立万舞，传之四极八表。他设大小二学，养国老于上庠，即大学；养庶老于下庠，即小学。这是所传五帝时设学“成均”的进一步细化。后世三代，设学夏曰校，殷曰序，周曰庠。周之庠则源虞舜之学的称谓。舜是人类有记载的最早的设学的创始人。舜帝是孝悌治家，爱亲尊师的千古垂范。古人言舜，首必言孝。虽然舜家中父顽、母（后母）嚚、弟傲，他又经历涂廪、掩井诸难，但他仍不失孝道，终为人子之范，史列二十四孝之首。他入政之后，又徽征五典，即主张父义、母慈、兄友、弟恭、子孝。舜更是尊师好学的先哲，亦是修身治国的垂范者。他施政处事主张“直而温，宽而栗，刚而无虐，简而无傲”。舜所率先垂范的这些主张，对中华传统文化中的“修身、齐家、治国、平天下”的思想形成产生过巨大影响。①

四、三苗文化

三苗，中国上古传说中黄帝至尧舜禹时代的古族名，又叫“苗民”“有苗”。主要分布在洞庭湖（今湖南北部）和彭蠡湖（今江西鄱阳湖）之间，即长江中游以南一带。梁启超认为，三苗的苗就是蛮，系一音之转，尧舜时称三苗，春秋时称蛮。当禹的夏部落联盟跨入奴隶社会时，三苗已有“君子”“小人”之分，开始有了阶级分化。有的文献记载三苗“惟作五虐之刑”，最早发明了刑罚。三苗有“鬘首”的

① 王金铃．舜文化的博大内涵及发祥地诸城，《2009 中国（诸城）大舜文化学术研讨会论文集》，2009(06).

习俗,即把麻和头发合编成结。三苗,与驩兜、共工、鲧合称为“四罪”。《史记卷一·五帝本纪第一》中记载:“驩兜进言共工,尧曰不可而试之工师,共工果淫辟。四岳举鲧治洪水,尧以为不可,岳强请试之,试之而无功,故百姓不便。三苗在江淮、荆州数为乱,于是舜归而言于帝,请流共工于幽陵,以变北狄;放驩兜于崇山,以变南蛮;迁三苗于三危,以变西戎;殛鲧于羽山,以变东夷:四罪而天下咸服。”黄帝时,三苗部落参加过九黎的部落联盟,有的文献说三苗是“九黎之后”。尧时,三苗作乱,尧发兵征讨,作战于丹水(今丹江),打败三苗。三苗可能在这时参加了尧的部落联盟。有文献说三苗的首领驩兜是“尧臣”,被称为“诸侯”。后来,三苗不服,多次为乱,尧遂将他们中的一部分人众流放到西北的三危山,将其首领驩兜流放到崇山。舜代尧为部落联盟首领以后,三苗不服,舜乃整军振旅,没有经过战争而臣服了三苗。禹时,三苗不服,禹与三苗进行了一场历时 70 天的大战,大败苗师,从此三苗衰微下去。此后,史籍中不再见三苗的记载。如今有的学者认为,现代的苗族是三苗的后裔,自古以来就遍布于如今的四川、云南、西藏、贵州、湖南、广西及琼州等地,与汉人毗邻而居,关系非常密切。《舜典》的“传”中,曾将当时三苗的来龙去脉加以介绍说:“三苗,国名,缙云氏之后,为诸侯,号饕餮。”另外,其《名义考》也指出:“三苗建国在长沙,而所治则江南,荆、扬也。”从《舜典》的这些文献看来,古代的三苗是江南的一个国家,是由缙云氏的后裔所建,而所谓缙云氏,则是黄帝时的夏官之名,其封地在今浙江省缙云山的仙都山一带,算是黄帝名下的一个诸侯。如此看来,三苗在此时期有一部分与黄帝的华夏集团融合,形成后来的汉族人,所以现代汉族人的祖先并不是单一的只有炎黄二帝,还有上古时期的其他部落。①

五、高庙文化

高庙遗址位于湖南洪江市安江镇东北约 5 公里的岔头乡岩里村,地处沅水北岸的一级台地上,分布面积约 3 万平方米,为一坝丘遗址。湖南省文物考古研究所于 1991 年、2004 年先后 2 次发掘了 530 平方米。遗址可分为下部遗存和上部遗存。下部遗存与皂市下层中晚期年代相当(距今约 7400 年),出土有相当数量的白陶器、釜、罐、钵等,器物造型奇特,很少带有附耳。纹饰以戳印笔点凤鸟纹、兽面纹最具特色。上部遗存与大溪文化的年代相当(距今约 6500—5300 年),与

① 网络(http://blog.sina.com).

大溪文化有一定的联系,但泥质陶很少,平底器和三足器几乎不见;纹饰以戳印纹和凸点纹为主;釜、罐类陶器仍保留着曲颈的传统作风,因此被有关学者分别命名"高庙下层文化"和"高庙上层文化"。"高庙上层文化遗存",年代范围约为距今6500—5300年;下部地层堆积则已正式命名为"高庙文化",年代范围约为距今7800—6800年。湖南考古所发现了高庙文化晚期的规模很大的祭祀场所,其年代约为距今7000年。其附设的司仪、牲祭、人祭、窖藏与议事会客场所齐全,这在我国南方同时期遗址中是极为罕见的。它生动地反映了当时居民宗教礼仪的真实状况,同时也表明其在当时很可能是一个区域性的宗教中心。① 考古工作者发现了距今约7800年的以凤鸟、獠牙兽和太阳纹、八角星纹为题材的图像。獠牙兽面纹在河姆渡文化、良渚文化和后来的夏商文物中都有出现,但都比高庙遗址晚了几千年。而这"獠牙农神像"的构图模式,影响波及了全中国的农耕地区,如良渚文化、大汶口文化、龙山文化、中原的仰韶文化、中原的青铜文化、四川的三星堆青铜文化、江西的新干青铜文化等,这一切无一不是对高庙"獠牙农神像"构图模式的继承与发展。今天在五溪地区少数民族用于祭神仪式的傩面具图案,其中兽面獠牙的构图方式竟然与7000多年前的"獠牙农神像"惊人的相似,可见古老的习俗仍保留在该地。凤凰是传说中的神鸟,具有图腾意蕴。史界及考古界一直公认,河姆渡遗址发现的"双鸟朝阳"象牙雕刻,是我国最早的"凤凰图腾"。而高庙遗址出土的白色陶罐,其颈部和肩部各戳印有东方神鸟(包括兽面、太阳)图案,一只朝向正面,一只侧面回首,虽经年代浸淫,依旧栩栩如生。专家鉴定,沅水凤凰早于河姆渡凤凰400年。高庙遗址挖掘出"太阳"彩陶,已历7400余岁,为新石器早期陶工艺品。附着于高庙陶上的兽面纹,据考证较之辽宁同门家族,早了足足上千年,历史之悠久,全国独一无二。此外,出土了目前所见年代最早的白陶制品。这里可能是我国白陶的最初发源地。揭示了高庙上层遗存中的部落首领夫妻并穴墓等一大批重要遗迹。这种一夫一妻墓的出现比过去大汶口等地的约早2500年,从而表明父系氏族大致的出现时间。此外,高庙遗址出土了驯养的家猪牙齿,表明当地在距今将近8000年的时期已出现了动物的驯养业。出土了7400年前的女性人体骨架下面的一个竹篾垫子。篾片之薄,与现在的同类物品没有视觉上的差别,说明制作工艺十分考究精湛。经专家测定,篾垫比之浙江良渚文化遗址发现的竹席、竹篓、竹篮等,要"年长"2000多岁。由是,高庙篾成为迄今为止

① 贺刚. 湖南洪江高庙遗址考古发掘获重大发现,《中国文物报》,2006-01-06.

全国已知最早的竹工艺品。高庙文化遗址远古部落首领夫妻墓中的玉璜、玉玦等精美玉器,其精湛的钻孔技术让人叹为观止。这些玉器上面的钻孔又细又光滑,仅容绣花针穿过。本遗址的开发充分表现怀化地区在7000年以前高度发达的古代文明,其宗教文化、白陶、手工艺品等在当时居领先地位,尤其是凤凰、饕餮、八角星、太阳纹等组成的综合图案是华夏宗教文化之源。高庙遗址大部分地层中均出土了堆积如山的淡水螺、贝壳和鹿、猪、麂、牛、熊、象、貘以及犀牛等各种水、陆生动物骨骸数十种,非常直观地表达了当时人类获得食物的主要手段和来源,是以渔猎与采集为主的攫取式经济方式。其中的部分猪牙床经鉴定已属被驯养的家猪,表明当地在距今将近8000年的时期已出现了动物的驯养业。参照该遗址中大型祭祀场所的发现,可确认这些饰有上述图像的陶器属于祭器的性质,它们在高庙文化的鼎盛期(大体在距今7400—7100年)最为发达,且其构图和制作技术皆显得相当娴熟。在高庙遗址的南区发现了年代比之更早的高庙文化早期遗存,出土陶器上的凤鸟多为刻画的并列鸟头,兽面则为兽头的正面图像,八角星象则悬在天空,无论从它们的构图和制作技术都非常简单原始,其所处年代据此期遗存中陶器的基本特点,可初步判断为约距今7800年。这些祭器出于年代如此古老的时期,为追溯我国史前宗教艺术的起源翻开了新的篇章。高庙遗址说明了怀化五溪地区在七千年以前高度发达的古代文明。①

六、南蛮文化

古时中国对地理的划分是按方位进行的,称中原、东夷、南蛮、西戎和北狄。华夷五方格局的形成经历了春秋、战国五个多世纪,而文献中明确以华夏居中,东夷、西戎、南蛮、北狄配合四方的记述,大概出现于战国。② 文献记载中,蛮常指南方民族,如三苗、楚、濮、群蛮、巴等,但不专指南方,《诗·韩奕》说:"因时百蛮,奄受北国",《閟宫》也有"淮夷蛮貊"的称谓。《史记·匈奴列传》说:"唐虞以上有山戎、猃狁、獯鬻居于北蛮。"可见蛮在西周以来的先秦文献记载中也可以用作非夏族的通称,并且和"夷"一样可以用作与夏对举,称为"蛮夏"。南蛮的总称,大概出现于战国。《孟子·滕文公上》称楚人许行为"南蛮鴃舌之人",是说南蛮讲话如鴃鸟(八哥)那样舌头不好使;《吕氏春秋·恃君览·召类》说:"尧战于丹水之

① 网络(http://www.ce86.com/).

② 段妍.论19世纪法国文学中的吉普赛人形象,《河北大学学报》,2013(06).

浦,以服南蛮";《礼记·王制》说:"南方曰蛮,雕题交趾。"南蛮是对今伏牛山脉以南汉水流域、淮河中上游、长江流域、珠江流域以至云贵高原各个民族的统称。在尧、舜时,三苗与中原大部落联盟经过长期战争,失败以后一部分被迫迁徙于三危。对三危的地理,考证众说不一,按《山海经》及《后汉书·郡国志》等记载,学术界一般认为即今甘、青、川接壤地区岷山、鸟鼠山、西倾山一带。《山海经·海外南经》"三苗国"条郭璞《注》说:由于三苗之君反对尧让天下于帝舜,被杀。"有苗之民叛入南海,为三苗国"。《山海经·大荒北经》说:"颛顼生驩头,驩头生苗民,苗民厘姓。"驩头又称丹朱,一说为尧之不肖子。厘姓即黄帝十二姓之一的僖姓。这些神话不仅反映着三苗集团中有一些部落参加了中原大部落联盟,并且在争夺共主地位的斗争中失败;也反映三苗当中有些部落与黄帝集团有交融关系。三苗北上争雄于中原,失败以后或被"窜"于三危,或退回故土,成为远古神话中的"四凶族"之一,而以颛顼集团为核心同时吸收了部分炎、黄、三苗集团的部落形成的祝融八姓,从今河南中部南进丹江及江汉地区。①

继三苗以后,一直到春秋中叶以前,楚或称荆、荆楚,代替了三苗的地位,是中原王朝与诸侯心目中南蛮的主要力量。楚公族出于祝融八姓中的芈姓。《后汉书·南蛮传》说:周宣王时命方叔讨伐南蛮,《诗经》中有"蠢尔蛮荆,大邦为雠"的诗句,即指宣王讨伐南蛮,"明其党繁多,是以抗诸夏也"。"平王东迁,蛮遂侵暴上国。晋文侯辅政,乃率蔡侯击破之;至楚武王时,蛮与罗子共败楚师,杀其将屈瑕;庄王初立,民饥兵弱,复为所寇。楚师既振,然后乃服。自是遂属于楚。鄢陵之役,蛮与(楚)恭王合兵击晋"。《南蛮传》所概述的西周中晚叶至春秋时南蛮的四次大的活动,都是指长江中游地区的群蛮。春秋初,晋文侯击破南蛮,具体所指,史无明文;前699年(楚武王四十二年)屈瑕伐罗,"及罗,罗与卢戎两军之,大败之"。罗,出于祝融集团,熊姓,与楚有共同渊源,最初在今湖北宜城市西山区立国。卢戎,杜预注:"卢戎、南蛮。"商时旧族,为《牧誓》所举"西土"八族之一,故地在今湖北襄阳市西南南漳一带,大约在莫敖屈瑕被杀之后不久,罗、卢都已被楚灭亡。罗人南迁至今湖南省湘阴县东北,成为楚国附属。卢或已置为楚邑,前611年(楚庄王三年)庸与群蛮叛楚,楚"使卢戢黎侵庸",杜预注:"戢黎,卢大夫。"可见在此以前已灭卢而为邑了。在群蛮中,至春秋中仍试图与楚抗衡的只有庸。庸也曾参加周武王伐纣之役,是《牧誓》所举"西土"八族之一。所谓"西土",是周与

① 网络(http://blog.sina.com).

商相对而称,实则卢、庸、濮、巴等均属南蛮。庸,或以为是巴人的一支,或以为原是中原旧国,在周成王时被周所灭而南迁。两说均待确证。在周夷王时,楚子熊渠"乃兴兵伐庸,扬粤,至于鄂",立其三子为王,"皆在江上楚蛮之地"。《集解》引《括地志》直接称之为"庸蛮"。庸国故地在今湖北省竹山县境,其最盛时大概不仅深入江汉平原,还包括汉水中上游到达今陕西省安康、紫阳一带。公元前613年楚庄王即位,三年不出号令,到第三年,楚国大饥,"庸人帅群蛮以叛",麇人率百濮聚于选,将伐楚。楚国有人主张迁都守险以避庸,蒍贾力主伐庸,则百濮自然离去。楚首先"使卢戢黎侵庸",出师不利,主将被俘。庸以后又与楚师相遇,七战七捷。庸在取得一系列胜利之后,以为"楚不足战矣",而秦国与巴国都对庸的屡胜感到威胁,结果"秦人、巴人从楚师,群蛮从楚子盟,遂灭庸"。从此群蛮已全部役属于楚。庸、卢等国被灭之后,大多已在楚国大熔炉中华化,也有一些散布到中南、西南各民族中,而融化于当地各民族。其余群蛮,或随楚华化,或仍在长沙武陵一带继续发展,即秦汉时的武陵蛮。"南蛮文化"是数千年以来长江流域以南地区政治经济民俗宗教地理生态等各种历史元素演绎的结果,"南蛮文化"的内容广泛、内涵丰富、蕴含厚重、概念独特,它是中国乃至世界文化中的一颗璀璨的明珠。①

七、楚文化

楚文化是中国春秋时期南方诸侯国楚国的物质文化和精神文化的总称。湖南是春秋中期以后楚文化的中心地区。从文化性质来看,楚文明吸收了华夏文化、南蛮文化的特点。楚人与中原华夏氏族有着密切的渊源关系。楚于西周初年为周成王所封,自然而然接受的是姬周文明的统治。西周时期,楚文明的个性特征尚不明确,到春秋以后才逐渐形成既有别于中原姬周文明又有别于其他区域文明的有自身特点的成熟的独特文化。实物资料表明,独具特色的楚文明是在西周以来已有的姬周文明的基础上,通过融合、吸收被吞并的众多周王室同姓、异姓封国及其他诸侯国的先进文化因素加以综合、提炼并经过创造而成,楚文明以非凡的气势率先突破了中原姬周文明的樊篱,取得了质的飞跃,从而完成了自己由幼年期到成熟期的重大转折,进而使楚文明在各方面的发展逐步定型。

楚文明无论是在成熟期,还是在鼎盛期、衰退期,它在接受、包容其他文明为

① 黄玲玲. 揭开被湮没的"南蛮文化",《永州日报》,2011-06-11.

己所用的同时,也在对其他文明产生影响,正是由于各区域文明的相互影响和相互作用,中国古文明才在多元、复杂文化因素的融合中发扬光大,并连续发展了两千多年。楚文明发展的历史过程历经孕育兴起期、成熟定型期、繁荣鼎盛期、滞缓衰退期四个阶段。新中国成立以后,先秦楚国遗址、墓葬等的发现,激发了学界探索楚文化的热情。其研究范围从先前的文学、哲学领域扩展至历史、地理、经济、军事、文字、建筑、服饰、风俗、科技、歌乐舞等方面。从文化性质来看,楚文明更多地保留了华夏文化、南蛮文化的特点,时间愈晚,自身的风格突现则相对较多,沿着整个楚文明始则模仿,继则变异,终则别创的发展路径前进。“楚”既是民族概念,又是国家概念,也是地域概念。楚文化有800多年的历史,影响深远。楚文化吸取了周边文化之长,同时又保留了自己独有的文化形态和文化特征。楚文化的主要构成可概括为六大支柱:青铜冶铸、丝织刺绣、木竹漆器、美术音乐、老庄哲学及屈骚文学。从目前的考古成果来看,最先进的青铜冶铸出自楚国;最早的铁器在楚国;先秦漆器的数量之大、工艺之精莫过于楚漆器;最富有创造力的丝绸刺绣出自楚国;先秦金币、银币无一不是楚币。哲学有老庄,文学有屈骚,戏剧的鼻祖是楚人优孟,养由基是楚国著名的神箭手,楚国的音乐、舞蹈、绘画、雕塑超凡脱俗,楚乐“八音”是指金、木、土、石、丝、竹、革、匏。楚国的编钟乐舞水平之高,举世公认。在政体创新上,楚人设立县制,将其列为一级行政区划,改变了贵族分封制度,进而引发了军事、土地、赋税改革。在天文、历法、数学等方面,楚人都有独特的贡献。总之,在采矿、冶炼、丝绸、漆器等方面,楚人取得了举世无双的成果,而老庄哲学、屈骚宋赋也成为显学。在世界范围内,从公元前6世纪到公元前3世纪的300年间,东西方文化竞相争辉,可以说,楚文化与同时期的古希腊文化是当时世界文明的代表。楚国的青铜冶炼、铸铁、丝绸、漆器早于古希腊,许多科学技术处于领先地位。在音乐艺术方面,楚人也在古希腊人之上。在哲学方面,二者各有所长。中国传统哲学的重要根基在老子和庄子,而老子和庄子都是楚国人。在国家政体建设、货币制度方面,楚国则比古希腊更为完善。航海古希腊在前,车运楚人在先。楚文化和古希腊文化从不同方向代表了世界古文明的辉煌。①

楚文化的精神特质集中表现在以下几个方面:一是锐意进取、不断开拓的创新精神。楚人的创新精神有很多记载:楚君熊通自行称王,首创县制。秦国设县,在楚国之后。早于商鞅变法的吴起变法,是楚国历史上的一次悲壮的革新运动,

---

① 王生铁. 楚文化的六大支柱及其精神特质,《光明日报》,2004-04-20.

也是一次大胆的改革运动。楚人在科学技术、哲学思想、文学创作方面都作出了杰出的贡献。以文学而言,庄周的散文奇诡莫测,变化无穷,气势浩荡,意象峥嵘。屈原是楚辞的宗师,后人对屈原作品的评价是"气往轹古,辞来切今,惊采绝艳,难与并能",它道出了楚辞惊世骇俗的奇异之美。楚人大胆革新,创造了灿烂辉煌的楚文化。二是艰苦创业、自强不息的进取精神。探寻楚人先辈艰苦创业的历程,可以追溯到公元前11世纪。夏商更替之际,战火连年,楚人先祖辗转迁徙到了荆楚地区。到西周末年,楚人还是一个弱小的部落。熊绎成为部落首领后,率部族居江上楚蛮之地,"筚路蓝缕,以启山林"。正是这种筚路蓝缕的精神成为楚国强盛的立国之本,也成为中华民族史上艰苦创业的典范。周初,周成王盟会诸侯,熊绎出使受到冷遇。熊绎回来后告知群臣,立志发奋图强,发展生产,扩大疆土。通过几代人的努力,从熊绎到熊渠,疆域不断扩展,国力不断增强,由一个方圆不足百里的小国发展成泱泱大国。春秋时期,楚庄王饮马黄河,问鼎中原。楚国经济得到空前发展,当时楚国都城是"车毂击,民肩摩,市路相排突,号曰朝衣鲜而暮衣敝"。正是凭着艰苦创业的精神,楚国才能在强国如林的夹缝中求生存、求发展,由小到大,由弱变强,创造了先秦发展史上的奇迹。三是崇尚武装、热爱祖国的爱国主义精神。楚人有尚武之风,如荆州博物馆有一种叫"连发弩"的文物,李白有一首五言绝句,写到秦始皇,其中有"连弩射海鱼"的诗句。连弩可以连发十箭,可见楚人很早就在研究发明武器了。在丰富的楚文化中,有很多例子反映了楚人的爱国主义精神。如申包胥为了求得秦国发兵救楚,在秦国朝廷中哭了7天7夜,终于感动了秦王;楚将屈瑕战败,感到对不起家乡父老,以死谢罪,开了楚国将帅以身殉职的先河;楚武王、楚文王、楚庄王、楚共王等都身先士卒,亲临战阵之中,体现了非常坚定的爱国主义精神。更有代表性的是屈原,屈原有这样的诗句:"鸟飞返故乡兮,狐死必首丘。"屈原是爱国主义诗人,其精神千秋万代为世人景仰,成为民族脊梁的象征。楚被秦灭时,楚人南公说:"楚虽三户,亡秦必楚。"这不仅是预言,也是誓言。果然不过十六七年,秦国就在以楚国后裔为主要力量的农民起义中被推翻。楚人的这种爱国主义精神,超越了时空,融入中华民族的血脉之中,代代相传。四是兼收并蓄、海纳百川的开放精神。在先秦的诸民族中,楚人的民族偏见最少,主张民族融合,强调兼收并蓄,能够融合其他民族、国家包括来自南洋、西方的文化。在这方面突出的事例不少,比如称作"蜻蜓眼"的玻璃珠源于地中海东部,其风格似乎凝聚了地中海绚丽的蓝天白云、青山白石、碧波白帆和绿窗白墙。这种玻璃珠和淡绿色的玻璃一起,由南亚传入楚地,成为迄今为止中国最早的中西文化交流的实例，这条中西文化交流的“玻璃之路”比丝绸之路大约早4个世纪。在初创时期，楚王没有与周王室的血缘姻亲关系可依，没有辽阔的疆域可恃，只有积极主动地学习他人之长，补己之短，学以致用，以独立强盛为目标，因而楚文化表现出极大的开放性、多元性和务实性。这些特征多基于楚人的善于学习、包容众长的博大胸襟。青铜冶炼正是楚人学习吴越地区人民的技术发展起来的。楚国曾经兵伐鲁国，鲁国为了避免战事，奉送楚国100名刺绣工、100名木工和100名纺织工。楚国接纳了这300名技艺高超的工匠，迅即退兵。这300名工匠传授了先进的技术，对楚国的手工业发展起到了很大的作用。这些事例充分体现了楚人兼收并蓄，学他人之长，补己之短，发展楚国的可贵精神。①

总之，在湖湘大地上，先后经过蚩尤文化、炎帝文化、舜帝文化、三苗文化、扬越文化、南蛮文化、楚文化等阶段逐渐孕育萌芽而成湖湘文化。

第二节　湖湘文化的形成

湖湘文化形成过程中，有两个文化源头，一个是本土文化的源头，它可以追溯到先秦时代的苗蛮文化、楚文化等，这些文化以鲜活的风俗、习惯、心理、性格等生活形态传递下来，构成湖湘文化的重要内容。另外一个是中原文化的源头，早在先秦就已开始了中原思想文化南传现象，《孟子》中记载过楚地的蛮人曾北上学习周孔之道，长沙出土的楚帛书中也包括许多中原的阴阳、五行等数术观念。当然，两汉建立了中央集权的政治体制与独尊儒术的文化政策以后，中原儒家文化开始向湖南全面渗透，这个过程进展缓慢，一直到两宋时期中国文化重心南移的完成，才真正建立起这种双重文化结构的湖湘文化。显然，湖湘文化的形成，就是由于湖南的本土文化与外来的中原文化产生“交互文化”的结果。②

两宋时期是湖湘文化发展的一个重要阶段。湖南在唐末五代时曾由马殷建立楚国，割据50余年，这是历史上唯一以湖南为中心所建立的国家政权。应该说为湖南的区域性开发奠定了一个良好的基础。到北宋统一后，由于党项、辽、金和蒙古族的相继南侵，迫使以汉族为主体的中原王朝将重心移向南方。南移的枢纽

① 王生铁．楚文化的六大支柱及其精神特质，《光明日报》，2004-04-20.

② 朱汉民．湖湘文化探源［J］．湖南大学学报（社会科学版），2011，(10).

虽在江浙,但湖南间接地通过江西得到相应的带动。原来北宋都汴京,江西与之相隔较近。南宋都杭,距江西更近。江西又是联结岭南的主要通道,这就使得江西成为经济、文化较为发达的区域。湖南距江浙虽远,但南宋时国界线南移,湖北的武昌、襄阳及沿江要地都成了边防重镇,湖南遂成了边防重镇的腹地之一,地位较之北宋时反而更为重要了。江西带动湖南发展的一个重要因素是向湖南输出移民。湖南在五代以前的移民主要来自北方中原一带。五代以后便主要来自东边的江西。江西向湖南输出移民从两宋开始一直持续到明清。江西移民进入湖南的作用一方面是增加了湖南人口的数量,开垦了湖南的荒土,扩大了耕地面积,促进了农业经济的发展。另一方面是对湖南居民族源和血缘进行了更新与改造,从而导致了人口素质的提高。因为移民一般都具有不同程度的开拓意识,具有自立自强和勤奋创业的精神。两宋时期湖南的经济发展比以前历朝都要突出。由于耕地面积的扩大和水利工程的大规模兴修以及生产技术的进步,湖南的粮食生产获得了前所未有的发展。宋代以前,湖南粮食作物主要是稻和粟。两宋时期,湖南除推广水稻优良品种"占城稻",又进行南北农作物交流,普遍种植大麦和小麦,使得湖南的粮食产量年年丰盈。朝廷每年都要从湖南调运大量漕米供京师和北方食用。湖南的种植业和养殖业也有一定程度的发展。种植业有茶叶、棉、麻和各种果树,其中以柑橘最为突出。养殖业主要是养蚕、渔业和猪、鸡、鸭、鹅等。宋代湖南的手工业无论从规模、制造技术还是品种、产量,都较隋唐五代有新的发展。当时湖南开采和冶炼金、银、铜、铁、锡、铅、辰砂、水银等已形成相当规模,各种金属产量十分可观。如辰砂(又称朱砂①),当时以产在辰州(今湖南沅陵等地)的品质最佳而得名。辰砂是一种色彩鲜艳的彩石。湖南的先民就曾经应用辰砂做颜料。辰砂的主要化学成分是硫化汞,辰砂的晶体呈板状或菱面体状,它的集合体呈粒状或块状。纯净的辰砂具有金属光泽。有时表面会因覆盖氧化薄膜而呈铅灰色。辰砂的密度比较大,和银相仿,只出产在低温热液的矿床中,常与辉锑矿共生。辰砂是提炼汞的最主要的矿物原料。中医利用辰砂作为安神、定惊的药

---

① 朱砂,古时称作"丹"。东汉之后,为寻求长生不老药而兴起的炼丹术,使中国人逐渐开始运用化学方法生产朱砂。朱砂的粉末呈红色,可以经久不褪。我国利用朱砂作颜料已有悠久的历史。朱砂"涂朱甲骨"指的就是把朱砂磨成红色粉末,涂嵌在甲骨文的刻痕中以示醒目。这种做法距今已有几千年的历史了。后世的皇帝们沿用此法,用辰砂的红色粉末调成红墨水书写批文,就是"朱批"一词的由来。各朝帝王亦把辰砂作为国宝,点批状元便是用它。我国传统中医将辰砂用作安神定惊的良药。古人认为朱砂有"开运祈福,镇静安神"之用。

物;辰砂的单晶可以作为激光调制晶体,是现代激光技术的关键材料之一。当时湖南沅陵一带辰砂的开采已成规模。矿冶业的发展刺激了各种金属制造业的兴盛。各种金属制造品特别是铜、铁器十分流行。此外,陶瓷、纺织、造纸和酿酒,在工艺水平上都有新的突破。造船业,潭州已能制造载漕米万石的巨舰。商业和交通,在隋唐五代的基础上更进一步发展和繁盛。

两宋时期也是湖湘地方文化在全国形成自己特色的时期,这就是该时期湖南出现了儒、释、道"三教合一"的理学中的重要学派——湖湘学派。其实理学也是由湖南人开创的。理学的开山鼻祖周敦颐是北宋湖南营道(今道县)人,他的《太极图说》与《通书》奠定了宋明理学的基本规模。不过周敦颐的主要活动和归宿都不在湖南而在江西,他对于本土影响也不大。而把他所开创的理学传到湖南并创立湖湘学派的却是南宋时从福建迁居湖南的胡安国与胡宏父子俩。故有人认为湖湘文化的形成是假借了异地的力量,这反映湖南地区本身在创造文化方面还处于软弱无力的地位。胡安国是福建崇安人,南宋初转徙荆楚,后在南岳紫云峰下结庐隐居著书立说,所著《春秋传》和编辑《二程文集》是湖湘学派重要的理论基石。其子胡宏曾拜理学家杨时和侯仲良为师,但主要是继承和发展了胡安国的理学思想。胡宏在南岳衡山讲学20余年,著有《知言》与《五峰集》等。清代学者全祖望在《宋元学案》序录中称许他是"卒开湖湘之学统"的人物。胡宏的弟子有张栻、韩璜、吴翌、彪居正、孙蒙正、赵孟、赵棠等人,而以张栻最为出名。张栻在理学的各种领域都下了功夫,并有自己的独到的见解。清人黄宗羲说他所学"得之五峰,论其所造,大要比五峰更纯粹",可以说是一位发扬和光大师门的人物。张栻曾在长沙筑城南书院授徒讲学,后主要以岳麓书院为学术据点。他的门人弟子有彭龟年、吴猎、游九言、游九功、胡大时等。南宋乾道三年(1167),张栻接待了从福建崇安前来访问的闽学派理学大师朱熹,张、朱二人在岳麓书院会讲二月,就理学中的一系列问题切磋问难。通过这次会讲,使得湖湘学派与闽学两派得以互相取长补短,推动了学术的繁荣和理学的发展。由胡氏父子创立的湖湘学派经张栻之手得以向外传播,走向全国。如宋明理学大师魏了翁通过张栻的蜀中弟子范荪吸取了张栻一系的学说,在四川蒲江和湖南靖州先后各办起一所"鹤山书院",不仅使"蜀人尽知义理之学",而且使"湖湘江浙之士,不远千里求书从学",扩大了张栻思想的影响,沟通了湖湘与巴蜀文化的交流。①

---

① 周秋光. 古代湖湘文化的形成与历史演变,《湖南省社会主义学院学报》,2009(02).

湖湘学派在理论上的特点有三：一是以性为太极，居于理之上，与程朱派以理为最高理论范畴不同；二是主张性无善恶，天理人欲同体异用，修正了程氏的性善情恶之说；三是强调践履和经世。宋代，湖南除出现湖湘学派，理学上在全国有自己的特色外，在经学、史学、地学、文学艺术、医学及考据学等方面也都有非凡的建树。宋代湖南著名的经学家有宁乡的易祓，武陵的丁易东，永明的周尧卿；史学家有湘潭的路振、路纶，祁阳的陶岳，湘乡的王容，衡阳的郑向、曹衍，浏阳的汤璹，桂阳的黄植，茶陵的谭世选，龙阳的袁申儒，武陵的丁特起；地学家有衡山李苪，南岳释文政、南岳道士陈田夫，衡阳宋刚仲，武陵柳拱辰等。北宋时湖南文学方面无闻人，至南宋时所出的名诗人有潭州人刘翰、宁远人乐雷发；名词人有湘潭的王以宁。散文家有潭州人邢天荣、营道人义太初、湘潭人钟将之、衡阳人廖行之、衡山人侯延庆等。书法家有潭州的刘次庄、沅陵的单炜；画家有潭州的武洞清和衡州的释仲仁；医学家有湘乡的朱佐与衡州的宋永寿；考据学家有潭州的王观国和桃源的戴埴等。宋代反映湖南文化发展的另一表现是学校教育与书院的广泛兴起。北宋时期南州县学为数尚少，到南宋时湖南的大部分州县都建立了学宫。书院作为讲学的场所，也同时兼具学校规模，以补州县学之不足，在南宋时尤盛。据载南宋时湖南全境有书院 51 所，分布于近 30 个县内。闻名全国的有长沙的岳麓、城南，衡阳的石鼓，湘潭的碧泉诸书院。但是全国著名的四大书院（庐山的白鹿洞书院、衡阳的石鼓书院、应天的应天书院和长沙的岳麓书院）竟有两所在湖南。由于教育的兴盛，使得湖南开始出现人才蔚起的现象。一大批理学、经学、史学、地学与文学诸家相继出现。据清光绪朝《湖南通志》所列举，两宋时期湖南县以上官吏 390 余人，其中进士达 179 人。① 总之，湖湘学派的形成标志着湖湘文化的正式形成。

第三节 湖湘文化的成熟

湖湘文化作为一种地域文化，具有丰富的内容和鲜明的特点，发展到近代后，已具备了不同于传统湖湘文化的新内涵和新特点。明末清初，湖湘文化逐渐趋于成熟，王夫之是这一时期的代表性人物。王夫之（1619—1692 年），字而农，号姜

① 周秋光．古代湖湘文化的形成与历史演变，《湖南省社会主义学院学报》，2009（02）．

斋、又号夕堂,湖广衡州府衡阳县(今湖南衡阳)人。他与顾炎武、黄宗羲并称明清之际三大思想家。王夫之自幼跟随自己的父兄读书,青年时期王夫之积极参加反清起义,晚年王夫之隐居于石船山,著书立传,自署船山病叟、南岳遗民,学者遂称之为船山先生。近现代学者概以王船山称之。王船山是传统湖湘文化的集大成者。自周敦颐等创立湖湘学派以后,历经元、明两代,中间鲜有学者对湖湘文化进行系统整理和阐发,而王船山则是宋以来第一人。王船山主要从经史百家中吸取思想养分,"六经责我开生面",在接受中国源远流长的唯物主义思想影响的同时,王船山扬弃佛老和程、朱、陆、王的正宗理学。但是,王船山因为狭隘的夷狄观使他没有解决当时已经面临的一个问题即如何对待西方文化的问题,因此,他的思想文化观依然没有超出传统湖湘文化的范围。他的贡献在于一生致力于阐发微理,写下了大量著述,其著有《周易外传》《黄书》《尚书引义》《永历实录》《春秋世论》《噩梦》《读通鉴论》《宋论》等书,他的著述存世的约有73种,401卷,散佚的约有20种。这些著述对传统湖湘文化做了系统的整理和阐发,形成了一个完整的理论体系。王船山对近代湖湘文化的成熟具有重大的影响。

一、王夫之的知行观

历代湖湘学者在知行关系上,提出知是行的基础、行是知的目的和归宿、知行相互统一的观点。胡宏认为:知对行有巨大指导作用:"不知天道,是冥行也。冥行者,不能处己,乌能处物?"①而知来自学:"人虽备天道,必学然后识,习然后能,能然后用。"②"道学须用博学、审问、慎思、明辨,然后力行,则不差耳。"③"故务圣人之道者,必先致知,乃超然有所见,方力行以终之。"④张栻更是明确指出:"致知力行,互相发也。盖致知以达其行,而力行以精其知。"⑤"惟致其即而后可以有明,惟力其行而后可以有至。"⑥揭示了知行统一的辩证关系。王船山在总结前人思想成果的基础上,全面系统地提出了"知行相资以为用","并进而有功"的辩证

① 《胡宏集》,中华书局1987年版,第28页。
② 《胡宏集》,中华书局1987年版,第11页。
③ 《胡宏集》,中华书局1987年版,第146页。
④ 《胡宏集》,中华书局1987年版,第34页。
⑤ 《南轩文集·送钟尉序》。
⑥ 《南轩文集·袁州学记》。

知行统一观，对近代湖南学者的知行观产生了深远的影响。①

王船山批判传统知行观的种种错误观点。首先，他批判了朱熹“圣人生知”的唯心主义先验论，指出：“朱子以尧、舜、孔子为生知，禹、稷、颜子为学知。千载而下，吾无以知此六圣贤者之所自知者何如。而夫子之自言曰‘发愤忘食’，《诗》称后稷之‘克岐克嶷’，颜子之‘有不善未尝不知’，初不待师友之告诫，亦安见夫子之不学，而稷与颜子之非生知也？”②他明确指出：“夫子自谓非生知，则天下之理，不可以生知，明矣。”③既然连孔子都自称非生知，那么，“理”怎么会与生俱有呢？理非与生俱有知、能从何而来？王船山认为，“圣人之知，智足以周物而非不虑也；圣人之能，才足以从矩而非不学也。”④孔子之能“一以贯”者，“其得力正在‘多学而识’”，说“圣人生知，固不待多学而识”，是“荒唐迂诞之邪说”。⑤ 其次，批判了朱熹等人“知先行后”的唯心主义知行观。认为，“宋诸先儒欲折陆、杨‘知行合一，知不先，行不后’之说，而曰‘知先行后’，立一划然之次序，以困学者于知见之中，且将荡然以失据，则已异于圣人之道矣。”认为知行虽有区别，但并不是“立一划然之次序”，互相分割、毫无联系的，而是互相渗透、互相包含、互相促进的：“知非先，行非后；行有余力而求知”⑥；“知行终始不相离”⑦。最后，批判了陆九渊、王阳明等人“销行以归知”的主观唯心主义的“知行合一”观，指出：“若夫陆子静、杨慈湖、王伯安之为言也，吾知之矣。彼非谓知之可后也，其所谓知者非知，而行者非行也。知者非知，然而犹有其知也，亦惝然若有所见也。行者非行，则确乎其非行，而以其所知为行也。以知为行，则以不行为行，而人之伦、物之理，若或见之，不以身心尝试焉。”⑧这必须会导致“体用一，知行合，善恶泯，介然有觉，稳如泰山然校之，而德明于天下矣！……天下之畏难苟安以希冀不劳，无所忌惮而坐致圣贤者，翕然起而从之。”⑨因此，王船山得出结论说：“离行以为知，其卑者，则

---

① 李伟. 湖湘传统文化对青年毛泽东伦理观的影响，《华中师范大学硕士论文》，2004-04-01.

② 熊吕茂，杨铮铮. 论王夫之的文化思想，《郑州轻工业学院学报（社会科学版）》，2005(10).

③ 《四书训义·论语·述而》，《船山全书》第7册，岳麓书社1991年版，第501页。

④ 《尚书引义·尧典一》，《船山全书》第2册，岳麓书社1988年版，第237页。

⑤ 《读四书大全说·论语·卫灵公》，《船山全书》第6册，岳麓书社1991年版，第818页。

⑥ 熊吕茂，杨铮铮. 论王夫之的文化思想，《郑州轻工业学院学报（社会科学版）》，2005(10).

⑦ 《读四书全说》，《船山全书》第6册，岳麓书社1991年版，第562页。

⑧ 熊吕茂，杨铮铮. 论王夫之的文化思想，《郑州轻工业学院学报（社会科学版）》，2005(10).

⑨ 《大学衍补传》，《礼记章句》，《船山全书》第4册，岳麓书社1988年版，第1848页。

训诂之末流，无异于词章之玩物而加陋焉；其高者，瞑目据梧，消心而绝物，得者或得，而失者遂叛道以流于恍惚之中。异学之贼道也，正在于此。而不但异学为然也，浮屠之参悟者此耳；抑不但浮屠为然也，黄冠之炼已沐浴，求透帘幞之光者亦此耳。皆先知后行，划然离行以为知者也。"①

王船山论述了认识的发生和发展过程。王船山认为认识的产生是形、神、物三者交互作用的产物，"形也，神也，物也，三相遇而知觉乃发"。② 认识的发展有两个阶段，即格物与致知。他指出："夫知之之方有二，二者相济也，而抑各有所从。"③这里说"知之之方有二"的"二"，就是指认识发展的两个阶段。他把"格物"看作感性认识，"致知"看作理性认识，认为："大抵格物之功，心官与耳目均用，学问为主，而思辨辅之，所思所辨者，皆其所学问之事。"④在这里，王船山强调在格物阶段，要"多闻而择，多见而识"，⑤只有在感性认识的基础上，才能"启发心思而会归于一"。⑥ 否则理性认识就是无源之水，无本之木。所以他指出，"'致知在格物'，以耳目资心之用而使有所循也，非耳目全操心之权而心可废也。"⑦这鲜明地体现出从物到感觉和思想的唯物论认识路线。

王船山阐述辩证唯物主义知行观。王船山一方面认为，行是知的基础和源泉，"行而后知有道"⑧，"由行而行则知之"⑨，通过实践，才能产生认识。"君子之学，未尝离行以为知也"⑩，"求知之者，固将以力行之。能力行焉，而后见闻讲习之非虚，乃学之实也"。⑪ 王船山还认为，行贯穿认识的全过程，是检验知的标准，"且夫知也者，固以行为功者也，行也者，不以知为功者也。"⑫"力行而后知之真也"。⑬ 知也是认识的目的，"知之尽，则实践之而已。实践之，乃心所素知，行焉

① 《尚书引义》，《船山全书》第 2 册，岳麓书社 1988 年版，第 314 页。
② 《张子正蒙注》，《船山全书》第 12 册，岳麓书社 1996 年版，第 151 页。
③ 《尚书引义》，《船山全书》第 2 册，岳麓书社 1988 年版，第 312 页。
④ 《读四书大全说》，《船山全书》第 6 册，岳麓书社 1991 年版，第 404 页。
⑤ 《张子正蒙注》，《船山全书》第 12 册，岳麓书社 1996 年版，第 147 页。
⑥ 《张子正蒙注》，《船山全书》第 12 册，岳麓书社 1996 年版，第 147 页。
⑦ 《读四书大全说》，《船山全书》第 6 册，岳麓书社 1991 年版，第 404 页。
⑧ 《思问录》，《船山全书》第 12 册，岳麓书社 1996 年版，第 402 页。
⑨ 《读四书大全说》，《船山全书》第 6 册，岳麓书社 1991 年版，第 598 页。
⑩ 《尚书引义》，《船山全书》第 2 册，岳麓书社 1988 年版，第 314 页。
⑪ 《四书训义》，《船山全书》第 7 册，岳麓书社 1991 年版，第 257 页。
⑫ 《尚书引义》，《船山全书》第 2 册，岳麓书社 1988 年版，第 314 页。
⑬ 《四书训义》，《船山全书》第 7 册，岳麓书社 1991 年版，第 575 页。

皆顺。"①由此出发,他认为"行可兼知,而知不可兼行":"行焉可以得知之效也,知焉未可以得行之效也。将为格物穷理之学,抑必勉勉孜孜,而后择之精,语之详,是知必以行为功也。行于君民、亲友、喜怒、哀乐之间,得而信,失而疑,道乃益明,是行可有知之效也。其力行也,得不以为歆,失不以为恤,志壹动气,惟无审虑却顾,而后德可据,是行不以知为功也。冥心而思,观物而辨,时未至,理未协,情未感,力未赡,俟之他日而行乃为功,是知不得有行之效也。行可兼知,而知不可兼行。下学而上达,岂达焉而始学乎?君子之学,未尝离行以为知也必矣。"②因此,在日常生活和各种社会实践活动中,都必须把"力行"摆在第一位。他指出:"实则学之弗能,则急须辩;问之弗知,则急须思;思之弗得,则又须学;辨之弗明,仍须问;行之弗笃,则当更以学问思辨养其力;而方学问思辨之时,通著当行,便一力急于行去,不可曰吾学问思辨之不至,而俟之异日。若论五者第一不容缓,则莫如行。"③他说:"盖天下之事,固因豫立,而亦无先知完了方才去行之理。使尔,无论事到身上,由你从容去致知不得;便尽有暇日,揣摩得十余年,及至用时,不相应者多矣。"④他认为,判断人的认识是否正确,只有通过"身试其中"的实践活动才能判定:"今夫利害之机、善不善之辨,贵于能知也;而非但知之为贵也,身试其中,而后得失判矣。"⑤考察一个人的言行是否正确,也必须从他实践行为的后果来验证:"言发于先,行成于后……考其成,乃以印其先。"⑥

另一方面,王船山也认识到,知对行有巨大的反作用。他说:"夫人必知之,而后能行之;行者,皆行其所知者也。……喻之深,察之广,由是而行,行必安焉。"⑦"要以所行者听乎知,而其知也愈广大精微,则行之合辙者,愈高明愈博厚矣。"⑧也就是说,知能为行提供正确的向导,避免少走弯路,从而使行"愈高明愈博厚",愈有功效。

因此,王船山认为,知与行既有区别又有联系,二者既对立又统一。"知行之分,有从大段分界限者,则如讲求义理为知,应事接物为行是也。乃讲求之中,力

---

① 《张子正蒙注》,《船山全书》第12册,岳麓书社1996年版,第173页。

② 熊吕茂,杨铮铮. 论王夫之的文化思想,《郑州轻工业学院学报(社会科学版)》,2005(10).

③ 《读四书大全说》,《船山全书》第6册,岳麓书社1991年版,第536页。

④ 《读四书大全说》,《船山全书》第6册,岳麓书社1991年版,第409页。

⑤ 《四书训义》,《船山全书》第7册,岳麓书社1991年版,第117页。

⑥ 《宋论》,《船山全书》第11册,岳麓书社1996年版,第160页。

⑦ 《四书训义》,《船山全书》第7册,岳麓书社1991年版,第889页。

⑧ 《读四书大全说》,《船山全书》第6册,岳麓书社1991年版,第598页。

其讲求之事，则亦有行矣；应接之际，不废审虑之功，则亦有知矣。是则知行终始不相离，存心亦有知行，致知亦有知行，而更不可分一事以为知而非行，行而非知。”①知与行二者各有其功效和作用，他提倡“知行相资以为用”“并进而有功”。他说：“知行相资以为用，唯其各有致功而亦各有其效，故相资以互用，则于其相互，益知其必分矣。同者不相为用，资于异者乃合同而起功，此定理也。”②“盖云知行者，致知、力行之谓也。唯其为致知、力行，故功可得而分。功可得而分，则可立先后之序。可立先后之序，而先后又互相为成，则由知而知所行，由行而行则知之，亦可云并进而有功。”③

二、王夫之的道器观与化变观

道器观、化变观与实事求是，是船山哲学思想的基础，带有朴素唯物主义因素。针对程朱理学以道为“生物之本”的观点，王船山明确地提出“天下惟器”。他说：“天下惟器而已矣”④，“盈天地之间皆器矣。”⑤从而就肯定了世界是物质的世界。由此出发，王船山论述了道器之间的关系。他对传统的“形而上者谓之道，形而下者谓之器”这一古老命题作了重新解释，指出：“‘谓之’者，从其谓而立之自也、‘上下’者，初无定界，从乎所拟议而施之谓也然则上下无殊畛，而道器无异体，明矣。”⑥既然“上下无殊畛”“道器无异体”，那么，道器便是相互依存、不可分离的统一体，“无其道则无其器，人类能言之。虽然，苟有其器矣，岂患无道哉！……人或昧于其道者，其器不成，不成非无器也”，⑦“形而上者，非无形之谓。既有形矣，有形而后有形而上。无形之上，亘古今，通万变，穷天穷地，穷人穷物，皆所未有者也”。⑧ 但是，“道者器之道，器者不可谓之道之器也”，⑨“尽器则道在其中矣”。⑩ 也就是说，“道”是具体事物之道，是事物所“自生”或固有，因而器是

---

① 熊吕茂，杨铮铮．论王夫之的文化思想，《郑州轻工业学院学报（社会科学版）》，2005（10）.
② 熊吕茂，杨铮铮．论王夫之的文化思想，《郑州轻工业学院学报（社会科学版）》，2005（10）.
③ 熊吕茂，杨铮铮．论王夫之的文化思想，《郑州轻工业学院学报（社会科学版）》，2005（10）.
④ 《周易外传》，《船山全书》第1册，岳麓书社1988年版，第1027页。
⑤ 《周易外传》，《船山全书》第1册，岳麓书社1988年版，第1026页。
⑥ 《周易外传》，《船山全书》第1册，岳麓书社1988年版，第1027页。
⑦ 《周易外传》，《船山全书》第1册，岳麓书社1988年版，第1028页。
⑧ 《周易外传》，《船山全书》第1册，岳麓书社1988年版，第1028页。
⑨ 《周易外传》，《船山全书》第1册，岳麓书社1988年版，第1027页。
⑩ 《思问录》，《船山全书》第12册，岳麓书社1996年版，第427页。

体，道是用，他说："及其形之既成而形可见，形之所可用以效其当然之能者，如车之所以可载、器之所以可盛，……皆隐于形之中而不显。二者则所谓当然之道也，形而上者也。'形而下'，即形之已成乎物而可见可循者也。形而上之道隐矣，乃必有其形，而后前乎所以成之者之良能著，后乎所以用之者之功效定，故谓之'形而上'，而不离乎形。"①

既然"道在器中"，依存于人类"尽器"之用的生活与实践之中，也就必然伴随着人类实践活动产生"道因时而万殊"的特质，因而"道"也要因时而变。船山说："无其器则无其道，人鲜能言之，而固其诚然者也。洪荒无揖让之道，唐、虞无吊伐之道，汉、唐无今日之道，则今日无他年之道者多矣。未有弓矢而无射道，未有车马而无御道，未有牢醴璧币、钟磬管弦而无礼乐之道。则未有子而无父道，未有弟而无兄道，道之可有而且无者多矣。"②不仅"道"因时而变，客观物质世界也处在不断变化之中。王船山认为，氤氲化生的过程，就是"天地之化日新"的过程，天上的日月风雷，到地下的江河湖泊和人身的爪发肌肉，都无时无刻不在变化更新，从来没有什么永恒不变的事物。他说："天地之德不易，而天地之化日新。今日之风雷非昨日之风雷，是以知今日之日月非昨日之日月也。"③"随日代而形如一。无恒器而有恒道也。江河之水，今犹古也，而非今水之即古水。灯烛之光，昨犹今也，而非昨火之即今火。水火近而易知，日月远而不察耳。爪发之日全而旧者消也，人所知也。肌肉之日生而旧者消也，人所未知也。人见形之不变而不知其质之已迁，则疑今兹之日月为邃古之日月，今兹之肌肉为初生之肌之，恶足以语日新之化哉！"④这种化变有两种形式，即量的积累和质的更新。倘"守其故物而不能日新"，就会枯槁而死；如果能够自我更新，"则吾今日未有明日之吾而能有明日之吾者，不远矣"。⑤

三、王夫之的经世致用思想

经世致用思想统湖湘文化的精髓，湖湘学派创立之初，就强烈反对为学"不究

---

① 《周易内传》，《船山全书》第1册，岳麓书社1988年版，第568页。
② 《周易外传》，《船山全书》第1册，岳麓书社1988年版，第1028页。
③ 《思问录·外篇》，《船山全书》第12册，岳麓书社1996年版，第434页。
④ 《思问录·外篇》，《船山全书》第12册，岳麓书社1996年版，第454页。
⑤ 《思问录·外篇》，《船山全书》第12册，岳麓书社1996年版，第434页。

实用，平居高谈性命之际，亹亹可听，临事茫然"①的"腐儒"学风，而主张"通晓时务物理""留心经济之学"。胡宏认为，治学必须为现实政治服务，致力于国家的治乱兴衰，他说："知亡者，然后可以图存者也；知乱者，然后可以图治者也。"②"圣人之道，得其体，必得其用。有体而无用，与异端何异？井田、封建、学校、军制，皆圣人竭心思致用之大者也。"③他在《中兴业》中提出了"易俗""官贤""屯田""练兵""定计""罢监司""整师旅"等建议。他还提倡实际生产劳作，认为："古之有人盖有名高天下，躬自锄菜如管幼安者；灌畦粥蔬如陶靖节者。使颜子不治郭内郭外之田，则饘粥丝麻将何以给？又如生之将圣犹且计升斗，看视牛羊，亦可以为俗士乎？"④他关心民间疾苦，认为统治者必须关心人民的衣食住行，"政立仁施，虽匹夫匹妇一衣一食，如解衣衣之，推食食之。"⑤"治道以恤民为本。而恤民有道，必先锄奸恶，然后善良得安其业；而锄奸恶之道，则以得人为本也。"⑥张栻也提出："士君子之学，不过一实字。""道德性命初不外乎日用之实。"所以除经史之外，还必须学习兵农等经世实用之学，他自己的著作中对这类知识就多有涉及。⑦

王船山在继承传统经世致用学风的基础上，系统地阐发了他的经世致用思想。王船山经世致用思想的一大特色就是从为学的角度，强调学以致用。他说："刻志兢兢，求安于心，求顺于理，求适于用。"⑧那如何才能做到"求安于心，求顺于理，求于适用"呢？王船山首先批判了两种不良的学风。一是为图个人仕进而学的不良学风，"晨揣夕摩，索一二事以为立说之资，而掇拾迂远之陈言以充幅"，"诵一先生之言，益以《六经》之绪说，附以历代之因革，时已异而守其故株，道已殊而寻其蠹迹；从不知国之所恃赖，民之所便安，而但任其闻见之私，以争得失；而田赋、兵戎、刑名、官守，泥其所不通，以病国毒民而不恤。"⑨这种学都是"无本而日流于伪"，"虚寂而不适于用"⑩，必须予以摒弃。二是华而不实、夸夸其谈的学风。

① 《胡宏集》，中华书局 1987 年版，第 124 页。
② 《胡宏集》，中华书局 1987 年版，第 43 页。
③ 罗玉明．湘军人物群体经世观特点论析，《怀化学院学报》，2011(01).
④ 《胡宏集》，中华书局 1987 年版，第 145 – 146 页。
⑤ 《胡宏集》，中华书局 1987 年版，第 19 页。
⑥ 李伟．湖湘传统文化对青年毛泽东伦理观的影响，《华中师范大学硕士论文》，2004(04).
⑦ 罗玉明．湘军人物群体经世观特点论析，《怀化学院学报》，2011(01).
⑧ 罗玉明．湘军人物群体经世观特点论析，《怀化学院学报》，2011(01).
⑨ 《宋论》，《船山全书》第 11 册，岳麓书社 1996 年版，第 84 – 85 页。
⑩ 《四书训义·论语·述而》，《船山全书》第 7 册，岳麓书社 1991 年版，第 506 页。

他说:“浮慕于学圣之名,而欲速成其学圣之功,于是躐等而为之,似其迹而遂以为是。于理之来复于心者本无也,而闻见之所得,遂信为有;于道之根心而发者本虚也,而外饰之可观,遂据以为盈;于德之仅见一端者本约也,而偶然之有得,遂自以为泰。”①其次,在批判不良学风的基础上,王船山极力倡导在学习的过程中,一方面要独立思考,不盲从。他说:“由不疑至于疑,为学日长;由疑至于不疑,为道日固。疑者,非疑道也,疑言道者之不与道相当也。不疑者,非闻道在是而坚持之也,审之微,履之安,至于临事而勿容再疑也。故知道者,勿固信之,勿固从之,参伍而错综之,几未至,德未及,而犹俟之,其时可矣,而后以为可也。”②如此才能求得真学问。另一方面要循序渐进,由浅入深,他说:“故吾所望于学者:知勿求远,必其真知;行无求至,必其实行;循循然为之有序,则可继,而后固执之以渐求其广大,庶几有恒之可见,而圣学以有序而不浮。”③“由其小推其大,由其浅推其深,则益之日进而不已者有然。”④如此求得的学问才适于用。同时强调要将闻思择通相结合,将所见所闻,经过自己的独立思考,去粗取精,去伪存真,才能对客观对象有正确的认识和了解,否则,“所闻焉而不能思,思焉而不能择,择焉而不能通,则吾之教之也亦穷”。⑤ 在学习的途径上,船山不仅重视学习书本知识,从中国传统文化典章中吸取精华,而且主张要向社会学习,向民间学习,他说:“轩輶之语,里巷之谣,无不可益也。”⑥认为民谣也反映了某些社会实情,通过民谣,可以加深对社会的了解,找到解决社会问题的方法和途径,为学以致用打下基础。王船山的这一思想是非常难能可贵的。最后,强调为学必须付诸实行。他说:“乃君子所学者,皆以见之言行……故君子于所学所行者,极用其心,以穷理而求合于理。”“力尽其躬行,而后允矣其为君子矣。”⑦这样,所学才不致虚空,才能落到实处,真正成为有用之学。⑧

---

① 《四书训义 · 论语 · 述而》,《船山全书》第 7 册,岳麓书社 1991 年版,第 508 页。
② 《诗广传》,《船山全书》第 3 册,岳麓书社 1991 年版,第 441 页。
③ 《四书训义》,《船山全书》第 7 册,岳麓书社 1991 年版,第 509 页。
④ 《四书训义》,《船山全书》第 7 册,岳麓书社 1991 年版,第 964 页。
⑤ 《四书训义》,《船山全书》第 7 册,岳麓书社 1991 年版,第 293 页。
⑥ 《宋论》,《船山全书》第 11 册,岳麓书社 1996 年版,第 69 页。
⑦ 《四书训义 · 论语 · 学而》,《船山全书》第 7 册,岳麓书社 1991 年版,第 260 - 261 页。
⑧ 罗玉明. 湘军人物群体经世观特点论析,《怀化学院学报》,2011(01).

四、王夫之的民族主义思想

王船山是一位具有强烈民族意识的爱国主义者。他的民族主义思想内容十分丰富而庞杂,既有时代性与进步性的一面,也有保守与落后的一面,精华与糟粕并存。

王船山的民族主义思想首先表现为夷夏之别。他认为居住在祖国辽阔大地上的汉族和各少数民族是有区别的,这种区别有三:一是由于"夷、夏分以其疆",生活地域不同,使得他们在气质、风俗习惯、思想意识和社会实践等方面,具有不同的特点。"中国之与夷狄,所生异地,其地异,其气异矣;气异而习异,习异而所知所行蔑不异焉。"①二是义利观不同。王船山认为,华夏与夷狄,包括君子与小人的最后分界,是以义利之分这个道德范畴为标准的:"天下之大防二:中国、夷狄也;君子、小人也。……而其归一也。一者,何也?义、利之分也。生于利之乡,长于利之涂,父兄之所熏,肌肤筋骸之所便,心旌所指,志动气随,魂交神往,沉没于利之中,终不可移而之于中国君子之津涘。故均是人也,而夷、夏分以其疆,君子、小人殊以其类,防之不可不严也。"②三是文明程度不同。王船山认为,夷狄"文不备",即缺乏礼乐制度,"夷狄焉知仁义,势而已矣"。由于夷狄"文不备",就容易变为"无文"的禽兽,他说:"文之不备,渐至于无文,则前无与识,后无与传,是非无恒,取舍无据,所谓饥则呴呴,饱则弃余者,亦植立之兽而已矣。"③其次,反侵略的爱国思想。王船山既反对少数民族对汉民族的侵略,也反对汉民族对少数民族发动的战争,主张各民族和平相处。他说:"语曰:'王者不治夷狄。'谓沙漠而北,河、洮而西,日南而南,辽海而东,天有殊气,地有殊理,人有殊质,物有殊产,各生其所生,养其所养,君长其君长,部落其部落,彼无我侵,我无彼虞,各安其纪而不相渎耳。"④"故王者之于夷狄,暴则惩之,顺则远之,各安其所,我不尔侵,而后尔不我虐。"⑤如果他们因"困穷而依我,远之防之,犹必矜而全其生;非可乘约肆淫,役之、残之而规为利也"。⑥ 在这里,王船山虽然还没有摆脱种族偏见,但他提出汉

① 《读通鉴论》,《船山全书》第10册,岳麓书社1996年版,第502页。

② 《读通鉴论》,《船山全书》第10册,岳麓书社1996年版,第502-503页。

③ 罗玉明. 王夫之的"和合"思想述论,《第四届寒山寺文化论坛——国际和合文化大会论文集(2010)》,2010-11-13.

④ 《宋论》,《船山全书》第11册,岳麓书社1996年版,第174页。

⑤ 《读通鉴论》,《船山全书》第10册,岳麓书社1996年版,第286页。

⑥ 《读通鉴论》,《船山全书》第10册,岳麓书社1996年版,第450页。

族和少数民族应各安其所、和睦相处、互不侵扰的主张,基本上符合当时中国各民族人民的愿望。再次,民族自豪感与自信心。作为华夏子民,王船山对中华民族充满了无限的热爱,具有强烈的民族自豪感和自信心。他提出夷夏之辨,并不仅仅是为了指出二者之间的差异,在二者之间立一决然界限,更是为了烘托与维护华夏文明。他认为,一则中国地大物博、人杰地灵,"中区之地,四战用文,河山用武,沙衍耐骑,箐峒耐步,江海耐舟,麦食耐勇,稻食耐智,杂食耐劳……卤国给鹾,泽国给积,涝乡给鱼,赭山给铸,林阜给莽"。① 二则中国有悠久的文明传统,"中区之间,轩辕所治,大禹之所经维……昔者轩辕之帝也,上承羲、炎,下被有周,敦亲贤,柞神明,建万国,树侯王,君其国,子其民,修其徼圉,差其政教,顺其竞緑,乘其合,稍其离,早为之所……然后总其奔奏,戴其正朔"。② 这就是他一再强调的"中国有文"。三则中国人民有聪明的才智,国富兵强,"中国财足自亿也,兵足自强也,智足自名也"。③ "天地之产,聪明材勇,物力丰犀,势足资中区而给其卫"。④ 因而,中华民族虽然处在异族的统治之下,但是完全有能力自我振兴。最后,民族至上原则。王船山对历史事件和人物的评价,是从民族利益出发,将民族利益放在第一位的。他所持的衡量尺度是:"有一人之正义,有一时之大义,有古今之通义",三者不可相提并论,它们是存在"公私""轻重"的区别:"以一人之义,视一时之大义,而一人之义私矣;以一时之义视古今之通义,而一时之义私矣;公者重,私者轻矣,权衡之所自定也。三者有时而合,合则亘千古、通天下、而协於一人之正,则以一人之义裁之,而古今天下不能越。有时而不能交全也,则不可以一时废千古,不可以一人废天下。执其一义以求伸,其义虽伸,而非万世不易之公理,是非愈严,而义愈病。"⑤就是说,义有公私、轻重之别,当两者一致时,可以公私兼顾,但当两者发生矛盾时,则必须舍私从公。正是从民族大义出发,他对历史人物和历史事件的评价,超乎了"一人之正义""一时之正义",而是从"古今之道义"着眼,把保卫民族利益看得比维系君臣名分更重要,因而他对历史上某些敢于抗击外来民族侵扰的人,着重从他们可能给封建中央政权带来扭转危局、臻于强

① 罗玉明,刘建辉.王船山的军事思想及其对近代湖南历史人物的影响,《衡阳师范学院学报》,2013(04).

② 《黄书》,《船山全书》第 12 册,岳麓书社 1996 年版,第 532 – 534 页。

③ 《黄书》,《船山全书》第 12 册,岳麓书社 1996 年版,第 519 页。

④ 《黄书》,《船山全书》第 12 册,岳麓书社 1996 年版,第 508 页。

⑤ 《读通鉴论》,《船山全书》第 10 册,岳麓书社 1996 年版,第 535 页。

盛的功效上加以肯定。

五、王夫之的修身观

王船山特别强调修身,他修身的出发点和理论基础是"人道"。他说:"禽兽终其身以用天而无自功,人则有人之道矣。"①何为"人道"呢?王船山说:"知、仁、勇,人得之厚而用之也至。然禽兽亦与有之矣,禽兽之与有之者,天之道也。好学近乎知,力行近乎仁,知耻近乎勇,人之独而禽兽不得与,人之道也。"②"人之道"就是人伦:"人之有君臣、父子、昆弟、夫妇、朋友,亲疏上下各从其类者分矣。"③可见,王船山将"人道"看成了人与动物相区别的独有的质的规定,"天道不遗于禽兽,而人道则为人之独"。④ 可是,当时的世态和世风,却与"人之道"背道而驰。一方面诗书礼乐典章制度崩坏,名存实亡:"苟简嗜利之人,或托高明以蔑鬼神,或托质朴以毁礼乐,而生人之心固有所不安,于是下愚鄙野之夫,以其不安之情,横出而为风俗,以诬鬼神,以乱礼乐,皆苟简嗜利者激而导之也。以草野之拱箸、酬酒为礼;以笳管、筚栗、大钹、独弦及狭邪之淫哇为乐;以小说、杂剧之所演,游髡、妖巫之所假说者为鬼神,而鬼神乱于幽,礼乐乱于明,诚为可恶。乃名山大川,仅供游玩,行歌互叫,自适情欲,取野人不容昧之情而澌灭之,则忠孝皆赘疣,不如金粟之切于日用久矣。存养省察之几,临之以鬼神则严。君民亲友之分,文之以礼乐则安。所甚恶于天下者,循名责实之质朴,适情荡性之高明也。人道之存亡,于此决也。"⑤另一方面国人贪图安逸与享乐,如同行尸走肉:"学者但取十姓百家之言行而勘之,其异于禽兽者,百不得一也。营营终日,生与死俱者何事?一人倡之,千百人和之,若将不及者何心?芳春昼永,燕飞莺语,见为佳丽。清秋之夕,猿啼蛩吟,见为孤清。乃其所以然者,求食、求匹偶、求安居,不则相斗已耳;不则畏死而震慑已耳。庶民之终日营营,有不如此者乎?"⑥为了实现"扶长中夏"的志向,王船山大声疾呼要"救人道于乱世。"但谁来担此重任呢?王船山把希望寄托在君子身上,他说:"流俗之恶至此,乃有食淡衣粗而务此者。君子有救世之心,当

① 《诗广传》,《船山全书》第3册,岳麓书社1988年版,第464页。

② 《思问录》,《船山全书》第12册,岳麓书社1996年版,第402页。

③ 《张子正蒙注》,《船山全书》第12册,岳麓书社1996年版,第221页。

④ 《思问录·内篇》,《船山全书》第12册,岳麓书社1996年版,第405页。

⑤ 《俟解》,《船山全书》第12册,岳麓书社1996年版,第483页。

⑥ 《俟解》,《船山全书》第12册,岳麓书社1996年版,第478页。

思何以挽之。”①他认为救世是君子的责任和首要任务:“夫民之愚夙矣,移之以使作善者君也,则君固不得辞其咎矣。而匡维世教以救君之失,存人理于天下者,非士大夫之责乎?”②又说:“君子自竭其才以尽人道之极致者,唯此为务焉。”③

为承担起救世的责任,王船山提出君子必须加强自身修养。首先,必须养成豪杰之气。何为豪杰呢?王船山说:“有豪杰而不圣贤者矣,未有圣贤而不豪杰者也。能兴即谓之豪杰。兴者,性之生乎气者也。拖沓委顺当世之然而然,不然而不然,终日劳而不能度越于禄位田宅妻子之中,数米计薪,日以挫其志气,仰视天而不知其高,俯视地而不知其厚,虽觉如梦,虽视如盲,虽勤动其四体而心不灵,惟不兴故也。圣人以《诗》教以荡其浊心,震其暮气,纳之于豪杰而后,期之以圣贤,此救人道于乱世之大权也。”④其次,“尚志”。王船山认为,是否有志,是人禽之别的根本标志。他说:“小体,人禽共者也,虑者,犹禽之所得分者也。人之所以异于禽者,唯志而已矣。不守其志,不充其量,则人何以异于禽兽哉!”⑤志是善恶之分的标准,“意之所发,或善或恶,因一时之感动而成乎私;志则未有事而豫定者也。意发必见诸事,则非政刑不能正之;豫养于先,使其志驯习乎正,悦而安焉,则志定而意虽不纯,亦自觉而思改矣。”⑥“故志正而后可治其意,无志而唯意之所为,虽善不固,恶则无不为矣。”⑦“志”也是人们实践活动的向导和成功的保证,“人之所为,万变不齐,而志则必一,从无一人而两志者。志于彼又志于此,则不可名为志,而直谓之无志。天下之事,无不可行吾志者,如良医用药,温凉寒热俱以攻病,必欲病之愈者,志也。志正则无不可用,志不持则无一可用。婞婞然一往必伸者,介然之气也。气则有伸有屈,其既必迁。以此为志,终身不成。”⑧正是由于王船山将“志”看得如此重要,因此,他大声疾呼要“正志”:“正其志于道,则事理皆得,故教者尤以正志为本。”⑨极力要求人们“尚志”:“败而不挠,亡而不屈。”⑩“若其权

---

① 《俟解》,《船山全书》第12册,岳麓书社1996年版,第480页。
② 《读通鉴论》,《船山全书》第10册,岳麓书社1996年版,第1048页。
③ 《读通鉴论》,《船山全书》第10册,岳麓书社1996年版,第346页。
④ 王利民. 王船山的人生哲学简论,《船山学刊》,2017(07).
⑤ 《思问录》,《船山全书》第12册,岳麓书社1996年版,第451页。
⑥ 《张子正蒙注》,《船山全书》第12册,岳麓书社1996年版,第189页。
⑦ 《张子正蒙注》,《船山全书》第12册,岳麓书社1996年版,第189页。
⑧ 《俟解》,《船山全书》第12册,岳麓书社1996年版,第491页。
⑨ 《俟解》,《船山全书》第12册,岳麓书社1996年版,第188页。
⑩ 《读通鉴论》,《船山全书》第10册,岳麓书社1996年版,第1167页。

不自我，势不可回，身可辱，生可捐，国可亡，而志不可夺。”①王船山这席话，不禁令人想起孔子的“三军可夺帅，匹夫不可夺志”的名言，王船山也是竭力推崇那种不屈不挠的“大丈夫”的人格尊严的。再次，良好的道德品格，也就是要“有文”，用我们今天的话来说就是知书达礼。“君子之有文，以言道也，以言志也。道者，天之道；志者，己之志也。上以奉天而不违，下以尽己而不失，则其视文也莫有重焉；乐以之自见，则轻矣。乐以自见，而轻以酬人之求，则人不择而借之以为美。为人借而以美乎人，是翡翠珠玑以饰妇人也；倚门者得借，岂徒象服是宜之之子哉！”②“君子之有文，……以承天尽己而匡天下之邪淫者也。守己严，待物以正，勿以谀人、勿以悦人、为天下侮，奚足为累，而效不十之樗为？”③所以王船山大力主张：“天下日动而君子日生，天下日生而君子日动。动者，道之枢，德之牖也”。④强调“善体天地之化者，未有不如此者也”。⑤ 他认为，只有社会实践才能造就真正的仁人君子，而人的道德品格亦只有在社会实践中才能得以逐步完善。最后，具有正确的生死观。王船山认为，“天地之间，流行不息，皆其生焉者也”。⑥“生”，是宇宙间的“至常”，是自然界一切生命运动的本质。但死也是自然界不可规避的事情，他说：“夫可依者有也，至常者生也，皆无妄而不可谓之妄也。奚以明其然也？……既已为之人也，生死者昼夜也，昼夜者古今也。祖祢之日月，昔有来也；子孙之日月，后有往也。由其同生，知其同死；由其同死，知其同生。同死者退，同生者进，进退相禅，无不生之日月……物情非妄，皆以生徵，徵于人者，情为尤显。”⑦生死相迭，生中有死，死中有生，“新故密移，则死亦非顿然而尽”⑧，“由致新而言之而死亦生之大造矣”，⑨非人力所能改变。关键在于如何看待生死，应具备怎样的生死观。王船山认为，天地之间以人为贵，人生在世，珍生、贵生是基本权利，是社会繁荣发展的保证，“最可爱者此身也”。⑩ “天地之大德者生也，珍

---

① 《续春秋左传博议》，《船山全书》第5册，岳麓书社1988年版，第618页。
② 《读通鉴论》，《船山全书》第10册，岳麓书社1996年版，第439－440页。
③ 《读通鉴论》，《船山全书》第10册，岳麓书社1996年版，第440页。
④ 《周易外传》，《船山全书》第1册，岳麓书社1988年版，第1033页。
⑤ 《思问录》，《船山全书》第12册，岳麓书社1996年版，第431页。
⑥ 《周易外传》，《船山全书》第1册，岳麓书社1988年版，第1042页。
⑦ 《周易外传》，《船山全书》第1册，岳麓书社1988年版，第887－888页。
⑧ 《读四书大全说》，《船山全书》第6册，岳麓书社1991年版，第750页。
⑨ 《周易外传》，《船山全书》第1册，岳麓书社1988年版，第888页。
⑩ 《四书训义》，《船山全书》第7册，岳麓书社1991年版，第530页。

其德之生者人也”。[①] 但是,珍生而不能畏死,哀死而不患死。他说:“且天地之生也,则以人为贵。草木任生而不恤其死,禽兽患死而不知哀死,人知哀死而不必患死,哀以延天地之生,患以废天地之化。”[②]因为“死者天之事,生者人之事;人所必尽者,人而已矣,人尽而归之天,所以赞天而善其化也”。[③] 从这种观点出发,王船山强调,珍生就不能放弃自己的义务,这种义务就是要“立义”,“立人之道曰义”,[④]“生以载义,生可贵;义以立生”。这要为“义”舍生忘死,杀身取义,“将贵其生,生非不可贵也;将舍其生,生非不可舍也。”[⑤]“一日未死,而有一日必应之物理;一日未死,而有一日必酬之变化。”[⑥]

六、王夫之的军事思想

王船山亲自参加和指挥过反抗清军的军事斗争,他从自己的亲身经历出发,在总结历代军事斗争的经验教训的基础上,提出了他的军事思想。这些军事思想集中反映在《读通鉴论》《宋论》《黄书》《噩梦》等史论著作中,主要有以下几方面:

第一,“积极防御”的思想。王船山说:“‘天下虽安,忘战必危。’安而忘战;其危可必,况在危而以忘战为安乎!”[⑦]在这里,王船山指出了“安而忘战”的危险性,告诫统治者要时刻做好战斗准备,随时准备痛击入侵者,否则就有亡国灭种的危险。[⑧]

第二,重视人民群众的抗战力量的战略思想。王船山认为:“将未得人,草泽不无英尤之士;兵虽已驰,淮、襄、川、陕自多技击之材……简西南谿峒之蛮兵,气用新而力用壮。”[⑨]王船山还详细分析了全国各地的民情民风,指出只要发动全国各地人民,用其所长,“竭十年生聚教训之劳,收积渐观衅乘时之效”,并制订正确而周密的战略计划,“如是以图之,燕、云即未可期,而东救汴、雒,西扫秦、川,可八

---

① 《周易外传》,《船山全书》第1册,岳麓书社1988年版,第1034页。

② 《周易外传》,《船山全书》第1册,岳麓书社1988年版,第889页。

③ 《四书训义》,《船山全书》第7册,岳麓书社1991年版,第529页。

④ 《尚书引义》,《船山全书》第2册,岳麓书社1988年版,第277页。

⑤ 《尚书引义》,《船山全书》第2册,岳麓书社1988年版,第363页。

⑥ 《四书训义》,《船山全书》第7册,岳麓书社1991年版,第538页。

⑦ 《宋论》,《船山全书》第11册,岳麓书社1996年版,第268页。

⑧ 罗玉明,刘建辉. 王船山的军事思想及其对近代湖南历史人物的影响,《衡阳师范学院学报》,2013(04).

⑨ 罗玉明,刘建辉. 王船山的军事思想及其对近代湖南历史人物的影响,《衡阳师范学院学报》,2013(04).

九得矣"。①

第三，在战略部署上，王船山根据全国各地不同的地理条件和战略特点，将全国划分为18个战区，每个战区担负不同的战略任务。他说："中区之地，四战用文，河山用武，沙衍耐骑，箐峒耐步，江海耐舟，麦食耐勇，稻食耐智，杂食耐劳，广土坟争，崟崎壁守，卤国给鹾，泽国给积，涝乡给鱼，赭山给铸，林阜给犇，边徼互马，殷道课关……故曰利资可假，劲锐可佥，厄塞可制也。请置河北、山东为一使，江北、济南为一使，河南、荆北为一使，燕南、河东为一使，关陕、秦、陇为一使，荆南、江右为一使，江南、福、浙为一使，巴西、沪南为一使，南赣、岭海为一使，岭西、桂、象为一使，滇、默、洱海为一使。此十一区者，用武地六，用文地四，兼错犬牙、率得险者或十六七，或十三四。因舒蜿，随原显，各固其圉，取材其产，蒐其军实以听边关之不时。畿辅为一使，左辅为一使，右辅为一使，大同为一使，延绥为一使，宁夏为一使，河西为一使。此七区者，战地十九，内地十一，大司农因漕委输，转十五司之粟米以灌注之。"②这18个战区各司其职，发挥独立作战的积极性和主动性，"去其京衔，定其镇地，制其厄塞，重其威令，佥其劲锐，间其文武，假其利资。七者具修以置藩辅，各战其境，互战其边"。③ 又要互相支援，互相配合："星罗牙错，充实内地，树结边隅，一方溃茂，声援谷响"。"可相输而各奏其利"，④服从朝廷的统一领导："县隶府，府隶司，司受命于天子，足以呼响，无关格之疢矣"。⑤ 从而形成全国一盘棋的局面，实现战略任务。

第四，在军队的组织构成上，王船山将军队分为边兵、战兵与守兵，分别担负着不同的作战任务。他说："夫边不能无兵，边兵不可以更戍而无固心，必矣。兵之为用，有战兵焉，有守兵焉。守兵者，欲其久住，而卫家即以卫国者也；而守之数不欲其多，千人乘城，十万之师不能卒拨，而少则无粮薪不给之忧。战兵者，欲其揣往而用其新气者也；一战之勇，功赏速效，虏退归休，抑可无长征怨望之情。"这里所说的"边兵"，即是边防军，守兵相当于现代所说的地方军，战兵相当于野战

① 罗玉明，刘建辉．王船山的军事思想及其对近代湖南历史人物的影响，《衡阳师范学院学报》，2013(04).

② 刘伯兰．论毛泽东人民战争思想的湖湘文化渊源——兼论其在高技术局部战争中的运用，《江苏科技大学学报(社会科学版)》，2009(12).

③ 《黄书》，《船山全书》第12册，岳麓书社1996年版，第509页。

④ 刘伯兰．论毛泽东人民战争思想的湖湘文化渊源——兼论其在高技术局部战争中的运用，《江苏科技大学学报(社会科学版)》，2009(12).

⑤ 《黄书》，《船山全书》第12册，岳麓书社1996年版，第508页。

军。“守兵”驻扎在全国各重要据点，不可“更戍”；“战兵”则在发生战争时由国家调往前线作战，“虏退归休”。这既可发挥各兵种之长，又能相互配合，统一指挥。① 所以，他高度评价了唐朝“十六卫”军事制度，“然则十六卫之与边兵，互设以相济，寇小入，则边兵守而有余，寇大入，则边兵可固守以待，而十六卫之帅，唯天子使以帅其属而战焉。”②这就使国家既有强兵劲旅可供驻守和调遣，以备国家紧急之需，又可避免藩镇拥兵自重、谋逆割据，也不会出现宋朝那种“将不识兵、兵不识将”，军队“解散靡弱”的各种弊病。

第五，在指挥员的选拔上，王船山指出指挥员应有良好的品德和心理素质。他说：“成大业者，在量而不在智，明矣。”③“量者心之体，智者心之用。”④这是“成而不倾，败而不亡”⑤的关键所在。因此，作为指挥官，必须正确对待生死成败，在紧要关头沉着冷静、镇定自若，置生死成败荣辱于度外。他说：“既以身任天下，则死之与败，非意外之凶危；生之与成，抑固然之筹画。生而知其或死，则死而知其固可以生；败而知其有可成，则成而抑思其且可以败。生死死生，成败败成，流转于时势，而皆有量以受之，如丸善走，不能逾越于盘中。其不动也如山，其决机也如水，此所谓守气也。……智足以制胜，而俄顷之间，大忧大喜之所乘，声音笑貌传其摇荡无主之衷，倾败即成乎莫挽。豪杰之与凡民，其大辨也在此夫!”⑥只有这样大智大勇的豪杰之士才能担当起指挥者的重任。王船山还看到，下层人民当中有很多卓越的人才。他认为“天之生才也无择，则士有顽而农有秀”⑦。所以，他主张大力提拔那些出身寒微的优秀人才，“或已试戎行，或崛起草泽，而勇略已著”。⑧ 他还提出要“求先君之遗裔，联草泽之英雄”。⑨

第六，在战略战术上，王船山主张，要将“战”与“守”有机结合起来。他指出：“夫御夷者，诚不可挑之以战，而葸于战以言守，则守之心先脆矣；诚不可葸焉以

---

① 罗玉明，刘建辉．王船山的军事思想及其对近代湖南历史人物的影响，《衡阳师范学院学报》，2013(04).

② 《读通鉴论》，《船山全书》第10册，岳麓书社1996年版，第995页。

③ 《读通鉴论》，《船山全书》第10册，岳麓书社1996年版，第1106页。

④ 《读通鉴论》，《船山全书》第10册，岳麓书社1996年版，第1105页。

⑤ 《读通鉴论》，《船山全书》第10册，岳麓书社1996年版，第1105页。

⑥ 《读通鉴论》，《船山全书》第10册，岳麓书社1996年版，第1106－1107页。

⑦ 《读通鉴论》，《船山全书》第10册，岳麓书社1996年版，第68页。

⑧ 《宋论》，《船山全书》第11册，岳麓书社1996年版，第196页。

⑨ 罗玉明，刘建辉．王船山的军事思想及其对近代湖南历史人物的影响，《衡阳师范学院学报》，2013(04).

守,而略于守以言战,则战之力先枵矣;抑以战为守,以守为战,而无固情也。故善御夷者,知时而已矣。时战则战,时守则守。"①这里所说的"战"即进攻,"守"即防御,战与守、进攻与防御是一对辩证关系,进攻须有防御,防御也可形成攻势,"略于守以言战"和"葸于战以言守",都是错误的,都会招致失败。因此,指挥者要审时度势,处理好战与守的关系,该战则战,该守则守。由此出发,王船山还提出,在暂时强大的异族入侵面前,不要争一城一地之得失,要诱敌深入,让敌人"入据空城以受四方之敌"②,利用辽阔的国土,发动广大的人民,坚持长期抗战,逐步积蓄力量,驱逐侵略取得最后胜利。③

第四节 湖湘文化的革新

自 1840 年第一次鸦片战争开始,中国经受了西方列强一次又一次的入侵与殖民掠夺。自此,中国进入了半殖民地半封建社会,国家地位一落千丈,社会资源惨遭掠夺,国家领土被列强如狼似虎般瓜分。百姓民不聊生,颠沛流离,生灵涂炭,流离失所。国家主权成了一个虚词,最高领导人迫于列强的武力威慑,不得不听从其指使。随着西方列强的入侵,民族矛盾急剧上升,湖湘文化中的爱国主义传统进一步得到发扬。这主要表现在四个方面:首先,近代湖南士人几乎都将挽救国家和民族的危亡当作自己的神圣职责与使命。其次,近代湖南士人为了挽救国家和民族的危亡,焕发出了一种百折不挠的奋斗精神和勇于牺牲的献身精神。再次,近代湖南士人为了最终达到挽救国家民族危亡的目的,注重把抵制外国侵略与学习西方文明有机地结合起来。最后,湖湘文化中蕴藏着一种博采众家的开放精神与敢为天下先的独立奋斗与创新精神。这种开放精神主要表现为湖湘文化与其他各种文化之间的相互交融;而这种交融有四个方面:一是与不同民族文化之间的交融。二是与不同地域文化之间的交融。三是与不同学派之间的交融。四是与外国文化之间的交融。湖湘文化还具有一种敢为天下先的独立奋斗与创新精神。最早总结这种精神的是杨毓麟。他在《新湖南》中将这种精神称之为"特

① 《诗广传》,《船山全书》第 3 册,岳麓书社 1988 年版,第 391 – 392 页。

② 《读通鉴论》,《船山全书》第 10 册,岳麓书社 1996 年版,第 450 页。

③ 罗玉明,刘建辉. 王船山的军事思想及其对近代湖南历史人物的影响,《衡阳师范学院学报》,2013(04).

别独立之根性”。杨毓麟所说的“独立之根性”,其实也就是讲的湖南人的气质与性格。所谓“坚贞刻苦”“奋然自异”“发人之所未见”“无所依傍”“浩然独往”“爱同胞而基仇虐”,是对湖南人气质与性格的典型概括。杨毓麟以后,对湖南人的这种精神评论赞誉的还有许多。如王原一认为“湖南人素有蛮干精神”。陈独秀认为湖南人具有“坚忍不拔”“扎硬寨、打死战”的奋斗精神。钱基博将湖南人的奋斗精神称之为“鞠躬尽瘁、死而后已”。刘修如认为湖南人的精神是一种“一以贯之的革命精神”,这种精神表现为“甘冒险,不享成,宁为玉碎,不为瓦全,愿走冷门,不烧热灶”。毛泽东等人也认为湖南人具有一种“坚强不屈的志气”。近代湖南的仁人志士围绕挽救国家和民族的危亡这一时代主题,在继承传统湖湘文化优良传统的基础上,提出了“师夷长技以制夷”的主张,从而推动湖南文化向近代的转换。近代湖湘文化既继承了古代湖湘文化的传统,又在新的历史条件下增添了新的内容。文化的一个重大特点就是它的历史传承性,近代湖湘文化是传统湖湘文化的继承,也突破了传统湖湘文化的束缚。魏源是这一时期的代表性人物。

魏源(1794—1857),清代启蒙思想家、政治家、文学家。名远达,字默深,又字墨生、汉士,号良图。汉族,湖南邵阳隆回金潭人(今隆回县司门前镇)。道光二年(1822 年)举人,道光二十五年(1845 年)始成进士。官高邮知州,晚年弃官归隐,潜心佛学,法名承贯。近代中国“睁眼看世界”的首批知识分子的优秀代表。魏源自小在族学中读书,在启蒙教师的指导下,熟读了四书五经。他 9 岁参加县考,因考官见他年纪太小,没有让他入县学,14 岁时入邵阳县爱莲书院学习,15 岁被录取为县学生员,19 岁入岳麓书院学习。1813 年中拔贡,1822 年中举后,入江苏布政史贺长龄幕,主编《皇朝经世文编》,后先后入陶澍、杨芳幕。1844 年,魏源中进士,任江苏高邮知州,1854 年被劾去职,回湖南老家,专心佛学,1857 年死于杭州。魏源勤奋好学,治学广博,“无所不窥”,以儒家经学为主,旁及子学、西学、佛学。他一生勤于著述,主要作品有编《皇朝经世文编》120 卷,著《圣武记》14 卷,《海国图志》100 卷,《书古微》10 卷,《诗古微》10 卷,《元史新编》95 卷,《古微堂内外集》10 卷,《古微堂诗》10 卷,《曾子章句》2 卷,《大学古本》2 卷,《庸易通义》1 卷,《说文儗雅》1 卷,《两汉经师今古文家法考》若干卷,《论语孟子类编》若干卷,《孔子年表》1 卷,《孝经集传》若干卷,《老子本义》2 卷,《孙子集注》若干卷,《董子春秋发微》7 卷,《小学古经》若干卷,《清夜斋诗》1 卷。又有《墨子》《说苑》《六韬》《吴子》注若干卷。其《皇朝经世文编》《圣武记》《海国图志》,传诵一时,引起轰动。

在湖湘文化的谱系中,魏源是一个承上启下的关键人物。一方面,他受王船山思想的影响,自认为“得乡光先衡阳王夫之《诗广传》,虽不考证三家,而精义卓识,往往暗与之合。左采右芼,触处逢源。”①将王船山的“知行观”“气化日新观”“历史进化观”以及反侵略的爱国主义思想等发扬光大。另一方面,魏源又突破了王船山思想范围,注入了新的、时代内容,以开放的眼光和博大的胸怀,解决了王船山狭隘民族主义观中对待西方的立场和态度问题,提出了发聋振聩的“师夷长技以制夷”的主张,将传统湖湘文化推向近代迈出了关键的一步,奠定了近代湖湘文化的理论和实践基础,影响了近代湖湘文化的走势和发展方向。

魏源的思想博大精深,杨慎之说:“魏源的思想归本儒学,杂取旁收,兼采法、老、兵诸说,并及西方之书。但是,魏源治学的出发点和归宿点,纯在致用。通经为文,做世致用,确是魏源思想的主动脉。”②台湾学人王家俭也认为,综观魏源之一生,“倡经世以谋富强,讲掌故以明国是,崇今文以谈变法,究舆地以图边防,策海防以言战守。”③不难看出,魏源对传统湖湘文化的承接和转换,对后人影响至深者,主要体现在以下几个方面:

一、魏源的经世致用观

为倡导经世致用学风,魏源身体力行,魏源强调“学术”必须体现于治国安邦、民生日用实事之中,要将学术与现实结合起来,使其在社会现实中发挥作用。强调“以经术为治术”,解决的核心问题就是学术必须为治国安邦服务,而不是空谈性理。魏源坚决反对脱离实际读死书的方法:“读父书者不可与言兵,守陈案者不可与言律,好剿袭者不可与言文,善琴弈者不视谱,善相马者不按图,善治民者不泥法;无他,亲历诸身而已。读黄、农之书,用以杀人,谓之庸医;读周、孔之书,用以误天下,得不谓之庸儒乎?”④他指斥乾嘉汉学说:“专务记丑,屏斥躬行。”“以诂经为生安之学,而以践履为因勉之学。”抨击以“四书五经”为范围的八股取士制度。他“纂录《元史新篇》若干卷、《明代食兵二政录》七十八卷、《圣武记》十四卷、《皇朝经世文编》百二十卷。旁搜博采,尤悉心河道水利,海防边防,上下古今而明究其得失,如聚米画沙,如烛照数计。自谓坐而言,可起而行也”。⑤ 魏源在《皇朝

① 《诗古微·目录书后》。

② 黄丽镛:《魏源年谱》,湖南人民出版社 1985 年版,第 8 页。

③ 《魏源年谱》,1967 年台湾版。

④ 《默觚·学篇九》,《魏源集》,中华书局 1976 年版,第 49 页。

⑤ 钱基博:《近百年湖南学风》,岳麓书社 1985 年版,第 11 – 13 页。

经世文编》的序文里提出通经致用之四项原则:一是“事必本于心”,但“善言心者必有验于事”,这就是说,不能离开客观而专靠主观。二是“法必本于人”,但是“善言人者必有资于法”,这就是说,不能离开工具法度而专恃聪明。三是“今法本夫古”,但是“善言古者必有验于今”,这就是说,不能离开现代而谈古代。四是“物必本夫我”,但是“善言我者必有乘于物”。这就是说,不能离开别人的意见而专凭自己的意见。改革社会弊病,祛除人心之二患:一是“寐”,就是革除昏庸无知;二是革除“虚”,就是空虚不实。他说:“去伪,去饰,去畏难,去养痈,去营窟,则人心之寐患祛其一。以实事程实功,以实功程实事……则人材之虚患祛其二。”①这就是他所从事的“经世致用”的主旋律,其目的就在于使国家富强。②

二、魏源的知行观

魏源认为世界上并没有“生而知之”的人,只有经过长期刻苦学习,才能获得真知。魏源特别重视“行”,对事物的认识要“亲历诸行”,他认为“善琴弈者不视谱,善相马者不按图,善治民者不泥法;无他,亲历诸身而已”③,“山居难与论舟行之险,泽居难与论梯陟之艰。处富不可与论贫,处暇不可与虑猝,处亨不可与言困,处平世不可与论患难”。④ 他在《皇朝经世文编序》中提出“善言心者,必有验于事矣”,也就是说,思想性的东西必须经受客观事物的检验,看它是否符合客观事物的实际。“善言古者,必有验于今矣”,是指古代的东西必须用今天的事实来检验,看它是否适合于当前的实际。⑤ 所以,魏源大力倡导,不仅要可“坐而言”,尤其需要“可起而行也”。⑥ 为了使自己的言行符合客观实际,魏源特别强调调查研究。他说:“夫士而欲任天下之重,必自其勤访问始,勤访问,必自其无事之日始。”⑦他批评那些“历山川但壮游览而不考其形势,阅井疆但观市肆而不察其风俗,揽人才但取文采而不审其才德”的人,“一旦身预天下之事,利不知孰兴,害不知孰革,荐黜委任不知孰贤不肖”。⑧ 他认为,在处理社会的改革、法典的废立、政

---

① 《魏源集》,中华书局 1976 年版,第 208 页。

② 罗玉明. 湘军人物群体经世观特点论析,《怀化学院学报》,2011(01).

③ 《默觚·治篇五》,《魏源集》,中华书局 1976 年版,第 49 页。

④ 《默觚·治篇四》,《魏源集》,中华书局 1976 年版,第 46 页。

⑤ 利兴民,李仪. 谈谈魏源认识论的特点,《哲学研究》,1982(04).

⑥ 钱基博:《近百年湖南学风·湘学略》,岳麓书社 1985 年版,第 12 页。

⑦ 《默觚·治篇一》,《魏源集》,中华书局 1976 年版,第 36 页。

⑧ 利兴民,李仪. 谈谈魏源认识论的特点,《哲学研究》,1982(04).

务的措施等问题时，都必须事先进行调查研究，才有可能处置得当。他说："选举、考察、职掌之必悉，而后可以审立官；赋榷、俸饷、出入之周知，而后可以制国用。""堤坊疏濬，各有情形，必左图而右史。"如果"度律、等威、服制、不明其别，何以辨五礼之仪文？山川、关塞、邮驿不审其方，何以知行九州之控驭"，①因而要进行调查研究，必须采取正确的方法，这就是要"周爰咨诹""周爰咨谋""周爰咨度"。只有这样，才能对某一事物有客观全面的认识和了解。魏源自幼喜爱到处游历，自称"芒鞋踏九州"，"我行半天下"。他在游历过程中，认真考察了祖国山河地理、风土民俗，用以增长知识，为变法革新提供事实根据。魏源强调"行"，但并不否认"知"，而是认为，"知"也是获取知识、提高人的认识水平的重要途径。他认为，人的天资虽有差别，但通过努力学习，这种差别可以缩小，并且在一定的条件下可发生转变。他说："敏者与鲁者共学，敏不获而鲁反获之；敏者日鲁，鲁者日敏。"②经过学习，"中人可易为上智"，甚至可以超过绝顶聪明的人，"绝世之资，必不如专门之夙习也"，"巧者不过习者之门"。③ 只要有刻苦学习精神，那是"何微之不入？何坚之不劘"。④

三、魏源的爱国主义思想

魏源对西方列强的侵略行为无比愤慨，在《海国图志叙》中强烈地提出："此凡有血气者所宜愤悱，凡有耳目心知者所宜讲画也。"⑤他站在时代的前列，高举爱国主义大旗，反对外国侵略者发动的不义战争，将古代爱国主义发展到近代爱国主义。首先，坚决主张禁止鸦片。他清醒地认识到，鸦片流毒，不仅使财富大量外流而且使政治腐败，人才销铄。其次，分析了英国侵略者的掠夺本性。最后，批驳畏敌如虎的民族失败主义思想，热情讴歌人民群众反抗外来侵略的英勇斗争。魏源从三元里人斗争中看到蕴藏在人民中的力量，认为只要发动全国人民起来，就一定能取得反侵略斗争的胜利。他说："奈何动曰无兵可用？又奈何动曰莠民可虞？诚能招募骁悍之民为兵，则北五省之回匪、红胡匪、捻匪、曳刀匪皆六郡之良家也。沿海械斗之辈、鱼盐私贩之辈、市舶亡命之辈，皆剿夷之乌喙也。以沿海各

---

① 利兴民，李仪．谈谈魏源认识论的特点，《哲学研究》，1982(04).

② 《默觚·学篇二》，《魏源集》，中华书局 1976 年版，第 5 页。

③ 利兴民，李仪．谈谈魏源认识论的特点，《哲学研究》，1982(04).

④ 《默觚·学篇二》，《魏源集》，中华书局 1976 年版，第 5 页。

⑤ 《魏源集》，中华书局 1976 年版，第 208 页。

徒为水师,水师无敌于东南,而海贼不患于东南矣。练中原亡命为陆营,陆营无敌于西北,而土盗不生于西北矣。收两利,去两害,是在神明化裁之大人哉。"①

四、魏源的今文经学与变易思想

晚清今文经学的兴起并非首倡于魏源,魏源自幼受湖湘传统文化的熏陶,在岳麓书院读书时即对理学产生浓厚的兴趣,儒家的纲常名教,对其影响巨大。他写有:"乾尊坤卑,天地定位,万物则而象之,此尊无二上之谊焉。是以君令臣必共,父名子必宗,夫唱妇必从。天包地外,月受日光。"②他倡导经世致用,但"后来不遇,转而治经"。1814 年,魏源随父入京,从常州学派的刘逢禄学《公羊春秋》,从此治经主今文经学。他之所以专治《公羊春秋》,是因为,在他看来,《春秋》之有《公羊》,不但异于《左氏》,亦且异于《谷梁》,"春秋因鲁史以明王法,改周制而俟后圣","立百王之法",而不是"为一事一人而设"。③ 所以治经必治《春秋》,治《春秋》必通《公羊》。西汉时,董仲舒"上下古今,贯五德、五行于三统,可谓穷天人之绝学"。④ 魏源为撰《董子春秋发微》,以"发挥《公羊》之微言大谊,而补胡母生条例、何邵公《解诂》所未备",而以刘逢禄《公羊释例》之"通论大义近乎董生附诸后"。⑤ 尔后又著《诗古微》《书古微》,对推动今文经学的发展作出了重大贡献,正如周予同说:"从魏书出而《诗》《书》始复于西汉……对于今文学的复兴,不能说没有功绩。"⑥齐思和也认为:"晚清学术界之风气,史学则重本朝掌故,地理则中边疆舆地,而经学则提倡今文。前二者皆自魏源倡之。今文之学虽非倡自魏氏,而魏氏亦一重要之倡导人物也。"⑦

魏源首先强调口传微言大义对于《春秋》的重要性远胜于章句。其次,论证了今文经学之复兴的必然性。再次,他批判汉学和宋学,致力于《诗》《书》的研究。他力辟伪古文,力反马、郑。认为"伪古文之臆造经、传","上诬三代,下欺千载""至马、郑传注之故背今文、臆造古文","亦不足以相代"。⑧ 最后,接受今文经学

---

① 《圣武记》,《魏源全集》第 3 册,岳麓书社 2004 年版,第 564 页

② 《魏源集》,中华书局 1976 年版,第 26 页。

③ 《魏源集》,中华书局 1976 年版,第 134 页。

④ 《魏源集》,中华书局 1976 年版,第 135 页。

⑤ 《魏源集》,中华书局 1976 年版,第 134 页。

⑥ 《周予同经学史论著选集 · 经学历史》,上海人民出版社,1996 年。

⑦ 杨慎之,黄骊镛:《魏源思想研究》,湖南人民出版社 1987 年版,第 33 页。

⑧ 《魏源集》,中华书局 1976 年版,第 115 页。

变易观,提出变革社会的思想主张。今文经学倡言微言大义,主张一个“变”字,认为政治制度不是一成不变的,而是可变的。故《易经》说“穷则变,变则通,通则久”。

魏源接受了这种因革损益的“变易”观,极力颂扬“三统说”,认为“史家正统之例,实《春秋》通三统之义”。他说:“太史公作《五帝本纪》,列黄帝、颛顼、高辛、尧、舜,而不数少昊氏。斯义也,本之董生论三统,孔子论五帝德,《国语》柳下惠论祀典。盖少昊氏之衰,九黎乱德,颛顼修之,故柳下、孔子、董生、太史公论列五帝,皆祧少昊一代于不言,视《月令》郯子所论,识殊霄壤。此正统本于三统之明徵,岂徒胪列纪载,体同胥史,遂并董狐乎?”①魏源批判了“言必称三代”、泥古不化的人,认为这是“读周孔之书,用以误天下”,是“庸儒”。他说:“庄生喜言上古,上古之风必不可复,徒使晋人糠秕礼法而祸世教;宋儒专言三代,三代井田、封建、选举必不可复,徒使功利之徒以迂疏病儒术。”②同时也批判了当时的一些学者鼓吹的“一代不如一代”颂古非今的复古思想,明确指出,不仅“时愈古则传愈少”,“三皇之事,若有若无;五帝之事,若存若灭;三王之事,若明若昧;时愈古则传愈少。其与天地不朽者果何物乎?”③而且“后世之事”,有“胜于三代者”。如“文帝废肉刑,三代酷而后世仁也;柳子非封建,三代私而后代公也;世族变为贡举,与封建之变为郡县何异?三代用人,世族之弊,贵以袭贵,贱以袭贱,与封建并起于上古,皆不公之大者”。④

因为历史是向前发展的,自然界和人类社会也处在不断的变化之中,不能泥古不变,食古不化,“变”才是世界发展的大势,客观事物的规律。从自然界来说,“三代以上,天皆不同今日之天,地皆不同今日之地,人皆不同今日之人,物皆不同今日之物。”⑤从人类社会来说,“自三代之末至于元二千年,所谓世事理乱、爱恶、利害、情伪、吉凶、成败之变,如奕变局,纵横反覆,至百千万局。”从社会制度来说,“天下无数百年不弊之法,无穷极不变之法,无不除弊而能兴利之法,无不易简而能变通之法。”“求诸末者烦而难,反其本者顺而易。”⑥又说:“法无久不变,运无往

---

① 《魏源集》,中华书局 1976 年版,第 131 - 132 页。

② 《魏源集》,中华书局 1976 年版,第 49 页。

③ 《魏源集》,中华书局 1976 年版,第 3 页。

④ 陈代湘,周接兵. 文化冲突与湘学的近代转型,《湘潭大学学报(哲学社会科学版)》,2015(05).

⑤ 《魏源集》,中华书局 1976 年版,第 47 页。

⑥ 《魏源集》,中华书局 1976 年版,第 432 - 443 页。

不复。"①从礼乐文化来说,"五帝不沿礼,三王不袭乐"。一切都因时代的不同而处于不断的变化之中,墨守成规、泥古不化显然是违背历史发展的规律,正确的态度应该是"因时而当变"。② 魏源特别强调指出,这种"因时而变"规律是不以人的意志为转移的,也是任何圣贤都无法阻挡的。他说:"圣人用世,肉刑必当变;匪直此也,春秋讥世卿,恶其以分族妨贤路,则知选举必当变,春秋合伯、子、男为一等,使国无过大过少,以杜兼并,则知封建必当变;录《费誓》《泰警》于篇末,示费将代鲁,秦当代用,曰韩、赵、魏以陪臣代诸侯,秦起戎翟,以并天下,则之天下大势所趋,圣人即不变之,封建亦必当自变。……惟王变而霸道,德变而功利,此运会所趋,即祖宗亦不能不听其自变。"③

所以,魏源以大声疾呼,"变古愈尽,便民愈甚"。"便民""利民",也就成了魏源倡导"变革"的主要目标。他说:"天下事,人情所不便者,变可复;人情所群便者,变则不可复。江河百源,一趋于海,反江河之水而复归之山,得乎? 履不必同,期于适足;治不必同,期于利民。"④魏源对今文经学的研究和以今文经学为主轴的"变易"思想,对后世产生了很大的影响。

五、魏源的"师夷长技以制夷"思想

魏源提出"师夷长技以制夷",解决了时代所面临的一个新的、主要的课题。魏源作为近代中国放眼看世界的先进知识分子,虽然在看待西方侵略者时仍然将其称之为"夷",但魏源已经认识到,西方侵略者特别是英国侵略者,与中国历史上经济、文化等远远落后于中原的"蛮夷""夷狄"完全不同,他说,"夫蛮狄羌夷之名,专指残虐性情之民……非谓本国而外,凡教化之国皆谓之夷狄也。……诚知乎远客之中有明礼行义,上通天象,下察地理,旁彻物情,贯串古今者,……尚可称之曰夷狄乎!"⑤恰好相反,他们的制度和文明器物等有高于中国之处,"盖夷炮夷船但求精良,皆不惜工本。中国之官炮之战船,其工匠与监造之员,唯知畏累而省费,炮则并渣滓废铁入炉,安得不震烈? 船则脆薄窳朽不中程,不足遇风涛,安能

---

① 《魏源集》,中华书局 1976 年版,第 468 页。
② 《魏源集》,中华书局 1976 年版,第 473 页。
③ 李素平. 魏源以"变易"为主轴的今文经学思想,《北京社会科学》,1999(11).
④ 《魏源集》,中华书局 1976 年版,第 48 页。
⑤ 《海国图志》卷七十六,岳麓书社 1998 版,第 1888 - 1889 页。

遇仗敌寇。"①魏源在《海国图志》序言中说:"是书何以作? 曰:为以夷攻夷而作,为以夷款夷而作,为师夷之长技以制夷而作。"唯有"师夷之长技"才可"制夷","善师四夷者,能制四夷;不善师外夷者,外夷制之"。② 学习西方不仅完全必要,而且完全可能。魏源不无自豪地指出,中国地大物博,无所不有,"中国人民居天下三分之一,地广产丰,皆土著,少习驾舟之事,才艺工作甚多,我皆不奇。所最奇者,唯中国之法度,自数千年来皆遵行之,在天下诸国中,或大或小,无有一国能有如此长久之法读也。"③而且"中国智慧,无所不有,历算则日月薄蚀,闰余消息,不爽秒毫;仪器则钟表晷刻,不亚西土;至罗针、壶漏,则创自中国,而后西行。"④学习西方,跻身于世界民族之林,只是瞬间的事情。如何才能学习西方呢? 魏源提出,学习西方,必须要知夷情。"欲制外夷者,必先悉夷情始。"⑤他认为,在反侵略斗争中,了解不了解实际情况,能不能做到知己知彼,斗争的结局是大不一样的。"同一御敌,而知其形与不知其形,利害相百焉;同一款敌,而知其情与不知其情,利害相百焉。"⑥只有"识夷情,洞敌势",才能"使敌失其所长"。⑦ 而识夷情,一方面必须通过调查研究,做到了如指掌,"诹以敌形,形同几席,诹以敌情,情同寝馈"。⑧ 另一方面设立翻译馆,"欲制外夷者,必先悉夷情始;欲悉夷情者,必先立译馆翻夷书始。"⑨"今粤东番舶购求中国书籍,转译夷字,故能尽识中华之情势。若内地亦设馆于粤东,专译夷书夷史,则殊俗敌情,虚实强弱,恩怨攻取,了悉曲折,于以中其所忌,投其所慕,于驾驭岂小补哉!"⑩那么,我们要学习的"夷"之长技是什么呢? 魏源认为,主要有三个方面:"一战舰,二火器,三养兵练兵之法。⑪"此外诸如量天尺、千里镜、龙尾车、风锯、火轮机、自来火、自转碓、千金秤之类"凡有益于民用者"都应当学习引进。为此,他提出了学习西方长技的一系列对策,一是要发展近代新式工业。二是发展商业。三是崇尚西方的民主制度。四是发展

---

① 《圣武记》卷十四,《魏源全集》第三册,岳麓书社 2004 年版,第 560 页。
② 《海国图志》,岳麓书社 1998 年版,第 1093 页。
③ 《海国图志》,岳麓书社 1998 年版,第 1956 页。
④ 《海国图志》,岳麓书社 1998 年版,第 29 页。
⑤ 《海国图志》,岳麓书社 1998 年版,第 26 页。
⑥ 《海国图志原叙》,《海国图志》,岳麓书社 1998 年版,第 1 页。
⑦ 《海国图志原叙》,《海国图志》,岳麓书社 1998 年版,第 1 页。
⑧ 《海国图志原叙》,《海国图志》,岳麓书社 1998 年版,第 1 页。
⑨ 《海国图志》,岳麓书社 1998 年版,第 26 页。
⑩ 《圣武记》,《魏源全集》第三册,岳麓书社 2004 年版,第 517 页。
⑪ 《海国图志》,岳麓书社 1998 年版,第 26 页。

教育,重视人才培养。在魏源的思想中,虽然不可避免地存在一些历史和时代的局限性,但是,他的知行观、他的反侵略的爱国主义思想、特别是他提出的“师夷长技以制夷”思想,提出了和解决了当时中华民族所面临两大主题和两大任务,对近代中国产生了深远的影响。魏源思想和著述是时代的产物,闪烁着时代的光华,将湖湘文化推向近代,初步形成了近代湖湘文化的基本内容,这就是:经世致用的学风;以民族大义为核心的反侵略爱国主义思想;以求新、求变为核心的变易精神;以学习西方为主轴的兼容并包的开放意识;以天下为己任、投笔从戎、卓励敢死的牺牲精神;注重教育培养人才的战略眼光。

魏源在《海国图志》中就认识到:“中国以农立国,西洋以商立国”。中国与西洋的差距是传统农国与现代商国的问题,提出要学习西方的先进器械,鼓励商民创业,发出了中国现代化的第一声呼喊。魏源提出的“师夷长技以制夷”的观点到今天仍然符合“改革开放和全面建成小康社会、基本实现社会主义现代化、建成富强民主文明和谐美丽的社会主义现代化强国”的主题,让我国的科学技术突飞猛进;思想认识加快解放;管理经验不断提高;经济水平不断发展。他提出的“与时俱变,经世致用”的观点,与我党提出的“与时俱进”思想一脉相承。他不甘落后、敢为人先、求变图强的与时俱变精神,在决胜全面建成小康社会、进而全面建设社会主义现代化强国的新时代仍具有极其重要的意义。

第五节　湖湘文化的近现代发展

起源于王夫之、顾炎武等人学说的“经世致用”是湖湘文化的精华,“经世”的内涵是“经国济世”,强调要有远大理想抱负,志存高远,胸怀天下,侧重“形而上”;“致用”的内涵是“学用结合”,强调要理论联系实际,脚踏实地,注重实效,侧重“形而下”。湖湘文化的经世致用学风是一种积极的面世态度,关注的是社会现实,是“治国平天下”,既注重理论的阐发,又注重现实政治活动的参与,因而具有强烈的时代责任感和参与现实政治活动的使命感。清末,封建的清政府腐败无能,帝国主义的侵略日益加深,国家面临着生死存亡的严重局面。在这种情况下,经世致用之学,再度兴起。其代表人物是魏源、龚自珍以及稍后的康有为。他们以今文经学为主干，继承和发展了明末清初的经世致用精神①，借经书的所谓“微言大义”发挥自己社会改革的主张。在救亡图存的旗帜下，揭开了历史的新篇章。试图在传统文化与西方文化的交融中寻找一条救国自强之路。

近现代湖湘学子把远大理想抱负和锲而不舍努力结合起来，既志存高远，敢为天下先，又脚踏实地，从点滴做起。以毛泽东为代表的湖南近现代知识分子深受这种学风的熏陶和影响，在他们成长的道路上深深打下经世致用学风的烙印。毛泽东、蔡和森等深受王船山、魏源等人经世致用学风的影响，从中吸取养分。毛泽东在《讲堂录》中曾记载说：“涤生日记，言士要转移世风，当重两义：曰厚曰实。厚者勿忌人；实则不说大话，不好虚名，不行架空之事，不谈过高之理。”②又说：“有办事之人，有传教之人，前如诸葛武侯、范希文，后如孔、孟、朱、陆、王阳明是也。宋韩范并举，清左李并称。然韩、左办事之人也，范、曾办事而传教之人也。”③在青年毛泽东等人的眼里，曾国藩简直就是“立德、立功、立言”“三不朽”的化身，因此，毛泽东提出他“独服曾文正”。蔡和森在阅读曾国藩、左宗棠等的著作时得出结论说：“三年以来，每觉胡林翼之所以不及曾涤生者，只缘胡夙不讲学，士不归心，影响只能及于一时。”④以毛泽东等湖南近现代知识分子群体就是在承继和吸收他们的先辈们倡导的经世学风中，成功地解决了在他们的学习、生活和革命生涯中所面对急需解决的关键问题，从而能正确地指导自己的人生、指导革命，在革命实践中迅速成长起来。在知与行、理论与实践的关系问题上，毛泽东、蔡和森等湖南近现代知识分子群体一方面高度强调了“知”的极端重要性，将“知”看作是人类精神活动的三个步骤之一，认为“知也，信也，行也，为吾人精神活动之三

---

① 明末清初，经世致用之学大兴，形成了一股有影响的社会思潮。代表人物有顾炎武、黄宗羲、王夫之、李颙、颜元、李塨、王源等。他们要求学术反虚就实，提倡经世致用的真学问和“以实为宗”的新学风。他们学风的特点是：务当世之务，康济时艰，反对脱离社会实际；勇于任事，不务空谈；致力于创新，绝不蹈袭古人；实事求是，注重调查研究。他们以社会问题为中心，在救世济时的思想指导下，提出了解决当时社会问题的各种方案：在政治上，猛烈地批判封建专制制度，揭露封建专制君主的罪恶，并提出了一些带有初步民主启蒙因素的主张。在经济上，针对封建的土地兼并，提出了各种解决土地问题的办法。在教育上，他们激烈地批判束缚思想的科学制和八股时文，注重学校教育，要求培养出真正有学问有实际能力的有用人才。在哲学上，他们各有所宗，各有所创，呈现出思想活跃的局面。

② 《毛泽东早期文稿》，湖南出版社 1990 年版，第 581 页。

③ 《毛泽东早期文稿》，第 591 页。

④ 《新民学会资料》，第 50 页。

步骤”。毛泽东认为,做学问若能达到有条理的境界,“则固百丈之台之基矣”。① 正是基于对“学”的重要性的认识,因而,以毛泽东为代表的湖南近现代知识分子群体特别重视读书学习,特别是毛泽东,堪称求学的典范。在读私塾时,他不仅读了很多经书,而且读了《水浒》《隋唐演义》等一系列杂书。到一师后,毛泽东更加认识到“学”的重要性,因而,在湖南一师学习期间将大量时间和精力、金钱都花在学习上了。这就为他们日后的成长奠定了扎实的基础。

对中西文化,毛泽东等人接受了杨昌济的思想观点,认为:“世界文明分东西两流,东方文明在世界文明内,要占半壁的地位。”②因而对待东西文化不能用形而上学的观点来看待它,“所谓坏就是绝对的坏,一切皆坏;所谓好就是绝对的好,一切皆好。”毛泽东认为,中国传统学术博大精深,足为济世之用。“国学则亦广矣,其义甚深,四部之篇,上下半万载之纪述,穷年竭志,莫殚几何,不向若而叹也!有为人之学,有为国之学,有为世界人之学。为人之学者,父子夫妇昆弟之道,布帛菽粟之宜也。为国人之学者,明其国历史、地理、政教、艺俗之学也。为世界人之学者,世界观、国际学也。”正因为国学广博精深,包罗万象,所以毛泽东认为,“为人国人之学易,为吾国人之学难”。所以,毛泽东在学习中西文化知识时定下的基调就是:“先中后西”。③ 他认为,要精通国学,必须选好入门之书,入门之书选好了,就能收事半功倍之效,而这入门之书数曾国藩的《经史百家杂钞》最好。他说:“吾人所最急者,国学常识耳。首贵择书,其书必能孕群经籍而抱万有,干振则枝披,将麾则卒舞。如是之书,曾氏《杂钞》其庶几焉。是书上自隆古,下迄清代,尽抡四部之精要。”④毛泽东等人当然也看到了中国传统文化的弊端,特别是他们接受西方文化后通过中西文化的比较,对这种弊端有了更深的认识。对于西方文化,毛泽东等给予了高度的肯定的赞扬。他们认为,与中国学科不分、政教合一的学术研究相反,西洋“其于一学,有所谓纯正者焉,有所谓应用者焉,又有所谓说明者焉,有所谓规范者焉,界万有之学而立为科。于一科之中,复剖分为界、为门、为纲、为属、为种,秩乎若瀑布之悬岩而振也。”⑤与中国缺乏民主科学精神相反,欧美各国充满了民主科学精神,国民注重国家观念,国家为国民服务,国民将

① 《毛泽东早期文稿》第 83 页。

② 《毛泽东早期文稿》,第 474 页。

③ 《毛泽东早期文稿》,第 7 页。

④ 《毛泽东早期文稿》,第 24 页。

⑤ 《毛泽东早期文稿》,第 83 页。

自身利益与国家利益紧密联系在一起。但是,毛泽东等同时也认为,西洋文明也非尽善尽美,也有需要进行改造之处,“怀中先生言,日本某君以东方思想不切于实际生活。诚哉其言！吾意即西方思想亦未必尽是,几多之部分,亦应与东方思想同时改造也。”①问题在于,要用什么样的新知识新艺术去启导民众,西方思想武器库中哪些内容属于“未必尽是”而需要改造的,毛泽东、蔡和森等湖南早期共产党人在斗争实践中、在不断地思考探索中首先认识到的是要向民众灌输民主和科学精神,认为“科学常识,谁也应该晓得”。要使国人明白,科学与迷信是对立的,“不信科学便死”。② 尔后又引入新村主义、基尔特社会主义、无政府主义、资产阶级共和国方案等,正如毛泽东所说:“在这个时期,我的头脑是自由主义、民主改良主义及空想社会主义的有趣的混合物。我模糊地景仰‘十九世纪民主主义’,乌托邦主义和旧式的自由主义”。③ 但这一切都失败了,他们深感这些思想理论和救国方案与中国国情不合,在中国行不通。十月革命帮助了全世界,也帮助了中国的先进分子,用无产阶级的宇宙观作为观察国家命运的工具,重新考虑自己的问题。但是,要真正接受马克思主义、把马克思主义作为自己行动的指南、真正走上俄国十月革命的道路,并非易事,而是一个长期的、不断比较、不断选择的过程。以毛泽东、蔡和森等为代表的湖南近现代知识分子群体就是在革命斗争实践中,通过不断的、反复的思考、比较才选择了马克思主义作为自己行动的指南,从而解决了经世的理论和方法问题。他们在寻求各种问题解决的指导思想上找到了马克思主义。以毛泽东、蔡和森为代表的湖南早期近现代知识分子走出湖南,接受各种新思想、新思潮的洗礼,他们的思想旨趣发生了极大的变化,他们开始从书本、从课堂走出来,从乌托邦式的“新村主义”“工读主义”走出来,开始关心自己身边的事情和自己所处的社会环境和政治环境,正如毛泽东所说他“对政治的兴趣越来越大,思想也越来越激进”,④开始参加各种政治活动,寻求改造社会和方法和途径。把马克思主义与中国革命实践相结合,这是以毛泽东、蔡和森为代表的湖南近现代知识分子群体寻找革命理论和革命道路的成果,也是近现代以来湖湘经世学风的最高成果,为近现代湖湘文化增添了新的内容。

---

① 罗玉明,董丽霞. 杨昌济教育经世思想及其对湖南早期党史人物群体的影响,《江西社会科学》,2011(01).

② 《毛泽东早期文稿》,第387页。

③ 《毛泽东早期文稿》,第30页。

④ 斯诺:《西行漫记》,第34页。

从湖湘文化的优良传统的角度来建构和培育当代湖湘人文精神，主要就是要将传统湖湘文化中的爱国主义传统，注重实干、勇于任事、自强不息、勤勉朴实的传统，以及开拓创新与对外开放的传统很好地与当前的社会历史条件结合起来，很好地将它们的合理内核与人文精神的道德、价值原则等五个层面结合起来，利用教育、文学、艺术以及媒体舆论等途径将它们内化到人们的精神深处。这样，它们的精神力量以及物质力量才会最终爆发出来。①

① 周秋光．湖湘文化的个性特征与历史缺陷及现实价值，《湖南省社会主义学院学报》，2009(06)．

第二章

湖湘文化的特征

湖湘文化是中华文化的重要元素,但作为一种区域性文化,有着自身特有的特征。2012 年 12 月,万众瞩目的“湖南精神”表述语正式向社会发布,为“忠诚担当　求实　图强”。这种精神,反映了中华民族的优良传统和湖湘文化的特征,激励着无数湖湘子弟奋勇前行,谱写出文明进步的华彩篇章。在华夏五千年文明进程中,三湘儿女前承后启,不断开拓,创造了辉煌灿烂的湖湘文化。湖湘文化的形成及其发展,经历了一个博采众长的不断积累的过程。从屈原、王船山到魏源、谭嗣同等的湖湘历代学人,对先民思想文化遗产的继承,表现出一定的民主启蒙意识和自强不息的开拓创新精神。湖湘文化是中华文明中独具特色的文化奇葩。湖湘文化作为一种地域文化,有其相对固定的地域文化形态和不同于其他地域文化的精神内核,而作为中华文化的一个分支,又必然拥有中华文化的共同特征。

第一节　湖湘文化的历史性、群体性与包容性

一、历史性

春秋战国时代的楚文化,是湖湘文化的早期母体,楚文化中的祝融文化和蛮夷文化是湖湘文化的直接源头。作为独立的湖湘文化及其实体湖湘学派,则起源于北宋末年,形成于南宋时代。湖湘文化作为中华传统文化的组成部分,它与齐文化、巴蜀文化、吴越文化等区域文化,有着爱国亲民、务实经世的共同点,但由于它形成的历史时代、地域环境和经济条件的差异,因而又具有自己的特色。

湖湘文化作为中国传统文化的组成部分,是长期积累的思想成果。它植根于历史上传统的小农经济,在历史上与宗法等级制度及专制政治联系在一起,多属

维系封建政治和经济统治的官方意识,精华和糟粕混杂,封闭与开放并存。近代湖湘文化,精华、进步、开放、趋新是主流,但糟粕、保守、排外、护旧的负面因素也不可忽视。近代湖湘文化这种多层面、两重性,既反映在同一个历史人物身上,也表现在该学派的群体和思潮之中。如清末湖湘文化代表人物之一的曾国藩,一方面摒弃了一般理学家空谈心性、义理的通病,提倡经世致用,取各家之长,用于实践,主张引进西方先进科技,"仿西洋之法"改革军事,整顿吏治,培养人才,建立新式海军和近代军事工业,在推进中国近代化中有他一席之地;另一方面又没有跳出"中学为体、西学为用"的怪圈,对西方近代政治制度、管理方法、西医西药、修筑铁路等先进科技知识,不仅不引进、吸收,反而持排斥、反对的态度,其立场同顽固守旧派官僚没有两样。进步与保守、开放与封闭的斗争,同样反映在湖湘学派的大本营岳麓书院内部。戊戌维新期间,书院进步学子杨昌济、李永槐等,受维新思想影响,走出书院,参与南学会的变法活动,支持谭嗣同、唐才常的"新政"主张。书院山长王先谦站在护旧立场,禁止学生参与变法维新运动。他还煽动岳麓、城南、求忠三个书院部分师生,大造舆论,攻击谭嗣同、唐才常、熊希龄等维新人士是"背叛君父"的"康门谬种",要求巡抚衙门封闭时务学堂,驱逐维新派出湘。这说明,作为观念形态的湖湘文化,作为社会群体的湖湘学派,其内部结构是多成分、多层次的,具有两重性。

湖湘文化是一种与时俱进,不断创新的文化。湖南古代乃荒蛮锢塞之域,直到唐朝还是安置贬官谪吏的地方,在历史上的多次人口迁徙与民族融合中,先后受到楚文化和中原文化的影响,才逐步形成了有鲜明个性特征和相对稳定并具有历史传承性的地域文化形态。在古代,湖湘文化的形成与发展,同国内各民族文化的交流融合是分不开的;在近代,湖湘文化的发展不能不受到西方文化的影响。五四运动后,马克思主义传入湖南,以毛泽东、刘少奇等为代表的先进知识分子,把马克思主义同中国文化特别是湖湘文化相结合,将湖湘文化推向了健康发展轨道,并使湖湘文化富有更加旺盛的生命活力。① 时至今日,在全球化的背景下,湖湘文化必须坚持以马克思主义、毛泽东思想、邓小平理论、科学发展观和习近平新时代中国特色社会主义思想为指导,不断总结湖南改革开放和现代化建设的新经验,同时,吸收国内其他区域文化和外国文化的最新成果,使自己不断得到丰富和发展。

---

① 卢清华,周芬芬. 论湖湘文化与湖南人精神,《船山学刊》,2006(07).

二、群体性

湖南人有刻苦耐劳的“霸蛮”性格，说话以直率、泼辣著称。湖湘文化历来崇尚实际，不尚空际，办事讲究实效；崇尚进取创新，反对因循守旧；倡导朴实节俭，反对铺张浪费，这些都集中体现了湖南普通民众的性格。

屈原的《离骚》《九歌》开一代新风。王船山大胆批判封建专制主义的“正统”观，认为“天下非一姓之私也”。主张对孔孟儒学、老庄道学、魏晋玄学、佛理禅学等，都应“入其垒，袭其辎，暴其恃而见其瑕”。他在《读通鉴论》一书中，对历史循环论、复古论、宿命论等形形色色的唯心史观进行了一次大扫除，在中国古代史上第一个提出人类文明是向前演进的思想。王船山旗帜鲜明地在政治上否定封建专制，在思想文化上批判唯心主义，充满着民主启蒙和吐故纳新的精神，深刻地影响着湖湘后学。魏源以经世致用眼光，力主扭转那种“不关军国要务、无视民族危亡”，“泥古不切时务”的乾嘉考据学风，提出把学术导向干预政治和革故鼎新的轨道。他遵循经世致用的原则，主编了《海国图志》，广泛介绍世界各国史地政情，倡学西方先进的科技、军事，以实现“师夷长技以制夷”。① 评判、探索和创新进取，是湖湘学派的重要特色和优良传统，是湖湘文化与时俱进的活力之所在。

从鸦片战争到中华人民共和国成立，湖南产生了五大人才群体。第一个人才群体出现在鸦片战争前后的清朝嘉庆、道光年间。这是以陶澍、贺长龄、魏源为代表的地主阶级经世派人才群体。陶澍系安化人，贺长龄系长沙人，魏源系邵阳人，除以上几位代表人物外，尚有道州人何凌汉、何绍基；长沙人劳崇光、唐鉴；益阳人汤鹏；新化人邓显鹤；湘阴人李星沅；清泉（今衡南）人丁善庆；衡阳人常大淳等。第二个人才群体出现在太平天国时期的清朝咸丰、同治年间。这是以曾国藩、左宗棠、郭嵩焘为代表的湘军人才群体。据罗尔纲的《湘军新志》统计，湘军将领凡182 人，书生 104 人，占 57.7%。湘军将领中升至总督者有湘阴人左宗棠，湘乡人曾国荃、杨昌浚、刘岳昭，衡阳人彭玉麟，长沙人杨岳斌，新宁人刘长佑、刘坤一，浏阳人李兴锐，邵阳人魏光焘，包括曾国藩本人在内一共 11 人；升至巡抚者有益阳人胡林翼，湘阴人郭嵩焘，新宁人江忠源、江忠义，湘乡人刘蓉、刘锦棠、蒋益澧、李续宾，宁乡人刘典，凤凰人田兴恕，桂阳人陈士林共 13 人，升至提督、总兵、布政使、按察使的多达 143 人。蔡冠洛的《清代七百名人传》一书开列咸丰、同治、光绪

① 范忠程. 简论湖湘文化的特点，《益阳师专学报》，1999(08).

3 朝的名人共 142 人,其中湘籍的 40 人,占 28.2%。又萧一山的《清代通史》开列中兴人物 121 人,其中湖南籍的 87 人,占 59.6%。① 第三个人才群体出现在维新变法时期的清朝光绪年间。这是以谭嗣同、唐才常、熊希龄为代表的资产阶级维新派人才群体。这个人才群体是在甲午战后,民族危机空前严重的背景下产生的。除谭、唐、熊之外还有欧阳中鹄、湘乡人蒋德钧、张通典,长沙人皮锡瑞、黄膺、杨毓麟、毕永年、沈荩,新化人邹代钧,邵阳人樊锥,湘潭人易鼐,临湘人吴獬,武陵(今常德)人戴展诚、戴德诚、蔡钟睿等。与前面两个人才群体相比较,该时期的人才群体系由一批极为年轻的知识分子所构成。他们多为热血青年,没有什么显赫的政治地位和社会名望,都是为了救亡才走上历史舞台的。第四个人才群体出现在辛亥革命前后的清朝光绪末年到民国初年。这是以黄兴、宋教仁、蔡锷等为代表的资产阶级革命派人才群体。② 这个人才群体中涌现出了一大批激进的、叱咤风云的革命志士。如长沙人黄兴、杨毓麟、秦力山、毕永年、章士钊、左学谦、易白沙、徐佛苏、文经纬、彭渊恂,新化人陈天华、谭人凤、邹代藩、邹永成、陈润霖、曾杰、曾继梧、方鼎英,桃源人宋教仁、胡瑛、覃振、吴景鸿,邵阳人蔡锷、石陶钧、马邻冀,醴陵人宁调元、杨卓霖、李发群、傅熊湘、程潜,湘乡人禹之谟、杨王鹏、张昭汉、陈荆、陈方度,湘潭人刘揆一、刘道一、胡元倓,浏阳人焦达峰、陈作新,宁乡人黄钺、周震麟、陈家鼎,常德人刘复基、赵必振,衡山人陈范、陈撷芬、唐群英,湘阴人范源濂、陈嘉佑,澧县人蒋翊武,安化人李燮和,芷江人张学济,临澧人林伯渠,益阳人姚宏业,宁远人欧阳振声,平江人凌盛仪,凤凰人田应诏等。③ 第五个人才群体出现在 1919 年五四运动之后的新民主主义革命时期。这是以毛泽东、蔡和森、刘少奇、彭德怀、贺龙等为代表的无产阶级革命派人才群体。这个人才群体也是受惠于前一个人才群体的激励而成长起来。1918 年 4 月,湘潭人毛泽东与湘乡人蔡和森、宁乡人何叔衡等在长沙组织了新民学会。8 月,毛泽东去北京认识了李大钊,开始接触马克思主义。1920 年,毛泽东等人又发起组织湖南俄罗斯研究会,并建立起长沙共产主义小组。到 1921 年 7 月中国共产党第一次全国代表大会在上海召开时,13 名代表中有 4 名是湖南人,即毛泽东、何叔衡、李达(零陵人)、周佛海(沅陵人,后叛党)。④ 这 13 名代表代表着全国 50 多名党员,而这 50 多名党员

---

① 周秋光. 近代湖南的人才群体现象及其原因,《湖南师范大学社会科学学报》,2003(02).

② 周秋光. 近代湖南的人才群体现象及其原因,《湖南师范大学社会科学学报》,2003(02).

③ 周秋光. 近代湖南的人才群体现象及其原因,《湖南师范大学社会科学学报》,2003(02).

④ 郑涛. 论湖湘文化孕育的近代湖南人精神,《中南大学硕士论文》,2003(06).

中,湖南籍的又占了近20名。他们是毛泽东、何叔衡、彭璜(湘乡人)、贺民范(邵东人)、李达、李启汉(江华人)、李中(双峰人)、何孟雄(酃县人)、邓中夏(宜章人)、周佛海、陈云培(长沙人)、缪伯英(长沙人)、罗章龙(浏阳人,后分裂党)等。① 在第一次国内革命战争时朝,黄埔一期的645位学生中,湖南籍的有180多人;广州农民运动第六届讲习所中,湖南籍的有36人;广州政治讲习班的416名学生中,湖南籍的有384人。1927年初湖南有组织的工人已达40万人,同年7月湖南农会会员已达600万人,占全国农会会员人数的一半。1945年在延安召开的“七大”会上,选举了第七届中央委员,委员44人中,湖南籍的就有13人,即毛泽东、刘少奇(宁乡人)、任弼时(汨罗人)、林伯渠(临澧人)、李富春(长沙人)、李立三(醴陵人)、罗荣桓(衡山人)、贺龙(桑植人)、蔡畅(湘乡人)、彭德怀(湘潭人)、滕代远(麻阳人)、徐特立(长沙人)、谭震林(攸县人),占总数的29.5%;候补中央委员33人中,湖南籍的有10人,即黄克诚(永兴人)、王首道(浏阳人)、谭政(湘乡人)、刘先胜(湘潭人)、粟裕(会同人)、王震(浏阳人)、宋任穷(浏阳人)、张际春(宜章人)、陈赓(湘乡人)、萧劲光(长沙人),占总数的30.3%。1949年10月1日中华人民共和国成立,产生了第一届中央人民政府,63名领导人中,湖南籍的有11人,即毛泽东、刘少奇、贺龙、李立三、林伯渠、彭德怀、罗荣桓、徐特立、蔡畅、李烛尘(永顺人)、程潜(醴陵人),占总数的17.5%。在1955年被授予中国人民解放军元帅、大将、上将、中将、少将的成员当中以及在1956年中共中央八届一中全会中当选的中央委员与候补委员当中,湖南人都占据了相当高的比重。总之,新民主主义革命时期湖南人才群体的兴旺景象,超过了此前任何一个时期和任何一个群体。

“百折不挠”,出自《蔡中郎集·太尉桥玄碑》:“其性庄,疾华尚朴,有百折不挠;临大节而不可夺之风。”借用“百折不挠”来概括湖南人独特的群体性格,是对湖南人这种中国独无仅有的“霸蛮、血性”等特征的提升。明清以来,湖湘文化横空出世,孕育了一大批为追求理想信念而坚忍执着,严守民族气节而舍生取义,战胜困难而刚烈雄健的湖湘精英,引起中国乃至整个世界的瞩目。最为突出的有——曾国藩一介儒生,“屡败屡战”“打落牙齿和血吞”,打出“无湘不成军”;左宗棠抬棺进疆,不让沙俄寸土;谭嗣同“去留肝胆两昆仑”,为变法洒热血;以毛泽

① 周秋光. 湖湘文化的近代转型及其人才群体现象与原因,《湖南省社会主义学院学报》,2009(04).

东为代表的湘籍革命家，身处逆境，开展艰苦卓绝的斗争等，这都集中体现了湖湘英雄群体一往无前、自强不息的精神风貌。湖南这种英才辈出的现象，既有“楚虽三户，亡秦必楚”“若道中华国果亡，除非湖南人尽死”式的使命感和“吾道南来原是濂溪一脉，大江东去无非湘水余波”般直冲云霄的豪气，又是湖湘文化“筚路蓝缕”、奋发图强的深刻写照，是湖湘文化在文化个体身上打下的文化烙印。用“百折不挠”来概括湖湘文化精髓，既能恰当地反映湖湘文化的传统特色，又有很深厚的历史依据。

三、包容性

湖湘文化从它形成之日起，就融汇了百家精粹，具有多源、包容的特点。周敦颐创建的理学，就是以孔孟儒家思想为核心，吸收了老庄道学、释家佛学而成的，在中国古代思想史上，开“三教合流”的先河。理学又称道学、新儒学，是湖湘文化主要的思想渊源。明清之际大思想家王船山创立的唯物主义哲学体系，在本体论、认识论和方法论等基本问题上，对先秦诸子、两汉经学、魏晋玄学、隋唐佛学、宋明理学，点评异同，去伪存真，从而创立了别开生面的唯物主义哲学体系，奠定了清代实学思潮的哲学基础。中国近代启蒙先驱魏源，他的《老子本义》《墨子章句》《孙子集注》《董子春秋发微》等也集兵家、道家、墨家、儒家各派学说的精华。至于谭嗣同的《仁学》，杨昌济的哲学、伦理学，不但融汇了《春秋》《论语》《孟子》《庄子》《墨子》等中国传统文化各家经典，而且吸收了近代西方各派学术思想，真可谓学通中西，道贯古今。所以，从各个历史时期湖湘学派的代表人物及其思想来看，湖湘文化的形成和发展是多源的、包容的，它不偏一说，合众家之长，博采群秀，扬长避短，使之具有时代的适应性和开放性。① 戊戌以后，近现代湖湘学人，弘扬了这一学风。

湖湘文化“兼收并蓄”有其文化成因：湖南虽然北有大江相阻，其他三方位均是群山环绕，号为“四塞之地”，但地处南北交通要冲，东连西进之枢纽，历来是兵家必争之地，也是各种文化交相会合、相互激荡之地。湖湘文化在这三湘四水之间，撷南北文化之长，促进南北文化相互生发，从而既拥有中原文化的顽强坚毅和现实价值取向，又有南方文化的灵性飘逸与浪漫激情的双重品性。在西学纷至沓来，中西文化激烈对撞的历史时期，这种交融而生的文化，展现出“有容乃大”的兼

---

① 范忠程．简论湖湘文化的特点，《益阳师专学报》，1999(08).

容并包特性,以其高度的文化自觉意识和清醒,率先开始近代转型,保持了文化自身的尊严。从文化的相互影响的角度来说,湖湘文化充分汲取外来文明成果丰富和发展自己,也反过来使影响者受到自己的浸润。接受外来影响方面,湖湘知识群体有接受外来文明的自觉,如,魏源"睁眼看世界第一人",突破"夷夏之大防",提出"师夷长技以制夷"的主张;曾国藩筹办洋务,引进西方先进科学技术,选派幼童赴美留学;郭嵩焘大力传播西学,推动中国近代化;谭嗣同著《仁学》熔铸古今,萃取中西;毛泽东等人探索并成功选择马克思主义作为拯救中国的革命理论等,都是湖湘文化开放特性作用的结果。对外影响方面,如屈原的《离骚》既有"长太息以掩涕兮,哀民生之多艰"的悲壮,又有"驾飞龙兮北征,遭吾道兮洞庭"的激越,其他如范仲淹的《岳阳楼记》、柳宗元的《永州八记》无不烙上了湖湘文化和中原文化的双重印记,也彰显出湖湘文化的对外辐射力。

湖湘文化历来具有崇尚真理、兼容并蓄的风格。这种文化的包容性表现在以下几个方面:首先,不仅湘籍人士为湖湘文化作出了重要贡献,而且非湘籍人士也为湖湘文化作出了重要贡献。湖湘文化并不都是湖南人创造的。李肖聃在《湘学略》一文中专门记载了非湘籍人士对湖湘文化发展所作出的贡献。他明确指出"屈子楚人,非生于湘中,第被放至此耳",但他始创了湘学,成为湖湘文化的初创者。此外,柳宗元、胡安国、胡宏等都不是湖南籍人,他们来到湖南,为湖湘文化的发展作出了重要贡献。其次,湖湘文化不尽在湖南,走出湖南,走向全国,走向世界的湘籍人士也宣传和弘扬湖湘文化,扩大了湖湘文化在国内国际的影响。这表明湖湘文化不是封闭的而是开放的,它与整个中国文化结合在一起,并不断吸收外来文化的精华,使自己不断优化和发展。①

第二节　湖湘文化的开放精神

一、学习西方

学习西方是湖湘文化开放精神的充分体现。湖南士人倡言学习西方,是从魏源开始的,他在《海国图志》中,第一次在中国、在传统士大夫中喊出了"师夷长技

---

① 卢清华,周芬芬. 论湖湘文化与湖南人精神,《船山学刊》,2006(07).

以制夷"的时代强音,为近代湖湘文化增添了新的内容,也影响了近代湖湘文化的走向。在十九世纪后期,学习西方逐渐成了湖湘文化的重要内容,推动近代湖湘文化这种发展趋势的代表性人物是曾国藩与左宗棠。

第二次鸦片战争使曾国藩感觉到,要抵抗西方的侵略,以土地、赋税、荒政、礼治、盐政、河工、治兵、漕运等为主要内容的传统经世之学已经不敷时用,在新条件下,必须学习西方。他接过魏源"师夷长技以制夷"的大旗,在1861年率先创办了中国第一个洋务企业——安庆内军械所,接着又筹建江南制造局,在中国开始创办近代企业。左宗棠通过阅读魏源的《海国图志》和"凡唐、宋以来史传、别录、说部及国朝志乘、载记、官私各书。凡有关涉海国故事者,每涉猎及之,颇能知其梗概,道其原委"后,①对西方各国情形有相当了解,一开始就对西方的侵略给予了高度重视,他比较中西之间的差异,认为"中国之睿智运于虚,外国之聪明寄于实;中国以义理为本,艺事为末;外国以艺事为重,义理为轻"。② 由此他认为"中不如西,学西可也"。他说:"窃以为近世人心之蔽,未能勘破,遂见异思迁,夺其素志,漫欲崇般倕之社而废泽官,精考工之方而弃官礼,偵孰甚焉! 今试以艺事言之,聚儒者于一堂,而课以金工、木工之事,固问十不能答一,盖以非所习也。与华之百工且然,况泰西师匠乎? 治天下自有匠,明匠事者自有人,中不如西,学西可也。"③

曾国藩与左宗棠等学习西方的认识和实践经历了一个过程。从学习内容上来看,曾国藩、左宗棠等在与西方侵略者打交道的过程中,首先看到的是西方的坚船利炮,因而他们首先提出学习西方是学习其坚船利炮和富国强兵之策,左宗棠继曾国藩之后,创立了我国第一个大型造船厂——福州船政局。随着学习西方的深入,曾国藩不仅看到了西方的坚船利炮,而且对西方的教育制度也有了新的认识,因而他们提出要学习西方的科学技术和培养人才的教育制度。曾国藩、左宗棠在创办近代工厂的同时,积极将西方的科学技术和教育制度引进中国,创办了一系列近代学校,培养近代人才。曾国藩、左宗棠等积极倡导学习西方坚船利炮和教育制度,无异为腐朽、垂死的清王朝注入了一强心剂,为暮沉沉的士林民风注入了一丝清新的空气。但是,作为一个"宗程朱理学"的传统士大夫,由于他们狭

---

① 左宗棠:《与周夫人》,《左宗棠家书》,岳麓书社1987年版,第5-6页。

② 左宗棠:《拟购机器雇洋匠试造轮船先奏大概情形折》,《左宗棠全集·奏稿》(三),第63页。

③ 左宗棠:《答陈俊臣》,《左文襄公全集·书牍》卷17。

隘的眼光和传统的天朝上国的自大心理,以为"彼外国之所长,度不过技巧制造、船坚炮利而已。以夷狄之不知礼仪,安有政治之足言。即有政治,亦不过犯上作乱、逐君弑君、蔑纲常、逆伦理而已,又安足法"①,从而使他们学习西方也就在此止步,没能向纵深发展。

郭嵩焘、曾纪泽等把学习西方从物质层面提高到制度层面。郭嵩焘提出从政治、经济、教育等各个领域全面学习西方的主张,这种认识超过了左宗棠,也超过了曾国藩。曾纪泽则提出一种新的东西文化观。曾纪泽认为,世道变了,人们的学习态度、治世方法也应随之变通,学习西方不能完全照搬,也不能墨守成规,更不能抛弃民族文化。他说:"盖泰西之轮楫旁午于中华,五千年来未有之创局也。天变人事,会逢其时,其是非、损益、轻重、本末之别,圣人之所曾言,学者得以比例而平陟之;其饮食、衣饰之异,政事、言语、文学、风俗之不同。尧舜禹汤,文武周孔所不及见闻,当时存而不论,后世无所述焉,则不得不就吾之所通者扩而充之,以通吾之所未通。则考求各国语言文字,诚亦吾儒之所宜从事,不得以其异而诿之,不得以其难而畏之也。今之学者,不耻不知,顾且为虚侨夸大之词以自文饰。一旦有事,朝廷不得贤大夫折冲樽俎之材而用之,则将降求诸庸俗驵侩之间,诗书礼义无问焉,唯货利是观,其于交际之宜,措施之方,庸有当乎! 抑或专攻西学,不通华文,鉴其貌则华产也,察其学术性情,无异于西学之人,则其无益于国事相侔耳。"②这种变通的中西文化观是适应时代潮流的。

在学习方法上,采取引进来和走出去两种形式。引进来,主要是引进西方的先进机器设备,创办新式工业企业。湘人曾国藩和左宗棠是先驱者和开拓者。1861 年,曾国藩攻下安庆后,即在安庆设立安庆内军械所,1865 年,又在上海设立江南机器制造总局,1865 年,左宗棠在福州创办福州船政局,这些企业虽然是军事企业,以生产枪炮船舰为主,但其影响所及,推动了中国近代工业企业的建立和发展。流风所及,湖南亦开始创设新式企业,1875 年,在长沙首创湖南机器局,以制造枪炮、火药为主。湖南机器局虽然以军事制造为主,虽其只存在了一年多时间,但它是一个新鲜事物,是一种异质文化在湖南立足的肇始,为近代湖湘文化增添了新的内容,是近代湖湘文化开放精神的重要体现。20 世纪初一批出国留学的湖南学子蜂拥而起。他们在国外考察、留学,将西方先进的政治、经济、文化教育制

---

① 《东方杂志》第 7 卷,第 12 期。
② 《曾纪泽遗集》,岳麓书社 1983 年版,第 347 页。

度和理念带回中国，带回湖南，对推动湖南社会观念的转变、对推动湖南新思想、新思潮的萌起和发展、对推动湖南文教事业的发展起了积极推动作用。

二、兼容并蓄

近代，经世派崛起，他们在批判封建末世的弊端、要求进行变革的同时，从宋明理学、汉学、古文经学等故纸堆里挣脱出来，对汉学进行了批判，魏源指出："自乾隆中叶后，海内士大夫兴汉学，而大江南北尤盛"，致使文人"争治诂训音声，爪剖釽析"，造成了"锢天下聪明知慧使尽出于无用之一途"。① 这是对占统治地位的汉学的一次前所未有的冲击，特别是到康有为发表《新学伪经考》，更是对汉学的一次前所未有的挑战。在这种从一个极端走向另一个极端的学术争论中，湖南士人则采取了兼容并蓄的态度，在坚持湖湘主流文化的同时，对汉学的学术地位进行了充分的肯定。曾国藩认为："为学之术有四：曰义理，曰考据，曰辞章，曰经济。义理者，在孔门为德行之科，今世目为宋学者也。考据者，在孔门为文学之科，今世目为汉学者也。辞章者，在孔门为言语之科，从古艺文及今世制义诗赋皆是也。经济者，在孔门为政事之学，前代典礼、政书及当世掌故皆是也。"②在这里，曾国藩在肯定"义理"之学的首要地位的同时，也充分肯定了考据学和辞章、经济之学的地位，把它们看成是一个不可分割的整体。杨昌济更是明确指出："余本自宋学入门，而亦认汉学家考据之功：余本自程朱入门，而亦认为陆王卓绝之识。"他号召"承学之士各抒心得，以破思想界之沉寂，明于万派争流，终归大海。"③曾国藩和杨昌济的思想主张为湖南学界所接受，成为近代以来湖南的主流学术思想。

基于湖湘文化的开放精神，岳麓书院等即按照这一构想来设置课程体系，曾国藩在主攻理学的同时，对考据之学、辞章之学、经济之学也不偏废，杨昌济则汉儒并宗，从而推动了湖湘学术的发展。曾国藩虽笃信宋儒却也不废汉学，主张"通汉宋二家之结，而息顿渐诸说之争"④。他认为两个学派一属孔子门中文学类，一属德行类，"言艺则汉师为勤，言道则宋师为大"⑤，本应同存而不悖。兼容并蓄是

---

① 《魏源集》，中华书局 1976 年版，第 163 页。第 359 页。

② 《湖湘文化纵横谈》，湖南大学出版社 1996 年版，第 102 页。

③ 《杨昌济文集》，湖南教育出版社 1983 年版，第 203－204 页。

④ 《曾国藩全集·书信》(二)，岳麓书社 1991 年版，第 1576 页。

⑤ 《送唐先生南归序》，《曾国藩全集·诗文》，岳麓书社 1994 年版，第 167 页。

湖湘的普遍学风，对于其他学派，曾国藩认为“诸子皆可师”，所以对“诸家百氏，远绍旁搜”。在他看来，不管百家学说表面上如何意见纷杂繁博，其宗旨都是可以归一的，“百川异派，何必同哉，同达于海而已矣”①。

第三节 湖湘文化的变易思想与激进思想

湖湘文化传统中的变革思想与西方新思想、新观念、新的社会政治制度相结合，推动了近代湖湘文化中变易思想与激进思想在三湘大地的兴起。近代湖湘文化变易思想的源头有两支，一是晚清以来盛行的今文经学的影响。二是船山学说在湖南的流行。近代湖南虽然涌现了魏源、曾国藩、左宗棠、郭嵩焘、曾纪泽等一大批睁眼看世界的先行者，极力倡导学习西方的先进科学技术，创办近代工业企业，但在中日甲午战争之前，湖南社会的保守气息十分浓厚，欧风美雨吹不进死气沉沉的三湘大地。这种保守气息不仅体现在像王先谦、王闿运等传统士大夫身上，就连像谭嗣同等人早期的思想言行中，保守气息也十分浓厚。但湖湘文化毕竟是一种开放性的文化，随着西方先进思想文化的传播，变易思想在湖南的传播和盛行，特别是甲午战争失败的刺激，推动了变法维新运动在湖南的开展，激进思想在湖南也悄然兴起。这种激进思想首先表现在对封建礼教的批判上，这集中体现在谭嗣同的《仁学》之中。谭嗣同在《仁学》中，以“仁”为立论的依据，对封建礼教的核心——“三纲五常”进行了尖锐批判。批判了“天不变，道亦不变”的顽固思想，从变易中论证其改革社会制度的政治理想。并且认为封建“名教”是维护专制主义的精神支柱，号召人们冲决君主、伦常、利禄、俗学、天命、佛法等封建网罗。对秦汉以来封建专制制度的抨击尤为猛烈，认为君主专制是一切罪恶的渊薮，提出“彼君之不善，人人得而戮之”。谭嗣同对封建礼教的批判，不仅超出了魏源、曾国藩等先辈，而且超出了同时代的人。如果说，魏源、曾国藩等人对清王朝的批判主要局限于学术局面，那么，谭嗣同的批判则是从思想层面上的批判，触及了封建专制主义思想的核心。其次，学习西方议会民主政治。谭嗣同在批判专制制度的同时，还提出了发展资本主义的政治、经济以及变法等主张。1897 年，协助湖南巡抚陈宝箴等人设立时务学堂，筹办内河轮船、开矿、修筑铁路等新政。1898 年，创

① 《曾国藩全集·诗文》，岳麓书社 1994 年版，第 444 页。

建南学会,主办《湘报》,积极宣传变法,成为维新运动的激进派。同年4月,得翰林院侍读学士徐致靖推荐,被征入京,擢四品卿衔军机章京,与林旭、杨锐等人参与新政,时号“军机四卿”。曾国藩不盲目排外,主张向西方学习其先进的科学技术,如他说过购买外洋器物……访募覃思之士,智巧之匠,始而演习,继而试造,可以剿发捻,可以勤远略。曾国藩积极兴办洋务,1867年3月,在江南制造总局下设造船所试制船舰,同时拟设译书馆。5月,会同李鸿章将江南制造总局由虹口迁高昌庙,征地扩迁,规制大增。6月,补授体仁阁大学士。1868年4月,奉上谕改授为武英殿大学士。5月31日,至上海视察江南制造总局。8月,奉命调任直隶总督。9月,江南造船厂试制的第一艘轮船驶至江宁,曾登船试航,取名“恬吉”。

对学习西方问题,从魏源到曾国藩都强调的是学习西方的科学技术——坚船利炮,以后王韬、薛福成、马建忠等人以及湖南的其他先进人如曾纪泽等对西方的议会民主制度进行过赞美和介绍,在康有为、梁启超主张的维新变法运动中,他们提出对君主立宪制的景仰,实际还是维护君权,试图在不触动封建专制统治的前提下进行变法。谭嗣同则不同,他不仅提出了新的“君主”的新观念,而且提出了君既可由民共举之,也可以由民共废之的思想。谭嗣同的这种思想是当时思想界最激进的思想,它揭示出,君主不是也不应该是世袭的,是民选出来为民办事的,如果君主不为民办事,当然就可以“易其人”“共废之”。这种思想不仅仅是对西方议会民主政治的一种向往和追求,它实际上已经蕴含了对封建专制主义政治统治的态度——“易之”“废之”,这实际上就是对君权的否定,孕育了革命排满思想的萌芽。最后表现为反满革命思想和革命活动在湖南的兴起。维新变法运动失败后,谭嗣同等“六君子”以流血牺牲警醒了世人,唐才常组织自立军起义,虽失败,却推动了湖湘大地反满革命思想和活动的兴起。孙中山等资产阶级代表人物开始酝酿以暴力革命推翻清王朝的统治,建立兴中会、同盟会等政治团体,组织革命力量,在对清王朝进行理论批判的同时,积极举行武装起义。在日本留学的湖南志士黄兴、宋教仁、陈天华等积极响应参与,并于1904年2月在长沙创立华兴会,策划反清武装起义。同时创办《游学译编》《新湖南》等刊物,发表大量的文章,宣传救亡与排满革命思想。这其中,尤以陈天华的《警世钟》和《猛回头》最为脍炙人口。陈天华的反帝爱国革命思想,在资产阶级革命兴起的过程中,产生了巨大影响,达到了当时的最高水平。他把爱国主义与民主主义相结合,把近代中国资产阶级革命思想大大向前推进了一步,成了近代资产阶级民主革命的思想武器。

第四节 湖湘文化的经世学风

经世致用是中国传统学术的基本精神,所谓经世即“治世”“理世”之意,用《左传》和《周礼》的话来说,就是“经国家”“经邦国”。① 它的含义至少有三个方面:一是积极入世,直面社会人生,反对避世、逃世,这是经世观念的出发点和核心所在;二是以政治为人生本位,追求经邦治国、建功立业,以“治平天下”为人生价值的实践路径和表现手段;三是注重经世之学的研讨与实践。它包含“治体”与“治法”两个层面,“治体”是经世的指导思想和基本原则,“治法”是在“治体”指导下的各种具体的经国治人之法。② 这种学术精神,在不同的省份、不同地区表现出不同的特点,对其政治、经济、文化教育、社会心理以及人物成长的影响也各不相同。在湖南,它作为一种思想、学术、文化传统被湖南士人一代一代传承下来,从未间断,发展到近代,特别是以曾国藩为代表的湘军人物群体崛起后,逐渐突破经世致用的学理层面,转化为一种士人学者的学术心理、学术传统和学术与政治取向的标准,凝集为一种经世务实的文化精神,成为近代湖湘文化价值取向和近代湖南人才政治价值选择的决定因素,成了连接古代湖湘与近代湖湘文化的桥梁。③ 其影响所及,不仅影响湖南的政治、经济、军事、文化教育和社会心理的发展与变迁,而且孕育了一批又一批杰出的人物群体的成长,杨昌济说:“咸同以后,薪火尽传,绵延不绝。近岁革新运动,湘人靡役不从,舍身殉国,前仆后继,固由山国之人气质刚劲,实亦所风所播,志士朋兴。”④杨昌济这里所讲的学风指的就是经世致用的学风。

一、湖湘经世派的经世观

道、咸年间以陶澍、贺长龄、贺熙龄、魏源等人为代表的经世派,是传统湖湘文化走向近代湖湘文化的一个转折点。他们从学理上对占统治地位的汉学展开了激烈的批评,继承了传统湖湘文化的经世致用的观点。魏源鄙视“皓首穷经”、不

---

① 罗玉明. 湘军人物群体经世观特点论析,《怀化学院学报》,2011(01).

② 冯天瑜,黄长义:《晚清经世实学》,上海社会出版社 2002 年 12 月版,第 3 页。

③ 王继平:《论近代湖湘文化的基本精神》,《求索》1993 年第 4 期。

④ 罗玉明. 湘军人物群体经世观特点论析,《怀化学院学报》,2011(01).

问世事的考据家,又不满于"非朱子之传义不敢言"的理学家,他指出:"自乾隆中叶以后,海内士大夫肖汉学,而大江南北尤盛。苏州惠氏、江氏,常州臧氏、孙氏,嘉定钱氏,金坛段氏,高邮王氏,徽州戴氏、程氏,争治古训音声,瓜剖豆析,视国初昆山、常熟二顾及四明黄南雷、尤季野、全谢山诸公,即皆摈为史学非经学,或谓宋学非汉学,锢天下聪明智慧使尽出于无用之一途。"①陶澍则谓:"汉《易》之复兴,盖无有盛于今日者。然如帝乙高宗性命德行百姓等象,一字一卦,支离破碎,反不若(王)弼说之为愈也。"②他批评当时的治易者"相寻于虚也,久矣"。③ 因此,他们主张学术必须面向社会现实,为社会现实服务,经世致用。贺熙龄"掌教城南,辨义利,正人心,谕多士,以立志穷经为有体有用之学",提倡"义理、经世之学,不专重制艺、帖括","寻绎汉宋儒先遗书,讲求实行"。为官时"隐然以扶世教、厉风俗为己任"。④

湖湘经世派长于理论阐发和总结。他们有着深厚的传统儒家文化根底,他们经国治邦,写下了大量经世著作。在实践方面,他们关注国计民生,注重兴利除弊。作为经世致用的倡导者和传承者,他们希望将提出的变革、"师夷长技"的主张付诸实施,但是,在当时的社会条件下,他们的践行只是在不触动封建统治秩序的前提下,在传统农业社会层面上,做一些小修小补,诸如劝课农桑、整顿吏治,兴修水利,整治河工,主禁鸦片,倡导文教,改革盐政漕运,推行银本位制等。但他们敢于直面社会现实,看到社会危机和阴暗面,提出变革和"师夷"的主张。魏源、陶澍、汤鹏、贺长龄等生活在封建王朝走向衰败的末世,社会面临着巨大的危机,因而他们都提出变革社会的主张。

二、以曾国藩、左宗棠为代表的湘军集团的经世致用观

以曾国藩、左宗棠等为代表的湘军经世人物群体倡导的经世致用,一个最大的特点就是始终关注社会现实问题,将理学与经世有机地结合起来。⑤ 湘军集团的领军人物在对汉学或宋学进行激烈批评的基础上倡导经世致用,并将理学与经世致用有机地结合起来。左宗棠说:"夫穷经将以致用也,而或泥于章句训诂之

---

① 蒋大椿．魏源史学经世思想述论,《求索》,1995(06).

② 王兴国,略论近代湖湘文化的经世致用特点,《湖南大学学报(社会科学版)》,2004(11).

③ 陶澍:《周易实义序》,《陶澍集》下册,第62页。

④ 《左宗棠年谱》,岳麓书社1983年版,第8页。

⑤ 罗玉明．湘军人物群体经世观特点论析,《怀化学院学报》,2011(01).

学,捃摭遗义,苏索经余,前人所弃,后复拾之,纵华辨之有余,究身心之何补?"①又说:"吾儒读书,天地民物莫非己任,宇宙古今事理,均须融澈于心,然后施为有本。"因此,左宗棠主张"多读经书,博其义理之趣;多看经世之书,求诸事物之理",②"先以义理正其心,继以经济廓其志",前者是精神理论,是本,所谓"救时者人也,而所以救时者道也"。后者是方法手段,是用,所谓"礼乐兵农,典章名物,政事文章,法制度数,何莫非儒者之事哉"。③ 曾国藩一方面讲求修身、节欲,追求内在的道德完善,另一方面"讲求经世之学",以"修身齐家治国平天下"为自己的人生目标。他曾说:"君子之立志也,有民胞物与之量,有内圣外王之业,而后不忝于父母之生,不愧为天地之完人。"④曾国藩一生凡天文历法,农学舆地,数学兵法都曾一一涉猎,他早年读《皇朝经世文编》,把天下宜考究的大事定为官制、财用、盐政、漕务、钱法、冠礼、婚礼、丧礼、祭礼、兵制、兵法、刑律、地舆、河渠十四门,认为都是需要加以探究的急务。培养成讲求实效,因时变通的作风,"不说大话,不骛空名,不行架空之事,不谈过高之理"。⑤ 由于以曾国藩为代表的湘军集团将理学与经世结合起来,在其面向现实时,其价值取向具有保守的一面,这就使他们具有强烈的卫道意识。湘军集团代表人物作为程朱理学的忠实信徒,从"理"出发,他们极力维护封建道德伦常之"礼",认为"君君、臣臣、父父、子子、兄兄、弟弟、夫夫、妇妇,万物各得其理然后和"。因而他们把封建纲常之"礼"作为修身齐家治国平天下的最高准则,不能偏离,更不能动摇。疏于著述和理论阐发,重践行,这是湘军经世致用的又一重要特点。湘军集团的主要代表人物如曾国藩、左宗棠、胡林翼等虽然也有理论著述传世,如胡林翼曾组织主编《读史兵略》和《读史兵略续编》;左宗棠曾著《舆地图说》和《朴存阅农书》等,但这与魏源、陶澍、贺长龄等相比较,就显得是小巫见大巫了。像曾国藩这样的湘军的核心人物,竟然没有专门阐述经世思想的著作传世。他们的经世思想和主张,主要反映在他们所写的日记、给朝廷的奏章和有关诗文中,显得既凌乱又不系统。但是他们特别重视践行,早年躬耕南亩是践行,镇压太平天国革命是践行,学习西方更是注重践行。以曾国藩为代表的湘军集团人物群体,之所以特别注重践行,是由他们的知行观所决

① 《左宗棠全集·诗文·家书》,岳麓书社 1987 年版,第 406 页。
② 《左宗棠全集·诗文·家书》,岳麓书社 1987 年版,第 88 页。
③ 唐鉴:《国朝学案小识·自序》,上海商务印书馆 1937 年版。
④ 《曾国藩全集·家书》(一),第 39 页。
⑤ 《曾国藩全集·日记》,第 121 页。

定的。曾国藩对船山的知行观有继承有发挥。一方面,他继承了船山否定"圣人生知"的思想,认为:"凡将相无种,圣贤豪杰亦无种,只要人肯立志,都可以做得到的。"①"范、韩可学而至也,司马迁、韩愈亦可学而至也,程朱亦可学而至也。"②另一方面,他特别强调"困知勉行""身体力行"。③ 曾国藩把力行看作人生事业成功的第一步。以曾国藩为代表的湘军经世集团则把这种理论落实到实际行动上,找到了师夷长技的方法和途径,这就是设厂自己制造枪炮子弹轮船用以武装自己的军队。

他们还特别关注农业,表现出一定的农本思想。如曾国藩在他的日记、书信中,就表达了自己愿以耕读世家守业安生思想,而且反复告诫诸弟和儿辈,"但愿其为耕读孝友之家,不愿其为仕宦之家"。左宗棠自号"湘上农人",视农为"人生第一要务",④自负"平生以农学为长,其于区种一事,实有阅历"。⑤ 刘蓉也说:"盖天下大利,必归稼穑。四民之中,必使农居其三,而工商居其一,然后民生厚而财用足。是以圣王之制,贵粟而重农,贱商贾而抑末作,所以教民崇本务而尚俭勤也。"他们之所以重农,这与他们的家世出身有关。众所周知,湘军集团的主要成员大都出生农村,年少时干过农活。如左宗棠"家世寒素,耕读相承,少小从事陇亩,于北农、南农读书,性喜研求躬验而有得"。⑥ 他在第三次举业不中后,有绝仕进之意,表示"不复再踏软红,与群儿争道旁杏李"。⑦ 为此,他购置了很多农书,"闭门伏读,实地考验",他将自己历农经历加总结,成就数十篇心得,成《朴农阁农书》。正是由于他们对农民的苦楚有一定程度的了解,因而,他们在疯狂镇压太平天国农民起义的同时,将导致农民起义的原因归结为"有司虐用其民,鱼肉日久,激而不复反顾"。⑧ "捻匪气焰日壮,论者以为祸烈于洪杨。山东河南两省大府不讲吏治,从乱之民日多。"⑨但是,如何才能解除农民的疾苦,不致使农民铤而走险而能安居乐业呢?他们又找不到解决的办法,无非是从传统治术的框架内提出类

---

① 《曾国藩全集·家书》(二),第1067页。
② 《曾国藩全集·家书》(二),第56页。
③ 罗玉明. 湘军人物群体经世观特点论析,《怀化学院学报》,2011(01).
④ 《左宗棠年谱》,岳麓书社1983年版,第23页。
⑤ 《左宗棠年谱》,岳麓书社1982年,第16页。
⑥ 《左宗棠年谱》,岳麓书社1982年,第16页。
⑦ 《与周夫人》,《左宗棠全集·家书》,第4页。
⑧ 《曾国藩全集·书信》(一),第77页。
⑨ 《复左季高》,《曾国藩全集·书信》(一),第756页。

似于整顿吏治、轻徭薄赋的主张。①

三、以谭嗣同为代表的维新改良派的经世观

以谭嗣同为代表的维新改良派是在一个特殊的历史条件下出现的。1894 年，中日甲午战争爆发，湘军、淮军相继败溃，新建的北洋水师全军覆没，清政府与日本签订《马关条约》，赔款、割地，把中华民族推到亡国灭种的边缘。在这种形势下，以康有为、梁启超等为代表的资本主义改良派，以《春秋》《公羊》三世学说和进化理论为武器，在全国掀起了轰轰烈烈的维新变法运动。在这一运动中，湖南独步全国，成为最具声色、最具活力和影响力的省份。以谭嗣同为代表的维新改良派的经世观的特点主要有：

第一，以今文经学为武器，主张通经致用，将变法与经世结合起来。

19 世纪末，今文经学在湖南得到广泛传播，当时几乎参加维新变法运动的湖南学者都是今文经学的信仰者和传播者。他们治经，不在于纯粹研究其义理，而在于通经以致用。② 他们不满意于空谈义理和溺于考据辞章，认为："行与学分，由士君子不能辩学故也。六经兴于孔子，九流生于六艺，质性有偏，宗主各异，要之九家皆通经之人。而汉后治经者初不得经之用，训诂、辞章、性理、考据、经义、演说，等级自有高下，其无关经学一也。而取士者以为权衡，求进者以为羔雁，所学虽极为通博，了不关其行事，茫茫昧昧，一任身世之遭逢而已。"③他们接受今文经学关于"变"的理论，通过变法达到致用的目的。他们积极倡导变法，认为"变法为天地之气运使然"，"今五洲通而为一，乃古来未有之奇变，天地之气运一变致此，人何能与天地相抗，能迎其奇而自变者，其国必昌，不能迎其机而变者，其国必亡。"④将变法看作是国兴亡的关键。这样一来，变法就成了维新改良派经世的主要内容和手段。

第二，既注重宣传，又躬行实践，将理论阐发与变法实践相结合。

以魏源为代表的嘉道经世派擅长著述，却疏于践行，以曾国藩为代表的湘军经世派重践行，理论阐述又略显不足。以谭嗣同为代表的维新改良派兼采两家之

---

① 罗玉明．湘军人物群体经世观特点论析，《怀化学院学报》，2011(01)．

② 罗玉明，李富强．近代湖南维新派人物群体经世观的主要特点论析，《湘潭大学学报(哲学社会科学版)》，2012(05)．

③ 《湘绮楼诗文集·王志》，第 527－528 页。

④ 皮天赐：《论变法为天地之气运使然》，《湘报》第 72 号。

长，既重理论阐述，又躬行实践，积极参加到变法活动中去，将理论阐述与实践有机结合起来。这主要表现在：

一是办报刊，鼓吹舆论。在维新变法期间，维新派先后于1897年和1898年创办了《湘学新报》和《湘报》。《湘学新报》以“讲求实学”为宗旨，除报登载谕旨及有关新学的章奏外，所刊内容共分史学、掌故、舆地、算学，商学、交涉六门。除《湘学报》《湘报》外，还办有《湖南公忠报》以及各地方一些小报。这些报刊流传城乡僻壤，有的甚至在全国流传，如《湘学报》，对推动湖南维新变法运动的深入开展产生了一定影响。二是办书局，销售有关介绍西方科学技术和宣传维新变法的书籍。为了推动维新变法运动的开展，维新派人士在全省创办了大量书局。全省在维新变法期间究竟创办了多少书局，没有确切统计数据，仅以长沙而论，在维新变法运动期间开办的书局就有新学书局、湖南实学书局、维新书局、强亚书局、广益书会、经书书局、学战公司等，在这些书局里“发兑各种算学时务书籍”，如《列国变通兴盛记》《公法总论》《测地绘图》《万国史记》《孔子改制考》《春秋董氏学》《天文地学歌略》《欧洲八大帝王传》《经济策论汇纂》《民约通义》《中西学门径书七种》《日本书目志》《日本变法考》等以及《湘学报》《湘报》《时务报》等二十余种省内外报刊。三是王闿运、皮锡瑞、谭嗣同等为传播今文经学，阐发孔子改制的微言大义，写了大量的著作。如王闿运著有《周易说》《尚书义》《春秋公羊传笺》等著作，皮锡瑞著有《经学历史》《经学通论》等，王先谦有先后编纂《荀子集解》《续古文辞类纂》《十朝东华录》等，校刊《群斋读书志》《合校水经注》等，自著《虚受堂文集》《虚受堂诗存》《虚受堂书札》《葵园自订年谱》等。终其一生，著、编、校，注、辑、刊的书籍共达五十种，计三千二百余卷以上，人称其为“季清巨儒”，“平生著书，尤有功于楚学”。谭嗣同著有《仁学》等。这些著作都强调了变法和学习西方的重要性。如皮锡瑞就认为，“自变者昌，代变者亡”。王先谦在维新运动初期也呼吁“百度维新”，“力图自强”，将学习西方看作是“于万难之中求自全之策”一条自救自强的出路。谭嗣同更是在他的《仁学》中系统地阐述了他的变法思想和主张，在当时产生了深远的影响。谭嗣同等不仅积极鼓吹和宣传变法主张，而且还积极参加变法活动。著文章、办报刊、立学会、行讲演，他们无一不参与其中。《湘报》创刊时，谭嗣同、唐才常、熊希龄等为董事，樊锥、谭嗣同、唐才常等为撰述。时任岳麓书院山长的王先谦率先改订书院课目为经学、史学、掌故、算学、译学五门，为湘省书院设置新科目开了风气。

第三，立足于本土，结团体，办学会，广人才，以集体的力量进行变法救亡。

魏源倡导“变”、倡导“师夷长技以制夷”，只是单个人的呼吁，没有形成集体力量，因而影响也就十分有限，以致《海国图志》不能在国内流传。曾国藩组织了湘军，能以团体的力量镇压太平天国革命，但在学习西方科学技术这个问题上，他没能将湖南士绅团结起来，只能在远离家乡的外省、以自己的政治身份进行学习西方的活动，以致他想在湖南创办新式企业的愿望难以实现，欧风美雨没有以曾国藩为媒介传入湖南。以谭嗣同等为代表的维新改良派不同，他们立足于湖南，通过办学会、结团体的方法，将各种力量团结在自己周围，在湖南开展轰轰烈烈的维新变法活动。

第四，经世内容的广泛性。

谭嗣同等维新派突破了洋务派的“中体西用”藩篱和传统农本思想束缚，其经世扩展到社会政治、经济、文化教育等各个方面，具有广泛性的特点。在政治上，主张兴民权，将西方议会政治制度引入中国。在经济上，主张发展近代工矿商业，不但主张办工厂，开矿山，建铁路，通轮船，还主张农业也实行新的经营方式。在文化教育上，主张开明智，废除八股，设新式学堂，与帝国主义各国展开学战。认为“保种保教均必先开民智”，而要开民智就必须废八股，维新派人士斥责八股为无裨实用，锢人心智，是专制统治者用来“塞智摧权腐心之鸩毒”，“使吾四万万人宛转圈牢，徐供刀俎，靡可解脱”，因而其“滔天之罪，擢发难数”，①必须彻底改除。他们主张设新式学堂，译西书，兴实学，并提出要与帝国主义各国实行学战，曹典球在《湘报》发表《兵战不如商战，商战不如学战》一文，湖南并相继设立学战会、学战公司等，以图通过振兴新学而强国御侮。在社会风俗方面，禁止妇女缠足，并设立湖南不缠足总会，在《简明章程》规定要革除缠足风俗，入会人所生女子不得缠足，所生男子不得娶缠足之女，凡八岁以下缠足的一律“解放”。入会者还应出资随地倡立女学塾，提高妇女文化水平。

第五，行流血革命，以唤醒世人的觉醒。变法失败后，清政府大肆捕杀维新派人士，康有为、梁启超等纷纷避难日本，谭嗣同曾劝梁启超去日本使馆避难，自己则坚决不走，慷慨表示：“大丈夫不做事则已，做事则磊磊落落，且各国变法，无不从流血而成。今中国未闻有因变法而流血者，此国之所以不昌也；有之，请自嗣同

① 《唐才常集》，第161页。

始。"①他随时准备为变法事业献身。同时还联络江湖人士积极营救光绪皇帝。被捕后,在狱中赋诗道:"望门投止思张俭,忍死须臾待杜根;我自横刀向天笑,去留肝胆两昆仑。"②临刑时,他面不改色,巍然屹立,高声喊道:"有心杀贼,无力回天!死得其所,快哉快哉!"③慷慨就义,梁启超高度评价谭嗣同是"中国为国流血第一烈士"。谭嗣同、唐才常的就义及自立军的失败,以血的教训唤醒了世人,促使他们从改良主义的梦幻中清醒过来,走上革命反清的道路。所以有人说:自立军"固可断为勤王、革命之一大鸿沟也",自此而后,革命和改良"各张旗帜,亦自兹始"。④ 所以谭、唐的流血及自立军的失败,就成了革命与改良的分水岭和转换器,对推动湖南历次革命的高涨,起了创榛辟莽、前驱先路的作用,也为湖湘经世学风增添了新的内容和形式。以谭嗣同为代表的湖南维新经世派,他们的经世思想以及由此开展的维新变法运动,不仅开放了湖南社会风气,使湖南人民受到了第一次近代思想解放的洗礼,而且对造就湖南人才的成长,具有重要意义。特别是通过兴办学校、办学会、立报刊,"使一大批青年知识分子的思想受到影响,在不同程度接受了资产阶级的新思想,民主、参与之类的观念也渐植其思想中,这样就形成了一批不同于传统士大夫的新式知识分子群体,成为变法后湖南社会政治变革的主导力量。"⑤

四、以黄兴、宋教仁、陈天华、蔡锷等为代表的辛亥人物群体的经世观

以黄兴、宋教仁、陈天华、蔡锷等为代表的辛亥人物群体在清王朝体制外寻找救国救民的方案,他们力行革命经世,用武力推翻清王朝的统治。他们受到过资产阶级民主革命思想的影响,对世界大势有比较清醒的认识,这就使得他们表现出与湖南先贤们不同的经世特点。第一,他们在学生阶段在系统接受传统文化教育、接受湖湘文化熏陶的同时,也萌发了革命经世的思想。第二,他们都是从吸收维新变法失败的经验教训中,走上革命道路的。黄兴、陈天华、宋教仁、蔡锷等都是维新变法运动的同情者和积极支持者,但他们从维新变法失败中认识到,只讲

① 政协长沙市、浏阳市委员会文史资料委员会、谭嗣同纪念馆编:《谭嗣同研究资料汇编》,1988 年,第 451 页。

② 《谭嗣同全集》,第 287 页。

③ 《谭嗣同全集》,第 512 页。

④ 《章士钊全集》(一),文汇出版社 2000 年版,第 130 页。

⑤ 林增平主编:《湖南近现代史》,湖南师范大学出版社 1991 年,第 226 页。

维新不讲革命，根本不能改变中国的政治现状，根本不能挽救中国的积弱和被帝国主义瓜分的局面。第三，他们对清王朝进行了无情的鞭笞，其激烈程度超过魏源、曾国藩，也超过谭嗣同。如果说，魏、曾、谭等对清王朝的批判主要是从学术角度，也触及政治方面，如谭嗣同的《仁学》，但他们的目的是为了挽救清王朝的危机。辛亥人物群体则不同，他们对清王朝的批判却是要推翻清王朝的统治。他们历数清政府祸国殃民的种种倒行逆施，不仅残酷剥削、镇压汉族人民，而且对帝国主义列强屈膝投降，使中国瓜剖豆分，面临亡国灭种之境。他们痛斥了清政府的昏愦无能，指出那些外交政策的制定者和执行者对国际形势一无所知。第四，他们反对外国帝国主义侵略，维护祖国领土主权的完整，表现出强烈的爱国主义精神。他们指出，要抵抗外国侵略，免除瓜分之祸，国人必须吸取历史的经验教训。最后，他们力行实践，积极投身到推翻清王朝的经世革命斗争中，将一腔热血洒向神州大地。辛亥人物群体一开始就没有将革命排满仅仅停留在口头上，而是落实在实际行动中。他们认为，要革命，首先必须将革命力量组织起来，结成革命团体，“不如是不能革命，不能革命则满政府不能倒，民权莫伸，国耻亦无由雪。”①他们认识到，要革命难免有流血牺牲，但这种牺牲是值得的，“或排满，或革命，舍死做去，孙而子，子而孙，永远不忘。这目的，总有时，自然达到，纵不成，也落得，万古流芳。文天祥，史可法，为国死节，至于今，都个个，顶祝馨香。越怕死，越要死，死终不免，舍得家，保得家，家国两昌。”②抱着这种牺牲精神，湖南辛亥人物群体站在了反清斗争的第一线，几乎领导和参加了孙中山领导和发动的一系列武装起义和革命活动，洒血疆场，英勇牺牲。陈天华壮志未酬，蹈东海而死；宋教仁等发起组织同盟会中部总会，积蓄革命力量，为推动了武昌革命形势的形成和武昌首义作了杰出贡献；焦达峰、陈作新等首举义旗，响应武昌起义，被立宪派谭延闿发动政变而流血牺牲；蔡锷以一旅之众在云南发动武装起义，宣布独立，并出兵川黔，威震西南；特别是黄兴，几乎是各次重要起义的领导者、总指挥，武昌起义后，率一师之众，与清军作殊死战斗，累得多次吐血。正因为如此，因而就有“广东人革命，湖南人流血”之说。

五、马克思主义在湖南的传播

马克思主义作为一种迥异于湖湘传统文化的异质文化，在湖南得以传播，是

① 《湖南历代乡贤事迹编次》下编·民国，民国24年6月。

② 陈天华：《猛回头》，第45-46页。

近代湖湘文化开放精神和激进思想进一步发展的使然。在十月革命胜利之前,湖南的先进人士也曾介绍过马克思主义,如1906年,宋教仁翻译了《一千九百零五年露(俄)国之革命》《万国社会党大会略史》,书中介绍了《共产党宣言》的内容。但是,一则由于当时这些介绍都是零散的、缺乏系统性,而且他们的介绍只是作为一种观点、一个学派进行介绍,并不是将其作为自己改造思想、改造社会的行动指南,二则这些介绍除江亢虎在湖南进行外,其他都在省外进行,因而这些介绍在当时的湖南并没有产生多大影响。马克思主义在湖南产生影响并真正得以传播,是在十月革命胜利后,以毛泽东、蔡和森为代表、以新民学会为核心的早期党史人物接受马克思主义后开始的。十月革命胜利的消息传到中国,极大地改变了人们的思想观念,找到了出路。毛泽东在《湘江评论》撰文指出:“自世界革命的呼声大倡,人类解放的运动猛进,从前吾人所不置疑的问题,所不遽取的方法,多所畏缩的谈话,如今都要一改旧观。不疑者疑,不取者取,多畏缩者不畏缩了。这种潮流,任是什么力量不能阻住。”并满怀激情地欢呼:“时机到了!世界的大潮卷得更急了!洞庭湖的闸门启动了,且开了,浩浩荡荡的新思潮业已奔腾澎湃于湘江两岸了!顺他的生,逆他的死。”①随着马克思主义的传播,湖南早期激进青年走上了一条新的道路。毛泽东说:“十月革命一声炮响,给我们送来了马克思列宁主义。十月革命帮助了全世界的也帮助了中国的先进分子,用无产阶级的宇宙观作为观察国家命运的工具,重新考虑自己的问题。走俄国人的路——这就是结论。”②

五四运动期间,毛泽东应湖南学生联合会的邀请,主办了《湘江评论》。该刊于1919年7月14日创刊出版。在它存在的短短半个多月时间内,毛泽东在《湘江评论》发表的文章达41篇。每篇文章都洋溢着反封建、反军阀统治的不妥协的反抗精神。特别是《民众的大联合》一文,赞扬了俄国十月革命及其在全世界的影响,指出:“俄罗斯打倒贵族,驱逐富人,扫荡了多少敌人,协约国为之改容,全世界为之震动。”毛泽东认为各国人民要想求得彻底解放,只有走俄国人的道路。毛泽东从五四运动中看到了人民群众的力量,他指出:“我们已经得到了实验,陆荣廷的子弹,永世打不到曹汝霖等一班奸人;我们起而一呼,奸人就要站起来发抖,就要舍命地飞跑。”因此,在世界上只有“民众联合的力量最强”,要想彻底改造社会,

① 《毛泽东早期文稿》,湖南出版社1993年版,第474页。

② 《毛泽东选集》,湖南出版社1993年版,第1471页。

必须实行"民众的大联合"①。在毛泽东的主持下,《湘江评论》成为当时宣传反帝反封建和传播马克思主义的有力阵地,很受读者欢迎。北京的《每周评论》说:在"武人统治之下,能产出我们这样的一个好兄弟,真是我们意外的欢喜"。"《湘江评论》的长处是在议论的一方面。《湘江评论》的二、三、四期连续登载的'民众的大联合'一篇大文章,眼光很远大,议论很痛快,确是现今的重要文字。"②虽然《湘江评论》前后仅存在半个多月,但是,它所传播的革命思想,对于当时湖南的革命运动起了很大的推动作用。许多爱国青年正是在《湘江评论》的影响下,走上了革命的道路。

马克思主义在湖南的广泛传播,促使湖南早期先进知识分子思想观念和政治立场的转变,他们逐步放弃了过去的各种非无产阶级思想而接受新思想、转向马克思主义。许多湖南先进青年学习和传播马克思主义的过程中,逐渐转变了自己的思想观念,确立了马克思主义信仰,成了中国共产主义的坚强战士。随着马克思主义在湖南的广泛深入传播,日益深入人心,马克思主义已经成为近代湖湘文化的重要组成部分。

第五节 湖湘文化的民族性

湖南是多民族省份,湖湘大地居住着汉族、土家族、苗族、瑶族、侗族、白族、回族等55个民族。其中世居的有汉、苗、土家、侗、瑶、回、壮、白族等8个民族,世居少数民族大多数居住在湘西、湘南和湘东山区。少数民族人口共680万人,占湖南省总人口的10%左右,大多聚居在湘西和湘南山区,少数杂居在湖南省各地。在少数民族中,苗族和土家族人口最多,主要分布于湘西北,建立有湘西土家族苗族自治州。湖湘文化作为一种独特的文化,凝聚着湖湘大地多民族人们的观念、智慧、意志。在湖湘大地多民族形成、发展的不同时段,湖湘文化的民族性影响着湖湘大地多民族人们的社会生产与生活方式,影响着湖湘大地多民族人们的生存状态,它贯穿于湖湘大地多民族的历史、文化、政治、经济的发展进程,并深深影响着湖湘大地多民族的发展,蕴含着十分丰富的时代价值。在漫长的历史岁月中,

① 毛泽东. 民众的大联合[J]. 湘江评论,1919.8.4.

② 李锐. 毛泽东的早期革命活动[M]. 长沙:湖南人民出版社,1980.

多个民族繁衍生息在湖湘大地,创造了丰富多彩的民族传统文化,留下了珍贵的历史文化遗产,这些民族传统作为一种独特的文化,凝聚着湖湘大地多民族人们的观念、智慧和意志。

一、丰富多彩的民族艺术文化

目前,湖南省非物质文化遗产有10大类,国家级项目有99项,其中少数民族项目44项,省级项目220项,其中少数民族项目102项。湖南省积极引导和支持民族地区开展节庆文化活动,利用基层丰富的平台和灵活多样的形式,全面推进民族文艺繁荣发展。民族地区举办了张家界国际山歌节、吉首鼓文化节、凤凰苗族银饰节、桑植民歌节、城步"六月六"歌会、通道大戊梁歌会等节庆文化活动,创作了一批独具特色的节庆活动品牌,提高了湖南民族文化的吸引力和影响力,丰富了各族人民的文艺生活,促进了民族团结和经贸发展。湖南省大力实施民族文艺精品工程。民族文艺院团创作了一批在全国闻名的少数民族文艺作品,《凤凰》《五彩湘韵》《魅力湘西》《我的湘西》《盘王之女》等一批民族歌舞精品力作纷纷涌现,其中《凤凰》入选2016年第五届全国少数民族文艺会演最受观众欢迎剧目并获音舞类剧目银奖。同时,培育了张家界魅力湘西旅游开发有限公司、凤凰古城旅游有限公司等一批骨干民族文化企业,打造了大型歌舞晚会《魅力湘西》《土风苗韵》《梦幻大湘西》,大型山水实景节目《天门弧仙·新刘海砍樵》《神秘湘西》《天下凤凰》和宝峰湖山水实景演出节目《梯玛神歌》等一批具有国际视野的民族文化品牌。另外,土家织锦、苗绣、瑶族刺绣、花瑶蜡染、宝庆竹刻、木雕、石雕、沙画、傩面具等特色非遗手工艺品,以及民族舞蹈、歌谣等演艺产品还有待着重新开发。

湖湘大地居住着汉族、土家族、苗族、侗族、瑶族、白族、回族和维吾尔族等多个民族。以湖南沅水流域为例,在民族分布上表现为土家居北、苗家居中、侗家居南、汉居各地、瑶族散少、多民族杂居的特点。沅水流经的县区山水相连,自然条件相近,经济相融,民族文化丰富多样。由于多民族杂居,湖湘大地的各族人民共同创造了丰富多彩的民间传说、音乐、舞蹈、戏曲、曲艺、工艺、美术、民俗等民族民间文化艺术,比如沅陵辰州傩戏、辰溪辰河高腔、溆浦辰河目连戏、新晃侗族傩戏、辰溪茶山号子,通道侗族芦笙、通道侗戏、靖州苗族歌鼟、溆浦花瑶挑花等。

二、悠久独特的水运文化

湘资沅澧四水汇洞庭、入长江,形成了一个南通珠三角、内进大西南、外达江海的天然水运网。湖南水运的发展有着得天独厚的区位优势。境内水网密布,全省大小通航河流373条,自古便是“百舸争流,千帆竞渡”之地。先秦时期,楚国的水路驿舟,就从长江入洞庭,溯湘资沅澧四水而上。2200年前,湖南省龙山县里耶古镇的酉水河,是秦朝信件、物资往来的主要通道。南北朝时,湖南已出现“江湘委输,万船连轴”输送物产的胜景。至唐朝,通过水路可沟通江苏与大湘西地区。新中国成立以来直至20世纪80年代中期,水运在整个湖南综合运输体系中占有相当大的比重。近10年来,湖南省积极引导运力发展和结构调整,船舶标准化、大型化、专业化发展较快。水运成为湖南省库区、景区、山区发展的重要支撑。按照“航电结合、滚动发展”模式,湖南省先后建成了湘江大源渡和株洲航电枢纽,湘江衡阳到株洲航段实现1000吨级船舶通行,枢纽坝顶公路桥连通湘江两岸,枢纽上下游城乡居民生产、生活用水和沿江农田灌溉条件显著改善,沿线水产养殖和旅游业得到快速发展,航电枢纽工程在区域经济发展中发挥了重要的综合效益。特别是湖南省的湘西、湘南地区,凭借山水相连的独特风光,近年来水上旅游观光、休闲娱乐悄然兴起,成为当地新的经济增长点。此外,在湖南省的一些山区、库区,水运仍是人民群众生产生活的重要组成部分,是唯一的短途出行方式。

湖南省水系发达、支流众多,如沅水在湖南境内流域面积达3000平方公里以上的支流就有七条,左岸有潕水、辰水、武水、酉水,右岸有渠水、巫水和溆水。沅水在区位上具有北通巴蜀,南抵粤桂,西扼滇黔的优势,是出入滇黔的最便捷的水路通道,是周围几省历代军运和商贸的交通要道。水运航线在明清和民国时期达到极盛,木材、桐油、盐、药材、煤、粮食、棉花、矿产以及鸦片等物资每日在河道和码头川流不息;抗战时期,长江主航线被毁,隐匿于大山之间的酉水、辰水航线更是成为关系国家安危的生命线。著名的水运码头、麻阳船、麻阳水手、麻阳号子、沅水号子、洪江商贸诚信守则、杨公信仰、伏波信仰以及与水运有关的神话传说、歌谣舞蹈、民风民俗等都是辉煌一时的水运交通的见证。

三、特色鲜明的文化遗产

从远古时代就有人类在湖湘大地定居、繁衍,如沅水流域至今已发现的旧石器与新石器遗址有靖州斗篷坡遗址、洪江高庙遗址、新晃高坎垅遗址、里耶古城、麻阳九曲湾古铜矿井遗址、沅陵黔中郡遗址、虎溪山西汉墓等。古遗址、古墓葬的发掘证明了当时湖湘大地的生产力水平并不亚于黄河流域和长江流域。浦市桐木垅至罗家村发现了从战国一直延续到唐、宋时期的古墓葬群,被专家称为“湖湘大地文化类群"。唐代的龙兴讲寺、芙蓉楼、元代出土的侯王墓、明清时期的中方荆坪古建筑群、会同高椅民居、通道芋头侗寨、沅陵虎溪书院等历史文物是辉煌文化的见证。近现代的文化遗产也十分丰富,著名的有芷江抗日战争胜利纪念坊、"湘西大会战"遗址、"通道转兵"遗址、向警予故居、粟裕故居、滕代远故居、袁隆平杂交水稻实验基地等。贺龙、滕代远、向警予、粟裕等杰出人物为反帝反封建所进行的革命文化,既继承了马克思主义的基本理论,具有坚定的革命性和强烈的政治性,同时在革命的具体实践过程中,又带有浓郁的地方性和民族性。这些早期革命家丰厚的马克思主义思想,力图凸显马克思主义的地方化。它与中华文化及各地的红色文化既一脉相承,又有所突破创新。在探索马克思主义地方化的发展轨迹中,一方面继承了中华文化中的优秀文化,另一方面又丰富和发展了湖湘文化的体系。这些革命家的革命思想及其社会实践应根据不同的时代变化、地域特色和民族特点来理解,它是个人、地域、革命实践等多种因素的"合力"共同起作用的结果。在考察这些早期无产阶级革命家理论与实践的同时,要结合湖湘大地的少数民族文化、地域文化、时代特点等逐一分析以粟裕、滕代远、向警予、贺龙等为代表的早期革命家理论。尽量将其理论与实践的发展变化置于当时区域性、民族性的经济政治环境中,以及当时中国共产党提倡的马克思主义中国化、马克思主义地方化的大环境之中,对此进行全方位、立体的剖析和论证,以期更好地还原事物的本来面目。在民主革命时期,由以贺龙等人为代表的无产阶级革命家、中国共产党人、人民革命军队、先进分子和人民群众共同创造的大湘西红色文化遗产,留存至今的大量的农村革命根据地建设、红军长征、抗日战争、解放战争各个时期的重要革命纪念地、纪念馆、纪念物及其所承载的革命精神,是极具区域特色的先进文化遗产,由红色物质文化遗产和红色非物质文化遗产构成,其历史印证、传承教育、艺术鉴赏、科学研究、开发利用、经济助推等诸多价值功能有待进一步研究和挖掘。

四、和谐共生的多元文化

湖湘大地的多元文化融合,既表现在多民族文化的融合,也表现在多地域文化的融合。如大湘西的五溪文化、巫傩文化、盘瓠文化等土著文化与湘楚文化、巴蜀文化、云贵文化、岭南文化、吴越文化及中原文化的多元融合。这些文化汇聚于此,并相互影响和融合。自屈原流放之后,很长的历史时期里大湘西依然是流放逐臣之所,唐代有刘景先、王昌龄、张镐、戎昱、畅璀、郑炼师,五代后唐有豆庐革,宋代有邵宏渊、王庭、程子山、万俟，南宋有魏了翁。明代有宋昌裔、王襄毅、汪汝成、沈朝焕、邵元善等。汉代伏波将军马援曾披甲率兵于此，死后被尊为水神，大湘西地区到处可见伏波将军庙。明代著名哲学家王守仁寓居沅陵龙兴讲寺月余，讲授“致良知”心学。众多文化名人的到来，留下了众多绚烂的文化瑰宝，为湖湘大地增添了中原文化底蕴。

湖湘大地上的各民族通过长期交往交流交融，形成了“你中有我、我中有你”而又各具个性的共同体。湖湘文化的民族性源远流长，正确理解湖湘文化的民族性有利于各民族间形成一种血缘相亲、你我共融的民族关系格局。湖湘大地各民族在长期的交往交流交融历史实践中，逐步形成的民族性文化特征具有向心性、多层次性和主动性特点。湖湘大地各民族在交往中加深了解，在交流中取长补短，在交融中和谐共赢。

第六节　湖湘文化的精髓与发展

一、湖湘文化的精髓

（一）爱国情操

爱国主义是对自己祖国的一种极其深厚的感情，是中华民族生生不息的力量源泉，是中华民族的光荣传统。而湖湘文化中的爱国主义传统尤为突出，作为一种文化现象，湖湘文化的爱国主义精神有其自身形成和发展的必然逻辑。早在远古时期湖湘地区就有先民在这里生活劳动，创造了许多优秀的文明成果，但由于地处蛮荒又一直没有建立方国，因此备受歧视和欺凌，这是湖湘人民爱国的内在情结。同时，爱国又是湖湘人民的优良传统。最早在湖湘大地奏响爱国主义乐章的是屈原。他在担任楚国左徒期间，积极向当政者提出了不少改革内政、修明法度、发展经济、联齐抗秦的主张，这些虽然对楚国的社会发展有好处，但损害了贵族们的利益，楚怀王听信谗言，将屈原放逐。面对残酷的现实，屈原不愿同流合污，报国无门，回天无力，最后投江自尽。南宋时期，随着湖湘学派的创立与传播，湖湘文化中爱国主义传统进一步发扬光大。当时，宋金交战、国家危亡、民族矛盾十分尖锐，湖湘士子坚决主张抗金，反对妥协投降，表现出崇高的民族气节和不惜赴汤蹈火的精神品质。湖湘学派奠基人胡安国、胡宏父子上疏朝廷坚决主张抗金,其弟子直接投身抗金斗争之中。南宋末年,元军南下攻打长沙,长沙军民包括潭州书院、岳麓书院的数百名学生义无反顾地投入守城战斗,坚守半年之久,最后矢尽粮绝,壮烈殉国。明末清初,湖湘士民和各书院的学生积极投身抗清救亡斗争之中,岳麓书院山长吴道行眼看明朝大势已去,回天无力,最终绝食于岳麓山。著名思想家王夫之挺身而出,毅然举兵于衡山,组织抗清斗争,失败后,埋头著书,完成"六经责我开生面"的重任,以寄家国之仇,终身不做清王朝统治下的臣民。进入近代,随着西方列强入侵中国,民族矛盾急剧上升,湖湘文化的爱国主义传统更加发扬光大。主要体现在三个方面:一是近代湖南士人几乎都将挽救国家、民族的危亡当作自己神圣的职责和使命;二是为了挽救国家、民族的危亡,焕发出一种百折不挠、勇于献身的精神;三是近代湖南士人为了最终达到挽救国家、民族危亡的目的,注重把抵御外国侵略与学习西方有机地结合起来。

湖湘文化的爱国主义在古代是一种狭义的民族主义。所谓狭义是说它是站在汉民族的立场上,反对任何异民族的侵略。到了近现代,湖湘文化的爱国主义不再是狭义的而是广义的民族主义、一种真正意义上的爱国主义了!这种爱国主义集中表现为反对帝国主义列强的侵略,表现为为了争取中华民族的独立富强而向西方学习科学与民主。到了当代,弘扬湖湘文化中的爱国主义传统就应当是与坚持走中国特色的社会主义道路统一起来。但在今天的现实条件下,我们弘扬湖湘文化中的爱国主义传统,也仍然需要有一种忧患意识,需要有一种历史的责任感和使命感,即做到忧国忧民忧家乡,爱国爱社会主义爱湖南。①

(二)创新精神

钱基博在《近百年湖南学风》中称湖南人"抑亦风气自创,能别于中原人物以独立"。杨毓麟在《新湖南》中赞王船山"进退宋儒自立宗主";赞郭嵩焘"谈海外政艺时措之宜,能发人之所未见";赞谭嗣同"无所依傍,浩然独往";赞王闿运"类能蹂躏数千载大儒之堂奥而建立一帜",等等,都是说明湖南人有一种独立开拓的创新传统。这种传统促使湖南人永远探求新知和奋发进取,特别是近现代以来,设计了一个又一个革新图强的方案,探索了一条又一条救国救民的道路。

敢为人先,意味着开拓创新、求新求变,是勇敢精神和创新精神的统一;勇于担当,意味着接受并承担责任。湖湘文化中涌动着一种通变求新、与时俱进的创

---

① 周秋光. 湖湘文化的个性特征与历史缺陷及现实价值,《湖南省社会主义学院学报》,2009(06).

新精神。王船山针对“祖宗之法,不可变也”的思想,提出“事随势迁而法必变”和“趋时更新”的主张,这些思想影响了一代代主张因时因势进行变革的湖湘人士。① 魏源是第一个睁开眼睛看世界的人,早在鸦片战争时期就明确主张“师夷长技以制夷”,为中国图强御侮提出了一种新的思路。② 曾国藩是中国近代史上第一个提出要把人才送到国外去培养的人。郭嵩焘是中国近代史上第一个出使欧洲,实地考察西方,并且提出要学习西方的政治制度的人。谭嗣同提出“各国变法,无不从流血而成,今日中国未闻有因变法而流血者,此国之所以不昌也。有之,请从嗣同始”,以自己的鲜血唤起民族的觉醒。湖南人依靠“敢为人先”的精神,创造了一个又一个奇迹,使湖南成为风云际会之地,开全国风气之先,整体上推进了中国近代史和现代史的伟大进程,以至有俗话说:“半部中国近代史,竟由湖南血写就”。

(三)顽强性格

顽强性格是湖湘文化作用于文化个体的集中体现。用“百折不挠”来概括湖南人独特的群体性格,是对湖南人这种中国绝无仅有的“霸蛮、血性”等特征的提升。湖湘文化孕育了一大批为追求理想信念而坚忍执着,严守民族气节而舍生取义,战胜困难而刚烈雄健的湖湘精英,引起中国乃至整个世界的瞩目。最为突出的有——曾国藩一介儒生,“屡败屡战”“打落牙齿和血吞”,打出“无湘不成军”;左宗棠抬棺西行,以赴死的决心和勇气,收复新疆,寸土不让沙俄;以毛泽东为代表的湘籍革命家,身处逆境,开展艰苦卓绝的斗争;8000 湘女上天山,以嫩弱之躯像胡杨和红柳一样扎根边陲,成为荒原上的第一代母亲。抗日战争中,湖南作为战略要地,牺牲最为惨烈,抗争也最为决绝。在总共 16 次重要的战役中,有 6 次决战在湖南。日寇的铁蹄从沈阳、北平、上海、南京、武汉、广州横扫而下,一路留下侵略者得意的嗜血的狂笑,没有想到在湘楚大地上,其披靡之势成为强弩之末,一步一步陷入四面楚歌的困境。长沙四次会战三次大捷,湖南境内的其他几次会战都异常悲壮;常德会战,57 师师长率领 8000 勇士血洒疆场,拼完最后一兵一卒;衡阳保卫战,第 10 军军长率部坚守孤城 47 天,在一溃千里的豫湘桂战役中犹如南天一柱;湘西雪峰山会战,是中华民族对日寇的最后一战,歼敌三万余人,大获

① 龙昱冰. 湖湘文化融入高校民族音乐课程研究,《湖南师范大学教育科学学报》,2017(05).

② 朱有志. 图强:湖南人百折不挠的精神指向,《新湘评论》,2013(02).

全胜。湖南这种英才辈出的现象,既有“若道中华国果亡,除非湖南人尽死”式的使命感和“吾道南来原是濂溪一脉,大江东去无非湘水余波”般直冲云霄的豪气,又是湖湘文化“筚路蓝缕”、奋发图强的深刻写照,是湖湘文化在湖南人身上打下的文化烙印。既能恰当地反映湖湘文化的传统特色,又有很深厚的历史依据。

(四)开放意识

开放意识是湖湘文化优良传统之一。湖南虽然北有大江相阻,其他三方位均是群山环绕,号为“四塞之地”,但地处南北交通要冲,东连西进之枢纽,历来是兵家必争之地,也是各种文化交相汇合、相互激荡之地。湖湘文化在这三湘四水之间,撷南北文化之长,促进南北文化相互交融,从而既拥有中原文化的顽强坚毅和现实价值取向,又有南方文化的灵性飘逸与浪漫激情的双重品性。在西学纷至沓来,中西文化激烈对撞的历史时期,这种交融而生的文化,展现出“有容乃大”、兼容并包的特性,以其高度的文化自觉意识和清醒,率先开始近代转型,保持了文化自身的尊严。湖湘文化充分汲取外来文明成果丰富和发展自己,也反过来使影响者受到自己的浸润。接受外来影响方面,湖湘知识群体有接受外来文明的自觉,如,魏源“睁眼看世界第一人”,提出“师夷长技以制夷”的主张;曾国藩筹办洋务,引进西方先进的科学技术,选派幼童赴美留学;郭嵩焘大力传播西学,推动中国近代化;谭嗣同著《仁学》熔铸古今,萃取中西;毛泽东等人探索并成功选择马克思主义作为拯救中国的革命理论等,都是湖湘文化开放特性作用的结果。①

(五)人才辈出

湖南人在我国古代政治历史舞台上没有什么大的作为和表现。在中国古代文明史的长廊中,湖南人一直表现得相当平淡,“碌碌无所轻重于天下”,登堂入室、有据可查的名人寥若晨星。据统计,《二十四史》中记载的中国名人,湖南人仅占0.9%左右,《中国历代名人词典》收录历代名人3755人,鸦片战争前,湖南人仅有23人,也不足1%,大大低于全国水平。人文传统远逊于中原和东南沿海地区,“湖南人物,罕见史传”。公元850年,湖南士子刘蜕考中进士,打破了湖南此前无人上榜的纪录,被称为“破天荒”,汉语词语“破天荒”即源于此。然而,近300年来,湖南人忽如睡狮梦醒,在中国的政治、军事、文艺、学术各个领域异军突起,名冠中华,誉满全球,“惟楚有材,于斯为盛”,成为“功业之盛,举世无出右者”的省份,造就了令人炫目的“湖南人现象”。

---

① 互联网文档资源(http://www.worlduc.c).

近代湖湘第一批人才群体以陶澍为先祖，贺长龄、贺熙龄、唐鉴、汤鹏、魏源、邓显鹤、欧阳中鹄、罗尧典等团聚呼应，形成全国瞩目的湘籍经世派，活跃在中国政治舞台上，发出了湖南人“天下兴亡，舍我其谁”的先声。

第二批人才群体以曾国藩为统帅，以胡林翼、左宗棠为首领，彭玉麟、罗泽南、郭嵩焘、刘蓉、江忠源、刘长佑、刘坤一等一大批书生出身的人才在中国政治军事舞台上纵横驰骋，锐不可当。湘军及湘籍士子之盛，“200 余年中所未见”。据罗尔纲的《湘军新志》统计，湘军将领官至督抚者达 27 人之多，总督 14 人，巡抚 13 人。《清代七百名人传》曾对清代 714 位名人进行分析，若按地域归类，湖南名人 51 位，居全国第四位。若按清后期分段单独统计，湖南人则占了绝大多数。“天下不可一日无湖南”，湘军的声威与霸气，豪气干云。

第三批湖南人才群体，以谭嗣同、唐才常、熊希龄、蔡锷、黄兴、宋教仁、陈天华、姚洪业、蒋翊武等为代表，在维新运动和辛亥革命前后，他们在中国历史更迭、风云变化的大潮中，痛快淋漓地展现了湖南人的牺牲血性与无畏气概。维新运动中，湖南得风气之先，成为“全国最富朝气之一省”。而孙中山领导的辛亥革命，1905 年夏在日本参加筹备会的共 79 人，居首位的是湖南籍志士，计 20 人。后正式在东京加入同盟会的湖南籍志士为 157 人，再居各省之首。浏阳人谭嗣同以“我自横刀向天笑，去留肝胆两昆仑”的悲壮，成为第一个变法流血者，新化人陈天华，曾以《猛回头》《警世钟》闻名，在日本投海自杀，以生命警醒国民，益阳人姚洪业，在上海黄浦江投江殉志，以示湖湘子弟“尽掷头颅不足痒”的精神；澧县人蒋翊武领导武昌起义，拉开中国近代史的帷幕，28 岁时在桂林从容就义，孙中山先生给予其“开国元勋”的赞誉。杨度曾以《湖南少年歌》表达湘人的决绝与倔强：“中国如今是希腊，湖南当作斯巴达；中国将为德意志，湖南当作普鲁士。诸君诸君慎如此，莫言事急空流涕。若道中华国果亡，除非湖南人尽死。”辛亥革命中，湖南人影响之大、牺牲之惨死无出其右。长沙市岳麓山便安葬着 32 位辛亥志士，是全国仅有的一座辛亥革命山。①

第四批是以毛泽东为代表的中国新民主主义革命的先锋群体，中国共产党、中国人民军队、新中国的缔造者刘少奇、彭德怀、贺龙、罗荣桓……这个名单可以开得很长。解放战争时期，中共中央 5 大书记中，湖南人有 3 位，占 60%；1955 年中华人民共和国第一次授衔，十大元帅中有彭德怀、贺龙、罗荣桓 3 人，占 30%；十

① 朱有志．图强：湖南人百折不挠的精神指向，《新湘评论》，2013(02)．

位大将中有粟裕、黄克诚、陈赓、谭政、萧劲光、许光达6人，占60%；57名上将中有19位湖南人，占33.3%；176名中将中有45位湖南人，占25.5%；1359名少将中有129位湖南人，占10%。

从1840年到1949年，活跃在中国近现代历史舞台的各种知名人物1238人中，湖南人116人；在著名的761位历史名人中，湖南人为83人；①在495名中国共产党史人物中，湖南人有89人，其中党的杰出领导人和创建时期的主要领导人有13人，占48%。著名历史学家谭其骧称："清季以来，湖南人才辈出，功业之盛，举世无出其右。"美国华文报纸《北美日报》1986年7月1日的社论认为："湘籍历史名人、学者、政治家人数之多，近百年来一直居各省之冠。"②

二、湖湘文化的与时俱进

湖湘文化是中华文化的重要组成部分，在中华文化大花园里，湖湘文化是一朵特色鲜明的文化奇葩。它包括哲学、文学、艺术、史学、教育、宗教、民俗民风、科学技术诸多方面，将湖湘文化的基本精神，实化为具体的存在方式，真正达到了列宁所说的"真理总是具体的，真理就是由现象、现实的一切方面的总和以及它们的相互关系构成"的那种"多样性的统一"的境界。这种严密、精审的"具体"剖析，是极具有说服力的，对于矫正肤浅的学风来说，具有不容忽视的重要意义。新时期，湖南应紧跟时代步伐，大力弘扬湖湘文化优秀传统，挖掘其与时俱进的现实意义，为建设富饶美丽幸福新湖南奠定坚实的文化基础。

湖湘文化的精华主要体现在四个方面：一是"心忧天下"。这是湖湘文化的核心内容。近代以来，湖南人民以"若道中华国果亡，除非湖南人尽死"的坚强决心，坚定"吾湘变、则中国变；吾湘存、则中国存"的强烈信念，积极投身爱国洪流之中。无论辛亥革命时期，还是五四运动和新民主主义革命时期，湖湘爱国人士既志向高远，又脚踏实地、身体力行。特别是新民主主义革命时期，湖南一大批无产阶级革命家，更是把"心忧天下"的爱国主义传统提高到新的高度。二是"百折不挠"。这是湖湘文化的高贵品格。湖南人民历来就是追求理想而坚忍执着，战胜困难而义无反顾，表现出强烈的"楚虽三户，亡秦必楚"式的历史责任感，展示了湖湘文化

---

① 刘艺．湖湘青年人才与近代中国的发展，《新湘评论》，2011(09)．

② 牛保秀．湖湘文化近代转型开端再考——以人才群体为视角，《湖南工业职业技术学院学报》，2017(08)．

奋发图强的坚毅品质。三是“敢为人先”。这是湖湘文化的显著特征。从屈原上下求索开始，湖湘知识群体思想开阔，总能顺应时代潮流，站在中华文化发展的前沿。其间，周敦颐重构儒道、王船山“六经责我开生面”，魏源“师夷长技以制夷”，曾国藩、左宗棠等人致力引进西方技术开办洋务，宋教仁、黄兴进行民主革命推翻帝制，直至毛泽东等老一辈无产阶级革命家“实事求是”“为人民服务”等思想体系的形成等，无不彰显湖湘文化思变求新、开拓进取的精神品格。四是“兼收并蓄”。这是湖湘文化的活力源泉。这种文化在近现代湖湘知识群体身上表现得更加强烈。如，魏源睁开眼睛看世界，谭嗣同倡导“天变道亦变”，毛泽东等人探索和成功选择了马克思主义作为拯救中国的革命理论等，都是湖湘文化开放性作用的结果。总的来说，这四个方面，既是湖湘文化的精华，也是湖湘文化对中华文化发展的重要贡献，更是我们推进富饶美丽幸福新湖南建设的动力之一。①

湖湘文化是中华文化的重要组成部分。弘扬湖湘文化的优秀传统，目的在于强调湖湘文化的鲜明区域特征和文化个性。这可从三个方面来理解。一是湖湘文化与中华文化一脉相承。中华文化经过几千年的潜移默化，已深入中华民族的血脉之中，成为我国各地域文化的基本骨架。各地域文化都表现出各自的不同特点，一方山水养一方人而呈现出鲜明的地方特色。如果把中华文化比作一棵枝繁叶茂的大树，那么湖湘文化就是构成这棵大树的一枝。湖湘文化对“格物致知”“经世致用”的强调，主要是与“知行两端”的“心学”在获取知识的方法上存在差异。我们强调和凸显湖湘文化的地域特色，不是无视它与中华文化本质上的相通与相同，而是要使之更好地服务湖南经济社会的发展。湖湘文化作为社会主义文化的一个组成部分，发展湖湘文化，必须坚持中国特色社会主义的价值取向和发展方向，放眼世界、兼容并蓄、博采众长，广泛汲取世界文明成果，促进湖湘文化的发展。二是湖湘文化通过中华文化起作用。在中华民族的发展史上，无论哪个历史时期，湖湘文化对整个国家和民族的贡献，实际上都是中华文化整体作用的结果。就杰出的湖湘知识分子而言，我们既要看到魏源的世界性眼光，谭嗣同为变法献身，宋教仁、黄兴追随孙中山先生推翻帝制、致力共和，以毛泽东为代表的无产阶级革命家带领中华民族自立于世界民族之林，更要看到他们是和同时代许许多多的中华英雄人物一道，患难与共，与民族的脉搏一起跳动，与民族的命运紧密相连，为灾难深重的中华民族而抗争，与国家同兴同荣，共同撑起了中华民族的脊

① 周伯华：大力弘扬湖湘文化优秀传统，http://theory.people.

梁。三是湖湘文化的精华体现了中华民族精神。民族精神是民族文化的根本。在五千多年的发展中,中华民族形成了以爱国主义为核心的团结统一、爱好和平、勤劳勇敢、自强不息的伟大民族精神。实质上,湖湘文化“心忧天下、敢为人先、百折不挠、兼容并蓄”就是中华民族精神的具体表现。

建设富饶美丽幸福新湖南,要与时俱进地弘扬湖湘文化优秀传统,不断丰富和发展湖湘文化精华的时代内涵。主要应在三个方面着力:一是要顺应世界潮流,强化湖湘文化促进发展的价值取向。当今世界的潮流是发展,有利于我们抓住机遇,加快发展。这就要坚持发展这个执政兴国的第一要务,促进湖湘文化与经济发展的紧密结合,把热爱祖国与发展湖南、建设家乡有机统一起来。在建设富饶美丽幸福新湖南、谋求科学发展的过程中,要努力弘扬湖湘文化百折不挠、敢为人先的现实意义,进一步转换发展观念、丰富发展内涵、创新发展思路,坚持用科学发展观统领经济社会发展全局,实现经济增长从主要依靠物质要素投入,向更多依靠科技进步和增强文化实力转变。二是要挖掘和利用湖湘文化资源,扩大湖湘文化的当代影响。文化既是一种精神力量,也是一种物质资源。受湖湘文化的影响,湖南求知重学的传统浓厚,科教发达。目前湖南人才有300多万,各类成果璨若繁星。这就需要,一方面充分利用现有人才资源,健全人才激励机制,加大知识产权保护力度,尊重知识、尊重人才、尊重创造,把湖湘文化转化为现实生产力,努力提高全省自主创新能力。另一方面要发挥湖湘文化历史悠久、底蕴深厚的优势,挖掘湖南丰富的民俗文化资源,扩大湖南人文历史的影响,实现经济效益与社会效益的统一。三是要充实湖湘文化的时代内涵,续写湖湘文化新的篇章。要按照发展先进文化与建设富饶美丽幸福新湖南的要求,找准创新湖湘文化的着力点,弘扬“心忧天下”的爱国精神,积极投身中华民族的伟大复兴;发扬“百折不挠”的顽强风格,始终坚持积极进取的奋斗精神;秉承“敢为人先”的创新品质,科学谋划湖南的经济社会发展;拓展“兼容并蓄”的开放意识,紧紧抓住全球信息化的机遇,在湖湘文化中注入市场经济、社会化大生产等新的内涵,推陈出新、不断发展,促进湖湘文化实现形态、内涵的飞跃,助推富饶美丽幸福新湖南建设。

第三章

高校文化概述

高校文化是高校本身形成和发展的物质文化、制度文化和精神文化的总和，是高校赖以生存和发展的重要根基，是高校个性特征的重要标志。一般来说，高校文化可分为物质文化、制度文化和精神文化三个层面。其中，物质文化作为基础，以物化的方式积淀并折射高校的理念，是高校之形；制度文化提供保证，是高校理念体制化的外显，是高校之规；而精神文化构成高校系统的内质，是高校文化的核心，也是高校之魂。有形资产、人力资源与文化内涵是高校的三要素。高校不仅仅是客观物质的存在，更是一种文化存在和精神存在。高校的物质存在很简单，仪器、设备、大楼等。高校文化建设应坚持“创造性转化、创新性发展”的“两创”方针、“为人民服务、为社会主义服务”的“二为”方向和“百花齐放、百家争鸣”的“双百”方针，三者各有侧重、相辅相成，构成了一个有机整体。其中，“二为”方向深刻回答了文化发展的目标方向问题，“双百”“两创”方针深刻回答了文化发展的路径方法问题，三者都是管根本、管长远的，集中体现了我们党对文化建设规律认识的不断深化。高校文化是追求真理的文化，是严谨求实的文化，是追求理想和人生抱负的文化，是崇尚学术自由的文化，是提倡理论联系实际的文化，是崇尚道德的文化，是大度包容的文化，是具有强烈批判精神的文化。高校文化体现的是一种共性，其核心与灵魂则体现于高校的精神。新时期，湖南高校文化要以社会主义核心价值观为引领，加强思想道德建设和社会诚信建设，弘扬湖湘文化，倡导科学精神和人文精神。用湖湘文化和社会主义核心价值观凝聚共识、汇聚力量，增强国家意识、法治意识、道德意识、社会责任意识、生态文明意识。① 加强理想信念教育，深化习近平新时代中国特色社会主义思想的学习研究宣传，把湖湘文化和社会主义核心价值观贯穿融入湖南高校发展过程中。通过教育引导、舆论

---

① 《国家“十三五”时期文化发展改革规划纲要》，2017 - 05 - 20.

宣传、文化熏陶、行为实践、制度保障,使社会主义核心价值观内化为大学生的坚定信念,外化为大学生的自觉行动,增强大学生的道路自信、理论自信、制度自信和文化自信。

第一节　高校文化的内涵、特征与功能

一、高校文化的内涵

(一)高校文化的含义与主要构成

汉语"文化"一词,主要是"文治"和"教化"的总称,也就是"文"与"化"某些义项的复合义,出自《周易》:"观乎人文,以化成天下。"这里的"文"是指"文明","化"是指"教化"。意思是通过文明以教化天下,已经有了相当浓厚的文化意味了。汉代刘向《说苑·指武条》云:"凡武之兴,谓不服也,文化不改,然后加诛。"南齐王融《曲承诗审》言:"设神理以景俗,敷文化以柔远。"晋代束哲《补亡》一诗中则写道:"文化内辑,武功外悠。"这里的文化,指的都是文治和教化,与现代科学所指的文化一词有别。① 泰勒 1871 年发表的《原始文化》第一次提出文化概念。泰勒认为:"文化或文明,是一种复杂丛结之全体。这种复杂丛结的全体包括知识、信仰、艺术、法律、道德、风俗,以及任何其他的人所获得的才能和习惯。这里所说的人,是指社会的一个分子而言的。"我国人类学家对文化比较一致的看法是:文化就是人们的生活方式和认识世界的方式。人们总是遵循他们已经习惯了的行为方式,这些方式决定了他们生活中特定规则的内涵和模型,社会的不同就在于它们文化模式的不同。②《辞海》1989 年版对"文化"一词这样注:①广义指人类社会历史实践过程中所创造的物质财富和精神财富的总和。狭义指社会的意识形态,以及与此相适应的制度和组织机构。②泛指一切知识,包括语文知识。如"学文化"即指学习文字和求取一般知识。又如对个人而言的"文化水平",指一个人的语文和知识程度。③中国古代封建王朝所施的文治与教化的总称。③

---

① 严峰. 中国大学文化研究,《复旦大学博士论文》,2005(04).

② 严峰. 中国大学文化研究,《复旦大学博士论文》,2005(04).

③ 李福杰. 大学文化视野下的大学发展研究,《华东师范大学博士论文》,2006(04).

随着时代的进步,文化的意义不断发展。文化包含的内容非常丰富,凡是人类所创造的一切经验、感知、知识、科学、技术、理论以及财产、制度、语言、教育等,都属于文化现象。宇宙观、时空观、人生观、价值观,乃至衣、食、住、行、婚嫁、丧葬等一切社会的生活、行为、思维、风俗、语言方式和情感模式、等级观念、角色地位、道德规范、价值标准等,都属于文化的范畴。概括起来,文化就是人类长期以来形成的精神、物质、社会文明的总和。对于“文化”,有许多不同的定义。一般认为,文化分为广义的文化与狭义的文化。广义的文化是指人类在社会历史发展过程中所创造的物质财富和精神财富的总和。狭义的文化则指意识形态所创造的精神财富,包括宗教、信仰、风俗习惯、道德情操、学术思想、文学艺术、科学技术、各种制度等。广义的文化包括四个层次:一是物态文化层,由物化的知识力量构成,是人的物质生产活动及其产品的总和,是可感知的、具有物质实体的文化事物。二是制度文化层,由人类在社会实践中建立的各种社会规范构成。包括社会经济制度、婚姻制度、家族制度、政治法律制度、家族、民族、国家、经济、政治、宗教社团、教育、科技、艺术组织等。三是行为文化层,以民风民俗形态出现,见之于日常起居动作之中,具有鲜明的民族、地域特色。四是心态文化层,由人类社会实践和意识活动中经过长期孕育而形成的价值观念、审美情趣、思维方式等构成,是文化的核心部分。

“文化”英文“culture”一词,来自拉丁语 colore,意为“耕耘”,因为文化修养和种庄稼一样,必须经过辛勤的耕耘,才能获得丰硕的果实,而高校则是播种文化的主要组织。正因为文化与高校具有天然的联系,所以我们往往从高校来研究一个国家或一个民族的文化;文化是一个高校赖以生存、发展的重要根基和血脉。东西方高校发展的历程表明,一部人类高校史也就是一部文化史。那么,文化的特点是什么?高校自身的文化是什么?英国学者罗威勒曾如此形容:“我们不能分析它,因为它的成分无穷无尽;我们不能叙述它,因为它没有固定形状。我们想用字来界定它的意义,这正像要把空气抓在手里似的:当我们去寻找文化时,它除了不在我们手里以外,它无处不在。”文化的弥散性决定了我们感受文化的内涵具有一定的难度。尽管如此,高校文化的重要性要求我们努力探求高校文化的含义。关于高校文化,理论界见仁见智,目前主要有三种说法:一是“三层次”说。即高校文化包含物质文化、制度文化、精神文化这三个相互渗透、相互影响的结构层次;二是“四体系”说。即高校文化包括物质文化体系、制度文化体系、行为文化体系、精神文化体系,其特点是强调高校的行为文化的动态特征;三是“六因素”说。即高校文化包括环境文化、学术文化、科技文化、艺术文化、阵地文化、网络文化等六个因素。我们较倾向于“四体系说”。尽管人们的观点不很一致，但是都承认高校文化包含着这样几层意思：第一，高校文化是以高校为载体所形成的文化，而不是以其他组织结构为载体形成的文化；第二，高校文化的主体是教师、学生以及管理人员；第三，高校文化是一个历史的筛选、积淀过程，也是一个承前启后、除旧布新的过程。这一系列定义都带有描述性质，并没有清楚阐释高校文化的内涵和外延。其实，透过文化的起源以及高校的诞生与发展过程，我们不难看出，高校文化是高校在长期办学过程中经过历史积淀而逐渐形成的办学理念、精神风貌、学术氛围、规章制度、价值标准、学校环境等精神成果和物质成果的总和，包括高校物质文化、制度文化、精神文化三个层面。

1. 高校物质文化

高校物质文化，属于高校文化的硬件，是高校文化的表层部分，是实现精神文化与制度文化的载体与手段，是推进高校文化建设必要的物质基础和前提。它主要包括以下几个方面的内容：

(1)学校名称和承载名称的校牌。

(2)校徽、校旗等。

(3)校园外貌、自然环境、建筑风格、办公室与教室布置，校园绿化、美化、净化等。

(4)学校的纪念性建筑，包括纪念碑、纪念墙、纪念林、历史文化名人和英模塑像等。

(5)学校的文化体育生活设施。

(6)学校文化生活用品和纪念礼品。

(7)学校文化传播媒体。包括校刊、校报，校园广播、电视节目、网络、宣传栏、宣传册、标语口号、橱窗板报等。

(8)学校的文化成果。如科研论文、软件设计、艺术作品等，还有纯物质形式的，如学校师生开辟的植物园，学校师生栽植的树木、砌垒的花池、职工制作的绿地护栏、科技发明装置、教具设备等。除此而外，摄影、书法、歌舞、剪纸等艺术创造，也是高校文化成果的重要组成部分。

高校物质文化反映从高校办学目标和定位出发，结合学生全面发展诉求，丰富高校文化生活，创新形式，打造特色，塑造品牌，形成传统，发挥高校文化润物无声的教育作用，促进大学生思想道德素质、科学文化素质和健康素质协调发展。

高校物质文化建设大致可分为硬环境建设和软环境建设两个方面,二者相辅相成,缺一不可。硬环境建设一般包括学校建筑、教育教学设施、文化设施及校园景观等基础设施的建设,也包括标志性文化载体如校园网络、广播电视等媒体的建设。硬环境建设既是高校文化的载体和形式,同时本身也包含校园文化的内涵和功能。如果说硬环境建设体现的是校园文化直观的外在的形象,那么软环境建设表现的则是高校文化主观的内在气质。建设高校物质文化无疑应将重点放在软环境建设上。高校物质文化具体应体现在三个基本方面:一是良好的学习环境。即在科学世界观和方法论的指导下,形成实事求是、严谨勤奋、开拓创新的良好氛围。二是良好的育人环境。即注重人格培养和素质提升,形成教书育人、尊师重教、为人为学、追求完美的教育教学的良好环境。三是良好的人际环境。即形成诚实守信、团结和睦、与人为善、乐于助人的良好校园风尚,内化师生员工的思维方式和行为习惯。① 在校园文化建设中注重软环境建设,是以五个全面统领高校发展、坚持以人为本、构建和谐校园的需要。相比较而言,良好的软环境建设更能激发师生员工蓬勃向上的精神,在潜移默化中陶冶人的思想,完善人的品格,提升师生员工的素质。软环境建设中所传达出的教育理念、价值判断和审美取向最能体现一所高校所独有的文化精神和气韵,是高校精神内核的彰显及核心价值观的体现,因而能最大限度地实现高校校园文化的导向功能、陶冶功能、整合功能及凝聚功能。当前,高校物质文化建设中一定程度存在的重硬件投入、搞形象工程,轻软件培育、忽视品格塑造的现象,不利于通过物质文化建设真正提升学校的文化品位。在物质文化建设中,只有坚持以人为本,把软环境建设摆在更加突出的位置,才能形成有益于促进全面发展的、科学创新的、充满生机与活力的校园环境;才能肩负起高校作为优秀文化传承者和社会思想库对于提高社会的文化精神和道德价值所应承担的历史责任。

2. 高校制度文化

制度文化是人类为了自身生存、社会发展的需要而主动创制出来的有组织的规范体系。主要包括国家的行政管理体制、人才培养选拔制度、法律制度和民间的礼仪俗规等内容。制度文化是人类在物质生产过程中所结成的各种社会关系的总和。社会的法律制度、政治制度、经济制度以及人与人之间的各种关系准则等,都是制度文化的反映。制度文化是由三个层面构成的:一是传统、习惯、经验

① 肖丽娟.和谐理念下的高校行政管理思考,《佳木斯教育学院学报》,2011(12).

与知识积累形成的制度文化的基本层面:二是由理性设计和建构的制度文化的高级层面;三是包括机构、组织、设备等的实施机制层面。其中,制度文化的基本层面是一个自生自发的规范层面,反映着价值观念、道德伦理、风俗习惯等文化因素。制度文化的高级层面则是一个人类有意的、有目的的理性设计和建构的制度层面,反映着一个社区、一个社会、一个国家经法律制度确认的政治、经济、社会、文化等正式制度层面。制度文化的基本层面与高级层面是相互统一与协调一致,是实现制度文化功能的关键。制度文化是文化的规则层面和秩序系统。文化作为一个复杂整体,其意义系统必然会体现为一定的规则和稳定的秩序。也就是说,制度文化的这一特征表示,文化不只是人的心理精神活动,而是人类全部活动的整体。所以,人类心理精神活动势必会寻求一个适宜的环境,用以保证和维系精神文化生存。而这个环境,就是指个人之间或群体之间反复博弈的自然选择的秩序,或者是指设计或建构的规则。① 制度文化是文化的集中体现,制度文化作为文化的集中体现,反映和维系着文化的物质层面、精神层面构成的整体。文化整体的协调互动必须依赖一个良性有效的秩序,这唯有通过制度文化才能达到。制度文化有五大基本特点:第一,制度文化的内涵包括各种成文的和习惯的行为模式与行为规范。第二,制度文化凝聚了社会主体的政治智慧,并通过社会实践的延续而世代相传,从而成为人类群体的政治成就。第三,制度文化的基本核心,是由历史演化产生或选择而形成的一套传统观念,尤其是系统的价值观念。第四,制度文化作为一种系统或体系具有二重性。一方面它是人类活动的产物;另一方面,它又必然成为限制人类不规范活动的因素。第五,制度文化以物质条件为基础,受人类的经济活动制约。因此,人类在社会实践中逐步形成的制度文化,因地域、民族、历史、风俗的不同,而异彩纷呈,表现为多样性。制度文化的特点表明,制度文化是一个不断运动、变化着的活的过程。制度文化与物质文化的关系是相辅相成的关系。一方面物质文化的发展推动着制度文化的发展;另一方面制度文化对物质文化又具有强大的反作用,它可以推动、也可以阻碍物质文化的发展。②

高校制度文化建设应以社会主义核心价值观为统领,从高校办学实际出发,以人为本,完善教学管理制度,完善学生培养教育和管理规定,大力加强法制宣传和法

---

① 曾小华. 文化、制度与制度文化,《中共浙江省委党校学报》,2001(04).

② 刘闻嘉. 中国与法国行政文化比较研究,《云南财经大学硕士论文》,2012-04-01.

制教育,提高决策的科学性和民主性,形成公开透明、公正合理的高校制度文化环境。

高校制度文化主要包括以下三个方面的内容:

(1)基本制度。这是指维系学校正常秩序必不可少的规章制度,比如教代会制度、教学制度、人事制度、财务制度等。

(2)特殊制度。这是指学校中非程序化的制度,如学生评议教师制度、总结表彰制度、大学生管理制度等。

(3)学校风俗。这是指学校长期沿袭、约定俗成的典礼、仪式、节日、活动等。如体育比赛、歌咏比赛、学校成立周年庆典等。

3. 高校精神文化

精神文化是指属于精神、思想、观念范畴的文化,代表一定民族的特点反映其理论思维水平的思维方式、价值取向、伦理观念、心理状态、理想人格、审美情趣等精神成果的总和。① 精神文化是人类在从事物质文化基础生产上产生的一种人类所特有的意识形态,它是人类各种意识观念形态的集合。精神文化的优越性在于人类文化基因的继承性,还有在实践当中可以不断丰富完善的待完成性。这也是人类文化精神不断推进物质文化的内在动力。由于文化精神是物质文明的观念意识体现,在不同的领域,其具体文化精神有不同的表现和含义。

精神文化是物质文化的核心载体,是物质文化基础上衍生出的独具特征的人类共有的意识形态和文化观念集合,包括文化精神、文化道德价值观念、文化理想、行为准则等,这是人类新精神观、价值观、道德观生成延续的主要途径和来源。因而,在不同的领域会形成各自人类群体认同的精神文化。体现文化的同一性和多样性。② 在企业领域,就会形成企业文化精神,在影视业,就会形成影视文化精神,在军事领域,就会形成军事文化精神,在政治领域,就会形成政治文化精神,在学校区域,就会形成学校文化精神等。

高校精神文化主要包括办学理念、管理理念、学术思想等内容,主要体现在校训、校风、校刊、校史、校歌等五个方面。高校文化的这五个方面之间不是割裂的,而是紧密联系的一个整体。如学校名称、校刊、校歌等,它们既是显性的,又是隐性的,它们既包含了所象征的高校精神,又是具体的、物质的。

---

① 曾丽雅. 关于建构中华民族当代精神文化的思考,《江西社会科学》,2002(10).

② 吴桂荣. 构建中国企业管理之魂的思考,《齐鲁学刊》,1996(06).

高校文化的以上层面,由表及里,层层深入。物质文化看得见摸得着,最为具体实在,构成校园文化的硬外壳;行为文化作为一种浅层文化,成为高校文化的软外壳;制度文化是学校观念形态的转化,成为高校文化软硬外壳之间的联系和支撑;而精神文化则是观念形态和文化心理的总和,是高校文化表现在内外软硬外壳及其相互联系方面的渊源,是高校文化的核心和精髓。

党的十九大报告提出:"中国特色社会主义进入新时代,中国社会主要矛盾已经转化为人民日益增长的美好生活需要和不平衡不充分的发展之间的矛盾。"当下人民日益增长的美好生活需要中,文化需要占有重要的分量。随着我国城市化进程不断加快,人民群众的物质生活水平不断提升,人民群众的精神文化需求也日益旺盛。它不仅实现了总量快速增长,还呈现出结构日益升级,由一般性的知识需求逐步转向审美愉悦需求,由浅层性的文化娱乐需求逐步转向深层次的精神品质需求。文化需求不仅构成了人民美好生活的一个重要部分,还影响着人民美好生活的整体质量、幸福指数和主观评价。新时代,在精神文化方面,高校应继承优良文化传统,深入挖掘中华优秀传统文化中蕴含的思想观念、人文精神、道德规范,结合时代要求使之创造性转化、创新性发展,使之成为涵养社会主义核心价值观的重要源泉,结合中国传统文化,创新高校育人理念,营造教风严谨,学风浓厚,考风纯正,作风积极的氛围,培育优良校风,塑造立志、诚毅、创新的办学精神,创建和谐校园。

(二)高校文化与相关概念的关系

党的十八大以来,高校理念、高校精神、校园文化备受社会关注,它们与高校文化密切相关。因此,为加深对高校文化含义的理解,有必要探讨高校文化与这些概念之间的关系。

1. 高校文化与高校理念

理念是指人们对于某一事物或现象的理性认识、理想追求及其形成的体系①。高校理念是关于高校的基本性质、理想模式、目标追求、社会责任等方面的系统思想。与高校文化不同的是,它纯粹是精神层面的概念,从属于高校精神文化,是高校文化的重要组成部分。高校理念主要探讨的是高校本质问题,即高校是什么?目的在于揭示高校的客观属性和规律,对高校的发展具有定向作用,诚如纪宝成教授所言:"一所高校的理念是这所高校的思想、精神和灵魂,它决定这

---

① 韩延明著:高校理念论纲[M]. 北京. 人民教育出版社,2003:58.

所高校的思维方式和发展方向,不仅决定她的今天,更决定她的明天。”①比如,当年蔡元培先生倡导的“思想自由、兼容并包”的办学理念,影响着所有进入北大的人,历经百年不衰,成了北大发展的灵魂。竺可桢先生在浙江大学建校时倡导的“求是”办学理念,成了浙江大学师生一直追求的共同目标,在这个理念的熏陶下,浙江大学人才辈出,蜚声海内外。

2. 高校文化与高校精神

高校精神的核心是以育人为第一要旨,以全面人才教育为使命。党的十九大报告指出“建设教育强国是中华民族伟大复兴的基础工程”,指向明确、要求具体、切中要害。高校育人的重点,第一是培养学生对国家、对民族的责任感。培养有抱负、有政治远见、有广博知识、有责任心的人。要教育学生以天下为己任,继承前人“国家兴亡,匹夫有责”的报国之情,学习前人“先天下之忧而忧,后天下之乐而乐”鞠躬为民的品德。关心天下大事,使自己服从于社会,服从于国家,服务于人民。第二是理想、信念教育。理想和信念是精神世界深层次问题,它取决于世界观、人生观和价值观。要引导学生树立正确的人生目的、人生理想、人生追求和科学的自然观、历史观、社会观和辩证唯物主义认识论。第三是培养爱心。要教育学生爱父母、爱生活、爱事业、爱祖国。第四是培养高尚的人格。坚持真理,胸怀坦荡,高风亮节,严于律己,宽以待人,淡泊名利,无私奉献。第五是培养自强不息、厚德载物的精神。不但教育学生如何认知,如何做事,更重要的是如何做人。引导学生敢于奋斗,善于成才。使学生成为理想远大、热爱祖国的人,成为追求真理、勇于创新的人,成为德才兼备、全面发展的人,成为视野开阔、胸怀宽广的人,成为知行统一、脚踏实地的人。总之,育人的目的就是培养德智体美全面发展的社会主义建设者和接班人。高校精神是高校在长期文化创造中积淀、整合、提炼,并为师生所认同的一种价值观念体系和群体自我意识。它是反映高校历史传统、文化品位、特征风貌的一种精神文化形态,既体现高校的办学理念、办学方向、办学宗旨,又体现高校师生的共同理想、信念和追求。比如,湖南大学以“实事求是,敢为人先”为校训,以“博学、睿思、勤勉、致知”为校风。这一校训、校风体现了“千年学府、百年名校”的办学传统特色,对于发展和创造湖南大学的办学特色,提升办学质量和水平,培养拔尖创新人才都具有非常重要的意义。“实事求是”,语

① 纪宝成. 对高校理念和高校精神的几点认识[EB/OL]. 中国科学技术高校文化视觉识别网 http://vi · uste · edu. en/zh_CN/artiele/39/45 的 432/

出《汉书·河间献王传》。1917 年,湖南公立工业专门学校(湖南大学前身之一)迁入岳麓书院旧址,校长宾步程将“实事求是”作为校训,制匾悬挂于讲堂。千百年来,从岳麓书院到湖南大学奉行的“务实”精神,就集中体现在“实事求是”之中,充分体现了学校教育传统和治学理念,成为湖大文化与精神最宝贵的特质。毛泽东同志在 1916 年至 1919 年间曾多次寓居岳麓书院半学斋,“实事求是”对他的思想形成产生过较大影响,最终将“实事求是”由学风用语上升到哲学高度,作为概括党的思想路线的哲学用语。加之它又是中央党校的校训,已产生了巨大的社会影响。但作为校训却始于湖南大学,故仍将其作为湖南大学校训,其激励作用显而易见。“敢为人先”是湖湘文化的精髓,岳麓书院是湖湘文化的发祥地,将“敢为人先”列为校训,体现了湖南大学对优秀传统的弘扬。湖南大学要实现创建“双一流”大学的奋斗目标,既要坚持“实事求是”,又要以“敢为人先”的精神改革创新,这得到了湖南大学广大师生的普遍赞同。湖南大学在多年的办学中形成了“敢为天下先”的精神以无声的力量激起湖南大学师生形成当仁不让的品质。

高校精神有着丰富的内涵,对高校的生存与发展起着至关重要的作用。高校精神是高校文化的核心内容,不能简单地把高校精神等同于高校文化,因为高校文化还包括前述的制度文化、物质文化、行为文化等层面。科学的高校精神是建立在对教育的本质、办学规律和时代特征的深刻认识的基础之上的。就其具体内容而言,高校精神是高校的使命、功能、目标和理想等内容的概括和浓缩。就其功能来说,它具有导向、陶冶、激励、凝聚、规范等功能。高校精神不仅是一所高校的力量源泉和精神象征,更是国家愿景、民族传承、社会意识和本土文化的融合体,是时代精神的表征和先进文化的集中表现,它不仅关乎高校自身的前途与命运,更关乎社会的进步与国家的兴盛。在当今知识经济和信息化时代,需要我们高度重视高校精神的培育,在治校理念中凝练高校精神,在教学科研中提升高校精神,在校园文化建设中彰显高校精神,在科学发展中创新高校精神,结合高校自身特点,顺应时代的发展,塑造理念先进、个性鲜明的高校精神。

3. 高校文化与校园文化

校园文化指的是学校所具有特定的精神环境和文化气氛,它包括校园建筑设计、校园景观、绿化美化这种物化形态的内容,也包括学校的传统、校风、学风、人际关系、集体舆论、心理氛围以及学校的各种规章制度和学校成员在共同活动交往中形成的非明文规范的行为准则。健康的校园文化,可以陶冶学生的情操、启迪学生心智,促进学生的全面发展。高校文化与高校校园文化的概念有所不同。

由于高校文化概念出现较晚,以往使用高校校园文化的概念则较为常见。高校校园文化一般指高校生文化活动,在很多场合高校校园文化和高校生文化、高校生活文化等含义比较接近,因此,关于高校校园文化就有"第二课堂说""文化氛围说""校园精神说"等。高校文化的内涵和外延显然要比高校校园文化深广,它涵盖了高校理念、高校精神、科研、学术、管理、生活等方方面面。高校文化不同于高校校园文化,首先,随着高校逐步走向社会中心,高校文化的影响已远远超出了校园,对高校文化的研究必须将社会纳入视野;其次,高校文化更能体现高校的历史传承性,比如很多高校在历史上曾数易其址,但其文化却可以一脉相承,延续至今;最后,高校文化既是指一所所高校的文化,又是指所有高校的文化,是个别与一般的统一、局部与整体的统一。校园文化在当今高等教育中应该发挥重要的作用,校园文化是常新的,但是是能够保持永恒魅力的,是能够唤起青年一代心灵的,是能够激发青年学生激情,是能够唤起青年一代高尚的、独立的人格追求和高尚的道德追求的。比如校园的时代性活动等。首先,校园文化是一种氛围、一种精神。校园文化是学校发展的灵魂,是凝聚人心、展示学校形象、提高学校文明程度的重要体现。校园文化对学生的人生观、价值观产生着潜移默化的深远影响,而这种影响往往是任何课程所无法比拟的。健康、向上、丰富的校园文化对学生的品性形成具有渗透性、持久性和选择性,对于提高学生的人文道德素养,拓宽同学们的视野,培养跨世纪人才具有深远意义。其次,校园文化建设可以极大提升学校的文化品位。古人云,"近朱者赤,近墨者黑。"学校的校容校貌,表现出一个学校整体精神的价值取向,是具有引导功能的教育资源。校园文化作为一种环境教育力量,对学生的健康成长有着巨大的影响。校园文化建设的终极目标就在于创建一种氛围,以陶冶学生的情操,构筑健康的人格,全面提高学生素质。最后,校园文化是一所学校综合实力的反映。校园文化建设要求学校物质文化建设、精神文化建设和制度文化建设这三个方面全面、协调发展,为学校树立起完整的文化形象。

校园文化是一所学校综合实力的反映,校园文化的核心竞争力主要表现在文化的凝聚力和创造力上,优秀的校园文化能赋予师生独立的人格、独立的精神,激励师生不断反思、不断超越。所以,校园文化建设是学校发展的重要保证。校园文化有主流与非主流之分。校园文化建设中所形成的主流文化是社会主义先进文化的一部分,是民族精神、时代精神精华与大学精神的凝聚和积淀。比如,爱国爱校、集体主义、主人翁意识、严谨勤奋、求实创新、诚信友善、乐于助人等,通过它的熏陶必将提升人的境界,提高人的素质,促进人的全面发展。主流文化是和谐校园文化建设中起决定作用的主导性因素,也是构建和谐校园最有力的思想和道德上的根基与保障。由于社会经济、政治、文化等诸多因素的影响,当前校园文化中出现了非主流文化日益盛行的趋势。网络文化、短信文化、卡通文化、课桌文化、宿舍文化等新的校园文化形式,越来越受到大学生的关注和青睐,并对主流文化产生了不可忽视的重要影响。坚持以主流文化为主导,重视和发挥非主流文化的积极作用;以主流文化引领多样化的非主流文化,在弘扬主流文化的前提下提倡多元文化的融合,是和谐校园文化建设中应当坚持的一条重要原则。一方面,坚定不移地以先进文化作为校园文化的主流与方向,继续唱响主旋律;①在中华民族的价值体系中,天下兴亡、匹夫有责的担当意识,舍生取义、精忠报国的爱国情怀,崇德向善、见贤思齐的优良品格,孝悌忠信、礼义廉耻的荣辱观念,标注着传统文化的鲜明底色,为今天培育和践行社会主义核心价值观提供了丰富的思想道德资源。人文精神是中华优秀传统文化的"血肉",极大激发了中华民族创新创造活力,展现了中华民族生活世界的丰富性多样性独特性。崇尚仁爱、坚守正义的为人之道,求同存异、和而不同的处世方法,修齐治平、兼济天下的理想抱负,自强不息、厚德载物的进取精神,文以载道、以文化人的教化观念,兼收并蓄、开放包容的博大胸怀,形神兼备、情景交融的美学追求,俭约自守、中和泰和的生活理念等,滋养了中华民族独特丰富的文学艺术、科学技术、人文学术,为人类文明史增添了厚重的中国色彩和中国气质。可以说,思想理念、传统美德、人文精神这三个方面相互贯通、互为支撑,共同构成中华优秀传统文化的有机统一体。② 今天,高校文化建设,要用中华优秀传统文化的精髓精华滋养当代大学生的精神世界,用中华优秀传统文化的丰富智慧提振当代大学生的精神力量,增强大学生的骨气、志气和底气。另一方面,尊重非主流文化存在的现实性与合理性,肯定其在繁荣校园文化、促进校园和谐中起到的积极作用,促进与其主流文化的融合;对非主流文化的消极作用也要敢于批评和指正,特别是其中容易引发思想困惑、道德失范,与主流价值截然对立的价值主张,只有坚持主流文化,才能促进有利于人才成长的健康向上、文明和谐校园文化氛围的形成。校园文化有先进与落后之别。代表校园文化发展方向的先进文化,概括起来就是,以中国特色社会主义理论为指导,以培

① 王雯姝. 和谐校园文化建设的方向与内涵,《光明日报》,2007-04-25.

② 刘奇葆. 坚定文化自信 传承中华文脉,《党建》,2017(05).

养有理想、有道德、有文化、有纪律的社会主义事业合格建设者和可靠接班人为目标的面向现代化、面向世界、面向未来的、民族的、科学的、大众的社会主义文化。先进文化是大学校园在发展过程中实现其自身文化和谐所必不可少的文化引领和精神支撑。落后的校园文化是各种错误和腐朽社会思潮在校园生活中的反映，它销蚀人的理想和信念，涣散集体的凝聚力，不利于大学生树立正确的世界观、人生观和价值观，不利于形成团结、奉献、奋进的和谐校园环境。校园文化建设须坚决抵制和摒弃落后腐朽文化的渗透和侵袭，不能假借构建和谐之名使落后和腐朽文化大行其道贻害青年。利己主义、拜金主义、享乐主义是近年来对青年学生影响较大的几种社会思潮，尤其是它对大学生人生观和价值观的影响和误导是不容忽视的。如果对此缺乏清醒的认识，采取听之任之的态度，就会削弱和阻碍先进文化在校园的传播和发展，使校园文化失去正确的价值导向，甚至引发思想上的混乱。社会主义核心价值观的提出，对于在校园文化建设中弘扬先进文化、抵制落后文化具有重要的现实指导意义。

二、高校文化的特征

高校文化是高层次的文化。高校文化的主体是学生、教师和职工，知识分子占多数。知识分子的文化素养相对于其他阶层的人而言要高；即便是大学里的职工，由于他们和众多的知识分子长期共处在一个较小的地域圈内，彼此接触频繁、耳濡目染，文化素养也潜移默化地得到了提高。高校文化具有独立性。高校文化的独立性不仅体现在它具有特定的文化创造的主体、环境、方式与记录文化成果的手段，而且还体现在它与社会文化或其他亚文化系统的交流过程中。正是这种独立性，使得高校文化自成系统，有自己独特的形式、演化和继承的规律以及自身的存在方式和历史渊源。高校文化具有鲜明的教育性和明确的规范性。高校是有目的、有计划地培养人才的场所。它必须根据社会进步的要求来培养和教育学生，这决定了高校文化的教育性。而高校文化与其他文化形态在教育性上的区别，主要表现为高校文化的教育性是有意识的，具有明确的目的性。高校文化具有选择性。高校文化是一种开放文化，它通过传授知识、发展科学而接触古今中外的各种文化。它必然要面对古往今来的社会价值观念、知识体系、道德标准、行为模式进行批判地继承，有选择地吸收，从而形成自己特有的文化体系。高校文化走在社会文化的前列，相对于其他的社群文化来说，具有一定的超前性。这一特征是基于以下两个原因而形成的：一方面，由于高校文化是一种高层次的文化，处于高层文化的文化人一般思想活跃、勇于变革、敢于开拓,走在时代的前列,对社会起着模范带头作用;另一方面,高校文化人中大多数是青年学生,他们敢作敢为,富有批判精神。而社会文化本身具有矛盾冲突,既相对稳定又不断变革,青年学生正处于这一矛盾冲突的前沿阵地。

(一)多维性与激励性

高校文化是高校精神文化、制度文化、行为文化以及环境文化等多维文化层面的综合体。精神文化是指由校训、校歌及师生员工的行为规范、价值取向等形成的高校独特的传统和精神。这种传统和精神是由自身的历史、地域文化的影响、学科特色和优秀师生的品格、气质、生命力和创造力共同孕育的,集中体现了学校独特、鲜明的个性和办学理念,反映着学校的追求和信念,也是其群体意识的集中体现,是学校的灵魂。它的号召力、凝聚力和向心力,是自身与时俱进、昂扬向上的精神财富。制度文化是高校建设的基础,它以法律形态体现了社会大文化对高校的制约和影响,反映了高校文化的共性,同时也以管理和经营形态体现了高校各自的办学理念,反映了高校文化的个性。行为文化是指师生在教学、科研、生活等活动中产生的文化,形态上包含了高校办学实践、校园活动中产生的文化现象,是高校办学理念、精神状态的动态体现,也是高校精神和价值观念的折射。一大批具有独立思想和斐然学术成就的学者、教授以其为人、为教、为学的品格、气质以及惊人的创造力,潜移默化地影响着师生员工,他们的行为为人所仿效和传颂,直至成为高校历史的组成部分,构成了其行为文化的精髓。环境文化包括硬体环境和软体环境。优雅有序的校园环境和设施建设,激发着师生的自豪感和凝聚力,引导着师生的行动及人格培养,同时,自由浓厚的学术环境和健康和谐的文化氛围也极大地调动了师生工作、学习的积极性和创造力。①

(二)规范性与层次性

高校文化建设,从根本上说就是要在一定人类群体中发展或建设一种比较理想的生活状态或生活方式。为了建设这种和谐的生活状态或生活方式,高校需要构建相应的价值理念,形成一定的行为方式,同时创造一种与其价值理念和行为方式相适应的生活、工作环境和条件。高校文化作为一种管理文化,就是通过制度等强制性的硬规范和校风等不具有强制性的软规范,对学校进行有效管理的。

① 胡琦.解析高校文化的本质特征及体系构建[J].长春工业大学学报(高教研究版),2009,30(04):45-48.

高校文化可分为隐性文化和外显文化两个层次。隐性文化主要是观念和风气；外显文化包括学校规章制度、学校文化标志和文化活动。不论是何种层次的校园文化，规范性是它们的共同特征。校训、校歌、校徽、校风、校规，它们精练、严肃、规范地表达出学校的教育环境特征，以一种无形的力量规范着全校师生的行为。而校园建筑、雕塑、仪式和校园活动等具有典型性、审美性、文化性特征的器物层面的校园文化同样具有严格的规范性。高校文化的规范性是秩序化校园塑造师生精神人格和素质的基础。

（三）传承性与包容性

高校文化的形成不是一朝一夕完成的，高校从创立起就不断吸纳社会文化，将之进行归整，使之成为自身文化的重要组成部分，并作为一个相对稳定的构成分子予以保留，在漫长的发展过程中经过数代人的不断传承、调整与升华，成为高校文化的精髓。在当今高等教育国际化、大众化的趋势中，高校的大门已经向越来越多的人敞开，高校中人群的构成具有很强的包容性。而且，高校承袭着"学术自由和学术自治"的优良传统，是各种思想观念、价值取向、兴趣信仰的交汇地和"思想自由、兼容并包"的场所。如果从高校所从事的活动和发挥的功能来看，绝大多数高校仍然是一个小而全的独立实体，教学、科研、后勤服务、产业开发等样样俱全，社会上存在的许多文化在高校内部都存在。

（四）创新性与超越性

高校不仅吸收不同的文化，也进行理智的批判和选择。这本身就是一种进步和创新。高校不仅拥有具有文化创造精神与能力的人，而且存在着多种文化之间的接触与渗透，这为高校文化的创新提供了要素上的保证。高校文化作为主体文化、主流文化，属于社会的先进文化，它对社会文化必须具有超越性。高校文化的超越性主要体现在两方面。一是从校园文化与其他社会亚文化的关系来说，高校文化源于社会文化又不同于其他社会亚文化，对于社会文化中的消极文化和无法与自身相容的文化，高校文化就像一张过滤之网，以其广大的排斥力和吸容力兼容并蓄，在冲突中创新文化价值，推动社会文化的进步；二是从高校文化自身来说，高校文化的超越性体现在文化的自我更新与持续发展能力上。文化创新是文化持续发展的前提，创新强调与时俱进，随着社会的进一步完善高校文化的内涵；高校文化的超越性是持续发展意义上的超越性，它根植于社会政治经济、根植于社会大背景当中,高校文化的发展和建设应该与时俱进,符合时代发展的方向。①

三、高校文化的主要功能

(一)教育功能

高校文化作为一种背景文化,它的主要作用在于造成一种文化氛围,去感染、陶冶师生,使生活在高校之中的人能不知不觉地接受教育,并内化成风格、习惯,从而打上某种高校文化的烙印。这便是高校文化所具有的很强的教育功能,而且这种教育功能不同于教师教、学生学的以单向灌输为主的课堂教育,它是一种耳濡目染、潜移默化的熏陶。具有"随风潜入夜,润无细无声"的功效。正是由于高校文化的这种熏陶作用,因此能起到正面教育所难以达到的效果。

(二)导向功能

高校文化对师生员工的价值观念、行为规范、生活方式和人格建构等方面所起的引导作用。高校校园的各种文化活动、校园气氛等都在无声无息地引导着师生的价值取向,对他们的道德认识的形成发挥着巨大的同化和导向力量。② 高校文化能够把学校全体师生员工的思想和行为统一到学校的办学理念和教育思想上来,保证学校发展方向,体现学校精神,并逐渐形成一种与之相适应的环境和氛围,这种文化一旦融入人们的意识,便会对师生员工的思想行为和生活方式产生巨大的导向作用。尤其是对青年学生,他们的世界观、价值观正处在最佳形成阶段,积极向上的高校文化对他们的人生将起着重要的作用。良好的高校文化,能把学生的学习和生活引导到正确方向上来。

(三)凝聚功能

高校文化作为一种意识形态和价值观念,一种精神的昭示,具有强烈的吸引和凝聚作用。它能使生活在受这种精神昭示环境中的绝大多数人形成共同的信仰、达成共同的精神追求和养成相似的行为习惯。这种力量是巨大的。如果这种文化氛围具有爱国主义、集体主义、民族精神和社会责任意识,那么必然会推进学校各项工作的开展,有利于和谐校园的建设和学校目标的实现。

---

① 张勤. 大学校园文化的内涵与特征剖析,《科技资讯》,2006(02).

② 郭广银,杨明. 新时期高校校园文化建设的理论与实践[M]. 南京:南京大学出版社,2007:119-122.

（四）约束功能

高校文化是一种具有强大凝聚力的东西，它所具有的价值观念、道德观念、行为规范及行为模式，把师生员工的共同利益、共同理想、共同追求紧紧联系在一起，对学校教职员工思想和行为起着一定的约束作用，使全体师生清楚学校提倡什么，反对什么，有明确的是非界限。知道自己应该干什么，不能干什么，从而达到自我约束的效果。

（五）辐射功能

高校文化是社会文化的重要组成部分，同其他文化相比较，具有更强的教育性和辐射性特点。因为高校是培养人的地方，一批一批的毕业生走向社会成为社会的栋梁，他们是高校文化的最有效传播者。另外，高校作用的提升和高校对社会影响力的提高，使得高校文化对社会的影响也越来越大。高校文化不仅仅限于高校围墙之内，高校文化也在深刻地影响着社会，并且影响范围之广无法估量。

（六）激励功能

高校文化具有使学校全体成员从内心产生一种情绪高昂、奋发进取的效应。高校文化强调对师生员工的尊重、关心、培养和提高，注意满足师生员工的高层次的精神需求，积极发挥师生员工在学校建设中的主体作用，它不是消极被动地满足人们对自身价值实现的心理需求，而是通过对高校文化的塑造，使每个成员从内心深处自觉产生为学校拼搏的献身精神。这种激励是持久的、强烈的，它不仅能激发全体师生员工对学校的认同感、自豪感和荣誉感，也能激发广大师生的工作热情和学习热情，从而使学校的凝聚力得到升华。

第二节　高校文化建设的目标、原则和途径

一、高校文化建设的目标

习近平在党的十九大报告中提出，要坚定文化自信，推动社会主义文化繁荣兴盛。中国特色社会主义文化，源自中华民族五千多年文明历史所孕育的中华优秀传统文化，熔铸于党领导人民在革命、建设、改革中创造的革命文化和社会主义先进文化，植根于中国特色社会主义伟大实践。发展中国特色社会主义文化，就是以马克思主义为指导，坚守中华文化立场，立足当代中国现实，结合当今时代条

件,发展面向现代化、面向世界、面向未来的,民族的科学的大众的社会主义文化,推动社会主义精神文明和物质文明协调发展。要坚持为人民服务、为社会主义服务,坚持百花齐放、百家争鸣,坚持创造性转化、创新性发展,不断铸就中华文化新辉煌。要培育和践行社会主义核心价值观。要以培养担当民族复兴大任的时代新人为着眼点,强化教育引导、实践养成、制度保障,发挥社会主义核心价值观对国民教育、精神文明创建、精神文化产品创作生产传播的引领作用,把社会主义核心价值观融入社会发展各方面,转化为人们的情感认同和行为习惯。坚持全民行动、干部带头,从家庭做起,从娃娃抓起。深入挖掘中华优秀传统文化蕴含的思想观念、人文精神、道德规范,结合时代要求继承创新,让中华文化展现出永久魅力和时代风采。要加强思想道德建设。人民有信仰,国家有力量,民族有希望。要提高人民思想觉悟、道德水准、文明素养,提高全社会文明程度。广泛开展理想信念教育,深化中国特色社会主义和中国梦宣传教育,弘扬民族精神和时代精神,加强爱国主义、集体主义、社会主义教育,引导人们树立正确的历史观、民族观、国家观、文化观。深入实施公民道德建设工程,激励人们向上向善、孝老爱亲,忠于祖国、忠于人民。加强和改进思想政治工作,深化群众性精神文明创建活动。弘扬科学精神,普及科学知识,开展移风易俗、弘扬时代新风行动,抵制腐朽落后文化侵蚀。推进诚信建设和志愿服务制度化,强化社会责任意识、规则意识、奉献意识。《中共中央关于制定国民经济和社会发展第十三个五年规划的建议》把文化建设作为“五位一体”建设中的关键一环,提出要“深化文化体制改革,实施重大文化工程,完善公共文化服务体系、文化产业体系、文化市场体系”;在主要目标中特别强调“在提高发展平衡性、包容性、可持续性的基础上,到 2020 年国内生产总值和城乡居民人均收入比 2010 年翻一番”。“翻一番”的量化内涵其实是要求我们在公共文化服务和文化产业发展当中让人民群众感受到经济发展带来的幸福指数的提升。我们要明确文化建设的目标理念与发展方式,始终坚持“以文化人”这条红线,协同推进社会主义文化建设协调发展。“十三五”时期的文化发展体系建设将成为发展的重点,强调了文化发展“体系”的建构与完善,这既包括文化产业市场体系建设,也要包括现代公共文化服务体系的建设。“十三五”时期的文化建设要坚持科学发展、协调发展、和谐发展、可持续发展的大原则。文化产业与文化事业要得到有机统一,让文化建设更好地服务于小康社会建设目标的实现,实现经济建设与社会建设有机统一,实现发达地区文化发展与欠发达地区文化发展的有机统一,是文化发展的最终目标。

高校文化是高校本身形成和发展的物质文化和精神文化的总和,是高校赖以生存和发展的重要根基,是高校个性特征的重要标志,也是高校的精神和灵魂。当前正处在改革和发展的关键时期,不断加强高校文化建设,对形成良好的校风,提高师生员工的凝聚力、陶冶情操,促进师生全面发展,提高人才培养质量和办学水平,推进高校科学发展都具有重要的意义。在市场经济条件下,要保证人才培养的质量,就必须坚持教育为本、德育为先的思想,把坚定正确的政治方向放在首位。要高举中国特色社会主义伟大旗帜,以马克思列宁主义、毛泽东思想、邓小平理论和"三个代表"重要思想为指导,深入贯彻落实科学发展观,坚持社会主义先进文化前进方向,以科学发展为主题,以建设社会主义核心价值体系为根本任务,以满足人民精神文化需求为出发点和落脚点,以改革创新为动力,发展面向现代化、面向世界、面向未来的,民族的科学的大众的社会主义文化,培养高度的文化自觉和文化自信,提高全民族文明素质,增强国家文化软实力,弘扬中华文化。高校文化建设必须以先进文化为根本方向,坚持以社会主义核心价值体系作为理论基础。社会主义核心价值体系是社会主义和谐文化的根本,是构建社会主义和谐社会的思想根基和文化源泉,它从指导思想、理想信念、价值取向、道德规范以及行为方式等方面全面而系统地阐述了社会主义和谐文化建设的根本方向、精神实质及深刻内涵。构建和谐校园、建设和谐校园文化,离开社会主义核心价值体系的引领和指导,就会迷失方向和丧失灵魂。只有在高校文化建设中深刻认识和把握社会主义核心价值体系的理论意义和实践意义,才能深刻理解高校文化建设的根本目标和任务。在构建和谐高校校园的过程中坚持先进文化的正确方向,坚持以社会主义核心价值体系为指导,就是要引导师生员工树立正确的世界观、人生观、价值观和荣辱观,通过校园文化建设为教师的事业发展和师德培养以及学生的成长成才提供智力支撑和精神保障,为高等教育实现培养高素质人才的目标提供坚实的文化底蕴和思想基础。

在社会主义市场经济条件下,如何形成社会普遍认同的理想信念、价值标准和行为准则,是文化建设面临的首要问题。高校作为社会各种思想和观念碰撞与交流的舞台,在主流文化与非主流文化相互交织,先进文化与落后文化同时并存的情况下,如何把握自身文化发展的方向,实现自身的文化和谐也是其在发展过程中必须回答的问题。

高校理应弘扬中华民族优秀传统文化。要加强对中华优秀传统文化的挖掘和阐发,努力实现中华传统美德的创造性转化、创新性发展,把跨越时空、超越国度、富有永恒魅力、具有当代价值的文化精神弘扬起来,把继承优秀传统文化又弘扬时代精神、立足本国又面向世界的当代中国文化创新成果传播出去。高校培育和弘扬社会主义核心价值观必须立足中华优秀传统文化。牢固的核心价值观,都有其固有的根本。抛弃传统、丢掉根本,就等于割断了自己的精神命脉。博大精深的中华优秀传统文化是高校文化建设的根基。高校只有坚持从历史走向未来,从延续民族文化血脉中开拓前进,紧紧围绕建设社会主义核心价值体系、建设社会主义高校文化,才能助推社会主义文化大发展大繁荣。

二、高校文化建设的原则

加强高校文化建设,要从学校发展和人才培养的全局,充分认识加强高校文化建设的重大意义,切实加强对高校文化建设工作的组织领导,把高校文化建设作为和谐校园建设的重要内容纳入议事日程和考核学校工作的重要指标。要建立健全高校文化建设长效机制,着力构建内涵丰富、特色鲜明、适应世界高等教育发展趋势的先进高校文化。在加强高校文化建设中应遵循以下原则。

(一)坚持以习近平新时代中国特色社会主义思想为指导,用习近平新时代中国特色社会主义思想武装头脑、指导实践、推动工作,确保高校文化建设沿着正确道路前进

坚持社会主义先进文化前进方向,坚持为人民服务、为社会主义服务,坚持百花齐放、百家争鸣,坚持继承和创新相统一,弘扬主旋律、提倡多样化,以科学的理论武装人,以正确的舆论引导人,以高尚的精神塑造人,以优秀的作品鼓舞人,使大学生形成积极向上的精神追求和健康文明的生活方式。培育有理想、有道德、有文化、有纪律的社会主义事业接班人。

(二)坚持社会主义先进文化发展方向

这是高校文化建设的总体原则和要求。高校是先进文化的继承者、传播者和创造者,是培养社会主义事业建设者和接班人的地方。高校的本质、高校的文化特性决定了高校文化建设必须坚持社会主义先进文化发展的方向,在一定程度上说高校即文化,社会发展靠文化,文化发展靠高校。因此既要深入贯彻我国的文化建设总方针,又要结合本校的发展实际,注重结合先进文化的继承性、时代性、科学性、开放性特点,坚持按照文化创新的要求,在解放思想、更新观念和做强的过程中,培育、弘扬和创造先进的高校文化。

(三)坚持继承传统与创新发展相统一

在一百年来的中国高校发展历程中,高校吸取了中华民族经过五千多年的发展形成的迥异于西方的文化传统和民族精神,这是维系我们民族精神家园的文化根基。高校必须有相当厚重的历史沉淀,这种沉淀越厚重,高校的土壤就越肥沃。一所缺乏文化传统和历史记忆的高校不是一所好高校,没有文化底蕴和历史沉淀的高校绝非真正意义上的高校。伴随着社会进步和科学发展的漫长历程,高校形成了独特的文化精神。然而,任何一个社会组织的文化精神,并非是永恒不变的,它必然会随着时代的变化和社会环境的变化而发生一定的嬗变或更新。高校必须在厚重的历史沉淀的现实基础上,不断进行扬弃才能不断实现创新,这种扬弃和创新越多,高校就越有朝气、越能发挥自身的作用。因此在高校文化建设时既要继承和发扬中华民族优秀文化传统,发掘学校的传统和精神,又要立足现实,面向未来,抓住机遇,探索创新,大力弘扬社会主义核心价值观,不断培育和突出高校文化的特色与亮点,加强对外文化交流与合作,增强高校文化的丰富性、包容性和开放性。

(四)坚持以人为本

目前高校的各项制度大多是一些刚性的东西,缺少一些人性的、理性的、科学性的东西,而这恰恰是高校文化的重要方面。如果一所学校的用人制度,教育教学管理的各项制度缺少浓厚的人文色彩,那么这所学校很难说是一所现代化的学校。当然,物态文化是看得见摸得着的东西,是要讲究可欣赏和可理解的。而对于制度文化来说,它是要讲究原则性和可执行性的。但是,无论是用于执行的制度也好,还是用于欣赏的物态文化标识也好,最终都是为了使人更为舒畅与便利。所以,文化建设的目的是为了人。高度重视"人"在高校文化建设中的作用,高度重视"人"的作用,重视师生积极性的充分发挥,把培育高校人文精神作为建设的主攻方向。要高扬尊重人的价值,注重人的精神生活,以求善求美为目标,建设高校文化。

(五)坚持共性与个性相统一

特色是高校发展的"支点",没有特色,高校就不能生存发展。高校特色建设的最终落脚点是将高校特色内化为学生的素质。特色活校、特色兴校,致力于高校的内涵发展。抓特色、创品牌,积底蕴,是高校文化建设的更高追求。可以说世界上有声望的高校,或者有声望的企业,没有一个不具有自己的特色。那些百年老校,名牌高校,无一不具有自己的特色。例如,众所周知的巴黎高等师范学校,正是因为始终坚持"小而精"的办学特色才闻名世界的,美国 MIT 就是以自己的科学精神,理工特色而立足于世界高校之巅的。因此,在建设高校文化时既要遵循高校文化发展和建设的普遍规律,体现高校文化的共同特征,努力建设富有社会主义特点、时代特征和科学民主开放的高校文化,又要从高校实际出发,深入研究高校本身的发展历史,认真总结高校的传统、精神、特色,提炼、培育和弘扬学校的文化个性与特色,促进高校文化向纵深发展。①

(六)坚持科学精神与人文精神相统一

高校的使命是求真、求善、求美。求真需要科学精神,需要不畏权威,不惧强权,为真理而奋斗的精神;求善需要人文精神,需要对人的理解与关怀,要有一颗慈善的心;求美需要科学精神与人文精神的高度融合。美,有科学之美,也有人格之美,有形象之美,也有心灵之美。无论哪种美,都需要具备科学知识和人文知识才能领略到和欣赏到。高校的文化一方面要有科学性和学术性,另一方面还要有人格化和社会化,这就是高校文化区别于企业文化和社区文化的地方。

三、高校文化建设的途径

高校文化是实现高校教育目标的最重要的依托之一。优秀的高校文化的基本内涵应该是既具有共通性,又有体现办学特色的个性;既体现理性、探索、实证、客观的崇真求实的科学精神,又体现自由、宽容、平等的学术环境和精神氛围的民主精神,既体现进取、开拓、勇为人先的创新精神,又体现以人的全面发展为目的、使人的主体精神得以真正确立的以人为本的人文精神的统一。从这种意义上讲,在高校文化建设中普遍存在着的困惑或误区已经到了需要加以思考和调整的时候。如果高校文化建设的理念、机制和方式方法再不创新和调整,高校将在困惑和误区中越陷越深,最终使高校文化越来越远离大学的培养目标。② 由于高校文化主要通过校园物质环境、师生行为、学校制度、高校精神等载体表现,因此建设高校文化需要从这四个方面着力开展工作。在此过程中,为了使高校文化具有厚重感并具备先导性,需要经由以下途径进行建设。

---

① 邓怡.大学文化建设原则的思考,《高校理论战线》,2012(03).

② 李树芳,张宏岗.大学校园文化建设存在的问题及对策思考,《陕西教育学院学报》,2006(02).

（一）明确高校文化建设的指导思想

党的十九大报告提出，要坚定文化自信，推动社会主义文化繁荣兴盛。高校文化建设要以习近平新时代中国特色社会主义思想为指导，把高校精神和办学理念实实在在体现在学校各种行为文化活动的方方面面，积极倡导、大力践行，使高校精神化为师生员工的精神素质，形成共同的风尚和气质，形成学校的凝聚力和向心力。一所被社会公认的高校，其声望和地位不仅仅在于规模、学科层次、资金投入等物质文化层次的办学现状实力上，更重要的是体现在其高校精神上，体现在长期形成的办学理念，声名远扬的校训，严谨的校风和学术氛围，以及形成的价值观念等深厚的、特定的高校文化底蕴上。纵观高校发展史，每所成功的高校都离不开高校文化的支撑，它所体现的氛围、价值追求、道德规范和理想信念，决定着一所学校，一个人的命运，是高校发展的大脑和灵魂。因此，高校文化建设不能等同于学生的业余文化生活，它应综合体现校园精神、校园传统和校风，使师生在校园中感受一种价值氛围、治学态度、道德规范、人品人格的熏陶；高校文化建设也不能归结为素质教育的一种方法，简单开设几门艺术课，组织几场学术讲座，而是要营造高品位的文化氛围，让学生在这氛围中去思考、理解、感悟、净化灵魂，升华人格，完善自己；对高校文化建设亦不能仅视为管理学生的一种手段，简单组织学生社团开展活动，而是要在活动中贯穿高校精神的理念，对学生进行潜移默化的影响。

（二）充实高校理念

高校是一个选择、传播、保存和创造文化的组织，文化是高校的本质属性；独特的文化个性也是各高校间相互区别的重要标志和特征。有学者指出：高校文化是高校作为社会创新型组织的本质属性，是人类进步发展的内在要求，是高校人特有的活动和存在方式。高校文化深刻地反映着高校的历史、现实和未来，以及作为主观的高校人的精神轨迹与作为客观的高校组织的发展轨迹。也就是说，高校需要有意识地做文化积淀的工作。高校是在文化基础上生存的。高校积淀文化、传播文化、创新文化，并在传承和创新中形成高校文化、引领社会文化。高校在长期办学过程中形成的历史积淀和价值取向即是高校的文化，既包含和反映着高校人对高校本身的总体认知、理想追求和实践探索，又是凝聚高校人的精神纽带。它以潜移默化的方式影响着高校人的思想和行为，它以某种鲜明的特色集中体现高校的物质精神成果和综合环境氛围，它在传承与再造中不断实现自我超越。高校文化形成和传承的机理是积淀与认同。文化积淀是高校文化产生的前提，没有人类文化的积淀就没有高校文化的生成。文化认同是高校文化传承和发展的线索和依据，是不同历史时期高校文化相互关联的纽带，是对文化积淀的再选择，没有认同就没有高校文化的传承。高校文化是一个历史范畴，具有鲜明的时代特征和个性。高校文化主要体现在精神、制度、物质和行为四个层面，其中高校精神或者说高校理念是高校文化的内核，而这一内核实质上是一种通过不断积淀、认同继而传承、创新之后形成的价值系统。伴随着时代的不断变迁，高校文化也在继承和变化中发展，这体现在观念、目标、制度、功能等许多方面，高校精神作为贯穿其中的主线，深深根植于高校这种创新型组织的内核，是高校人始终追求的目标，它使得高校文化始终处于社会文化发展的前沿，使得沉淀于高校校园的精神和文化得以传承，使得高校在社会不断变迁的过程中，仍然能够维系对自身的认同，推动着高校不断调整和改变。

（三）挖掘高校校史资源

研究一所高校的文化，不去了解它的历史发展情况，不去认识它的源远流长，不知道各种文化产生何时、发展几何，不清楚流传下来的为高校人津津乐道的趣事美谈，也就不可能真正懂得一所高校，品味它的文化。正如哈罗德·珀金教授指出："一个人如果不理解过去不同时代和地点存在过的不同的高校概念，他就不能真正理解现代高校……过去的希望、抱负和价值观与现代高校概念紧紧结合在一起。"确实，当我们在体验和研究现代高校风物人情时，无不感受到不同历史时代所留下来的烙印。"历史是一面明镜"。那是因为我们从来都是从历史走来，又沿历史走向未来，从未断裂也无法断裂。众所周知，湖南高校文化的厚重是历代湖南高校人辛勤培育的结果。20 世纪初，中国掀起了一场废科举兴学堂的全国性运动，当时的教育部明确下文要求将岳麓书院改为湖南高等学堂，当时留学德国返回长沙任职于湖南大学的杨昌济先生敏感地意识到该文件的重要性，明确建议将此批文存放到学校档案室内，此外，该校档案室内还保存着当时教育部批准湖南大学提升为国立大学的批文。1979 年，湖南大学与湖南师范大学争夺岳麓书院的归属，后经湖南省政府裁决前者拥有岳麓书院的继承权，在当时经费紧张的情况下，学校依然筹资将原居住在岳麓书院的农户们迁出并复原清朝时的岳麓书院。2006 年，学校筹建校门，将抗战时期湖南大学被日军狂轰滥炸后仅剩下的图书馆水泥柱搬到新建的校门并辅之以简短文字说明。与此同时，复原日军在湖南大学向国民党王耀武将军投降的遗址。如此等等，不一而足。当然，不是每所高校都拥有像湖南大学这样丰富的文化资源，但湖南大学历代管理者都做高校文化建设的有心人及注意挖掘校史资源等方面的成功经验确实值得其他高校借鉴。

(四)塑造高校精神

高校是一个民族和国家的“轴心机构”,充当社会的灯塔、人类的良知,是文化的发源地。它对国家的贡献和意义是全方位的。德国在第一次世界大战后对法国割地称臣,许多人将自己国家的失败归咎于没有发达的高校教育,其后德国大力创办高等教育,一时成为世界高等教育争相效仿的标杆,也迎来了德国经济的迅速崛起。高校对于社会的作用,除了在科学研究和人才培养上直接为国家效力之外,高校中所迸发的文化精神也是民族文化和精神昌盛的重要源泉。高校的文化不仅可以通过学生、教师带入社会,还可以通过自己的魅力辐射一个城市甚至整个国家。有学者指出,中国现代高校起源于西方的观点,在一定程度上催化了当代高校一味地照搬西式办学理念、规制管理、教学内容方法,再加上受市场经济的负面影响,致使当前高校文化出现衰竭,人文精神缺失、功利主义盛行,尽管现代建筑高楼林立,但高校精神萎靡,这样的高校能否“充当社会的灯塔、人类的良知、文化的发源地”,着实令人生疑。因此,加强高校文化建设,塑造当代中国高校的文化和精神传统,于民族、于高校自身也是万分必要和紧迫的了。

(五)健全高校文化建设的微观基础

健全高校文化建设的微观基础。高校内部结构主要由管理者、教师及学生三部分组成。管理者群体在提升高校文化层次、构建高校文化上发挥导向性职责,要理清创新理念,明确工作定位,进行制度保障,建立起高效率的行政服务系统。教师群体不仅仅是知识的传播者,他们还是高校精神的主要培育者和传播者,其思想品德、治学态度、行为规范、价值取向实际上是高校精神的具体体现。因此要明确规定教师的权利和义务,规范教师群体在育人方面的职责。学生群体是学校的主体和工作对象,高校文化建设归根到底是要培养学生的思想道德素质和科学文化素质,只有充分发动、发挥学生在高校文化活动中的主体能动性,才能达到提高他们素质的目的。因此,建设高校文化的一个重要途径,就是要切实进行内部管理体制和机制的调整与变革,处理好三个群体之间的定位、机制、关系、作用方式和途径,构建系统合力,这样高校文化建设才能形成健全、合理的微观基础。①

① 李树芳,张宏岗. 大学校园文化建设存在的问题及对策思考,《陕西教育学院学报》,2006(02).

（六）建设与时俱进的高校文化

文化自信是民族复兴的精神引领。中国特色社会主义进入新时代，在这样的背景下加强高校文化建设，就要真正做到"随风潜入夜，润物细无声"，让文化如涓涓细流，适应高校发展的需要。高校文化建设不是一朝一夕之功，不可能自发形成，也不可能在短时间内铸就，这既需要历史的积淀、继承，更需要现实的再造与创新。只有在理论积累和实践经验的基础上，进行高校文化建设的战略思考，培育出符合时代特征的高校精神，高校的发展才有希望，才能保证育人目标的实现。高校文化建设是我国先进文化建设的重要组成部分，建设高校文化应当立足于全面建设小康社会的大局，着眼于高等教育发展的实际，认真研究高等教育快速发展中长期形成的传统高校文化如何更好地继承和发扬的问题以及新的高校文化的形成问题；研究在文化多元化的趋势下，办学理念和高校精神的凝练问题，通过兼容并包、批判继承、推陈出新、固本抑末，形成代表先进文化方向、健康的积极的文化，使高校文化成为当代中国文化发展的示范区和辐射源的问题。① 在新的形势下，高校文化的建设和传播，应当在机制上下功夫，把高校文化建设同高校的制度建设、管理工作的有效开展有机地衔接起来。建设创新高校文化，要依赖制度的保障。在认真研究创新现代大学制度的前提下，建立比较系统完善的决策、管理、议事、协调、指导、考核制度，对人员、课堂、各种讲座、论坛、社团、网络活动进行管理和指导。创新高校文化，要依赖工作机制的创新，要研究党委、行政系统和工团的工作职责和工作机制，建立日常管理、调查研究、检查评估等工作机制，形成效益综合、协调运转、良性循环的规范化工作态势。内容创新。当前，世界经济和政治格局复杂多变，我国社会经济成分、组织形式、就业方式、利益关系和分配方式及社会成员思想观念和价值取向亦日趋多元。这使得大学生的生存和成长环境发生了极大的变化。

"青年兴则国家兴，青年强则国家强。青年一代有理想、有本领、有担当，国家就有前途，民族就有希望。"在党的十九大报告中，习近平同志对青年一代寄予殷切期望。高校要想在新时期有所作为，取得更大的、可持续的发展，就必须十分重视高校文化对高校发展的深刻影响，塑造和铸就出蕴含独特个性又与时代发展相适应的高校文化，并不断创新，从而提升高校的整体水平。只有各个不同类型、不同层次的高校在以人为本的精神统率下，发展各自富有特色的高校精神，形成百

① http://www.yxtvg.com.

花齐放的高校文化,才能促使大学生用坚定的信念照亮人生路,用正确的价值观培育新风尚,用闪光的汗水成就栋梁材,用伟大的中国梦激扬青春梦,努力成为"有理想、有本领、有担当"的优秀青年。

第三节 怀化学院文化的精髓——"怀仁化物,立地仰天"

《怀化学院章程》明确提出,学校秉承"怀仁化物,立地仰天"的办学理念,坚持"立足怀化、面向湖南、辐射全国"的服务定位,以"应用性、民族性、区域性"为办学特色,培养有良好思想道德品质、社会责任感、创新精神和实践能力的应用性人才,努力把学校建成区域性高水平应用型大学。怀仁,心存仁爱、爱国爱校;化物,格物致知、知行统一;立地,脚踏实地、服务基层;仰天,志存高远、敬畏生命。"怀仁化物"侧重于人格修养,"立地仰天"侧重于价值取向。"怀仁化物、立地仰天"是社会主义核心价值观与怀化学院校情结合的产物,简洁明了、容易记忆,区域特点突出,从字面上理解,人人都懂但又不全懂;从行为上看,人人都为之向往却很难全部做到,它的内涵丰蕴、张力很大,体现了现实目标与长远目标的有机结合,是怀化学院的历史与现实、人才培养的目标与路径、教育改革的实践与理想的哲学思考和文化概括。怀化学院坚持以科学发展观为指导,按照党中央"四个全面"的战略布局和"创新、协调、绿色、开放、共享"发展理念要求,坚持"应用性、地方性、民族性"的特色发展之路,以人才培养为中心,以加强应用性本科专业建设为主线,以改革创新为动力,以师资队伍建设为根本,以提高应用型人才质量为核心,以实现转型发展、内涵发展、特色发展为目标,以校企合作教育为基本路径,对接地方经济社会需求,服务地方经济结构调整和产业转型升级,优化专业结构,深化应用型人才培养模式改革和创新创业教育改革,努力提高办学水平,积极培育专业特色,着力培养高素质的应用型创新创业人才,实现学校专业建设科学、合理、协调发展。以社会需求为导向,坚持"做大工科、做强经管、做优教育、做精艺体、做实文理"的专业建设发展思路,适度拓展工科专业,通过实施"卓越工程师"培养计划,加强工科专业学生的工程素养和实践能力培养;做强经济类和管理类专业,通过提高水平、培育特色,提高其市场竞争力和服务地方能力;稳定教师教育规模,加强和改善教师教育工作,通过实施"卓越教师"培养计划,提高师范专业的人才培养质量,保持师范教育优势;打造精品艺术、体育类专业,通过进一步提高水平、强化特色，增强艺体类专业在省内的优势地位。将应用性本科内涵建设、特色培育作为专业建设的重中之重，通过专业设置动态调整和优化资源配置，提高应用性本科特色专业、优势专业的集中度，建设地方与行业急需、优势突出、特色鲜明的应用性专业集群；进一步深化课程体系和教学内容改革，将创新创业教育融入应用型人才培养全过程，构建完善的应用型人才培养体系和创新创业教育体系；通过强化产教融合、校企合作，实现课程结构与企业行业需求对接，课程内容与行业标准对接，教学过程与生产流程对接，做到面向职场培养人才；加强应用型创新创业人才的质量标准建设，引进国际标准，健全质量监控和评价机制，实现人才培养质量稳步提高。怀化学院推出“怀仁化物，立地仰天”这八个字，获得了全校师生和校友们的高度认可，成为怀化学院人特有的精神品质，成为怀化学院特别的教育文化标识，成为怀化学院毕业校友自强不息、厚德载物的内在动力，成为怀化学院凝聚人心、干事创业、敢为天下先的思想理论武器。

一、“怀仁化物，立地仰天”的提出

高校办学理念是高校发展远景与方向的指导原则，是高校的灵魂，它是对高校精神、使命、宗旨、功能与价值观等高校发展基本思想的概括性论述，高校办学的具体目标、任务、体制、机制、方法，乃至校训、校歌、校徽及校园布局与建筑等，都是高校办学理念的延伸。在办学理念的影响下，形成着高校独特的办学传统，有意无意左右着大学的发展，并成为高校的核心竞争力之一。

怀化学院致力于培养德智体美全面发展，具有较高的思想道德素质、人文素质、业务素质和身心素质，掌握专业基本理论、基本知识和基本技能，具有较强的创新精神、创业意识和实践能力，能胜任基层岗位的应用型人才。“‘怀仁化物，立地仰天’，是我们的办学理念，这一理念是社会主义核心价值观与校情相结合的产物，是办学现实目标与长远目标相结合的体现，是办学历史与现实的高度凝练，是教育实践与理想的哲学思考和文化概括。”谭伟平教授如是说。怀化学院对50多年的办学成果、办学经验进行总结和提炼，提出了“怀仁化物，立地仰天”的办学理念，“怀仁化物，立地仰天”的基本内涵：怀仁，心存仁爱、爱国爱校；化物，格物致知、知行统一；立地，脚踏实地、服务基层；仰天，志存高远、敬畏生命。“怀仁化物”侧重于人格修养，“立地仰天”侧重于价值取向。“怀仁化物，立地仰天”是社会主义核心价值观与怀化学院校情结合的产物，简洁明了、容易记忆，区域特点突出，从字面上理解，人人都懂但又不全懂；从行为上看，人人都为之向往却很难全部做到,它的内涵丰蕴、张力很大,体现了现实目标与长远目标的有机结合,是怀化学院的历史与现实、人才培养的目标与路径、教育改革的实践与理想的哲学思考和文化概括。"怀仁化物,立地仰天"成为怀化学院人特有的精神品质,成为怀化学院特别的教育文化标识,成为怀化学院毕业校友自强不息、厚德载物的内在动力,成为怀化学院凝聚人心、干事创业、敢为天下先的思想理论武器。

谭伟平教授指出:"学校是育人的场所,是培养社会责任与理想追求的地方,我们的绿色发展就是要保证育人生态的风清气正,学校理应成为社会进步的倡导者,人类文明的守望者和理想信念、思想道德的精神高地。望得见山、看得见水、记得住乡愁,要靠文化传承,我们的学生有没有这种文化传承的责任感与紧迫感,这是我们绿色发展的使命。'怀仁化物,立地仰天'就是我们学校绿色发展的品牌与标志。""理念"富有浓厚的哲学气息,大学办学理念很大程度上属于哲学探索的范畴。纵观国内外大学的办学理念,单从字面上看,"怀仁化物,立地仰天"就独具特色,鲜有雷同,故对它内涵的哲学解读,就显得意义深远、时不我待,它将彰显出地方本科院校的智慧和使命担当。2018 年,怀化学院将喜迎 60 周年华诞,并接受教育部本科教学水平审核评估。"怀仁化物,立地仰天"的丰富内涵有利于增强文化认同,推动转型发展内涵发展特色发展。"十三五"期间是怀化学院的重要发展时期,挑战与机遇并存,怀化学院师生唯有提振信心,凝聚共识,才能攻坚克难,向建设成为区域性高水平应用型大学的目标迈进,"怀仁化物,立地仰天"成为大家共同的精神追求与力量源泉;在"怀仁化物,立地仰天"的统筹下,积极对外传播宣传怀化学院的发展成就,在海内外受众的心目中打上深深的烙印和标签——"怀化学院是所有独特灵魂的大学"。①

二、"怀仁化物,立地仰天"的实践

习近平总书记《在全国高校思想政治工作会议上的讲话》中提出,"要更加注重以文化人以文育人,广泛开展文明校园创建,开展形式多样、健康向上、格调高雅的校园文化活动。"12 月 12 日,"湖南省文明高校"审核专家组在怀化学院现场查看易图境美术馆和五溪流域博物馆时充分肯定了怀化学院以文化人以文育人这一载体。

宋克慧校长指出:"建设区域性高水平应用型大学是我校'十三五'的重大建

① 本书中涉及怀化学院的相关资料来自怀化学院各项公开的管理制度与措施,下同。

设任务和总体目标,是今后学校发展的奠基性工程。所谓区域性,就是服务面向要立足怀化,面向湖南及武陵山片区;所谓高水平,就是人才培养质量要高,科技水平要高,服务能力要强,管理水平要高,专业学科特色要鲜明、要有影响力;所谓应用型,就是要办应用型专业、建应用型学科、做应用性研究、育应用型人才、办应用型大学。其主要特征是学校办学与区域经济发展对接,学科专业设置与区域主导产业对接,人才培养目标与区域行业需求对接,人才培养规格与工作岗位对接,企业参与制订人才培养方案,强化技术理论,注重技术应用,突出实践能力,人才培养过程体现校企融合、合作育人,科学研究以问题为导向,以解决生产、管理实际问题为目标。'十三五'怀化学院建设与发展的基本思路为:基于实现转型发展的国家需求、高等教育的发展趋势,以及我校自身的特点的科学定位,在办学体制、专业建设、学科建设、教学模式、人才培养、队伍建设、管理服务等方面,全面深化改革,以怀化为立足之地,明确定位;以实施校企合作为突破,开放办学;以问题为导向,促进基础和应用科学研究;以培养应用型人才为目标,成就学生;以服务和引领地方经济社会发展为重点,作出贡献赢得支持,把学校建设成为区域性高水平应用型大学。"

怀化学院立足怀化及武陵山片区丰富的自然资源与文化资源,推进优势特色学科专业建设,促进人才培养质量提高。为发挥怀化及武陵山片区自然资源优势,学校相继获批建立了民族药用植物资源研究与利用湖南省重点实验室、武陵山片区生态农业智能控制技术湖南省重点实验室、湘西药用植物与民族植物学湖南省高校重点实验室、怀化市特色农产品资源加工重点实验室、湖南文化遗产翻译与传播基地及武陵山片区民间文化传承与发展协同创新中心等多个省、市级科研平台,开展民族药用植物资源、山地生态农业、特色农产品加工等地方优势自然资源的研究与开发,取得了较显著的成果,形成了地域特色鲜明的学科特色和科研方向,促进了生物工程、食品科学与工程、食品质量与安全、制药工程、电子信息科学与技术等专业的特色办学。为发挥怀化及武陵山区文化资源优势,学校相继获批建立了湖南省民间非物质文化研究基地、湖南省和平文化研究基地、湖南省民族民间文化艺术研究中心、湖南省民族传统体育研究与训练基地、怀化市工业产品设计与文化创意研究中心等 7 个省、市级哲学社会科学研究基地,开展了怀化及其周边区的非物质文化、和平文化、民俗、民间艺术、民间音乐、民族传统体育等的系列研究,主持完成了一批国家和部省级课题,取得了突出成果,形成了具有鲜明地域特征的我校人文社会科学特色学科和研究方向,推动了旅游管理、艺术设计、音乐、体育类专业的特色发展。除上述省级平台外,我校还建立了13个旨在开展地方性应用研究的校级研究平台,全面推进我校开展符合地方经济社会需要的应用研究,提高我校服务地方经济社会发展的能力。与此同时,学校注重将取得的具有地方特色的科研成果转化为特色教学资源,增加课程教学内容,开发校本教材,开设特色课程,使人才培养更接地气。作为坐落在多民族地区的地方高校,怀化学院十分注重发挥其服务民族地区经济社会发展的作用,在科学研究和人才培养上彰显民族性特色。在学科建设和科学研究中,怀化学院坚持聚焦怀化市及武陵山片区民族文化和民族发展问题研究,重点开展了民族医药、民俗旅游、民族文化、民族民间艺术的研究与开发,已在侗族医药研究与开发、侗族傩戏的保护、侗族大歌和苗族歌鼟的传承、侗族节会文化研究等方面取得了显著的研究成果。在专业建设和教学中,注重将丰富的侗族、苗族、瑶族、土家族文化、艺术知识纳入相应课程教学内容,或直接开设诸如民族传统体育、民间木雕与石雕、民间竹编技艺等特色课程;建立了集收藏、研究、展示和传承于一体"五溪流域民族民间艺术实践中心",打造了深化民族性办学特色的多功能平台。怀化学院实现了与怀化市体育局、怀化市旅游局、麻阳苗族自治县、新晃侗族自治县、沅陵县等市政府部门和县级政府就民族体育、民俗旅游、民间雕刻、侗族村寨遗产等民族文化挖掘与开发方面的服务与合作,助推了我校办学的民族性特色形成。

"传道者自己首先要明道、信道……要加强师德师风建设,坚持教书和育人相统一,坚持言传和身教相统一,坚持潜心问道和关注社会相统一,坚持学术自由和学术规范相统一,引导广大教师以德立身、以德立学、以德施教。"怀化学院将习近平总书记在全国高校思想政治工作会议上的讲话与学校实际相结合,强调做好高校思想政治工作,要因事而化、因时而进、因势而新。近年来,怀化学院大力加强校园文化软实力建设,注重打造以文化人以文育人高地,一是校园道路以怀化湖湘文化中的知名文化名人典故命名,二是宣传橱窗及时传播党政上层声音和正能量,三是易图境美术馆保存和宣介本校全国著名花鸟画家作品,四是挖掘五溪流域民间文化精粹建立五溪民间文化博物馆,五是传承和创新非物质文化遗产进校园。春风化雨,润物无声,使师生在耳濡目染中受教益。

习近平总书记在全国高校思想政治工作会议上的讲话发表后,怀化学院掀起了学习热潮。校园微信平台及时摘发了讲话精髓,校园广播、新闻网也进行了转播,进一步学习领会习总书记讲话,使之落地生根,怀化学院党委重视高校思想政治工作要形成制度,建立主要领导二级学院(中心、部)联系点,定期调查研究,精准帮扶，解决二级学院（中心、部）建设与发展中一些实际问题。坚持育人为本，德育为先，能力为重，促进学生知识、能力、素质的全面发展，突出应用型人才培养；以专业能力培养为核心，贯通“理论教学、实践教学、校园文化活动”培养途径，构建以能力考核为目标的课程评价体系，强化学生的创新精神和实践能力培养，注重学生个性化发展，同时以服务地方经济社会发展为目标，积极开展产学研合作教育。怀化学院党委主要领导要与学校知识分子结对子，引导和帮助学校专家学者研究成果转化为党和政府的智库。怀化学院党委主要领导每年给学校师生做一至两次形势政策辅导报告，帮助学校师生做政治上的明白人，在思想上、行动上与党中央始终保持一致。

第四节　怀化学院文化建设的制度设计

一、怀化学院文化建设的目标与对象

文化建设不仅是一所大学的发展目标、办学理念、办学方针、专业学科特色的反映，也是一所大学群体意识、价值观念和行为规范的集中体现。它既是了解校园文明程度的一个窗口，又是培育和践行社会主义核心价值观的基础。为进一步加强文化建设，整顿文化活动秩序，规范文化管理，营造文明、健康、高雅的育人环境，促进和谐校园建设，必须完善文化建设相关制度。高校文化是中国特色社会主义文化的重要组成部分，必须贯彻落实党的十九大精神，高举中国特色社会主义伟大旗帜，以马克思列宁主义、毛泽东思想、邓小平理论、“三个代表”重要思想、科学发展观、习近平新时代中国特色社会主义思想为指导；必须坚持以社会主义先进文化为发展方向，以精神文化建设为核心，以先进的制度文化、行为文化和优良的环境文化为载体，以培养德、智、体、美全面发展的社会主义事业建设者和接班人为目标。高校文化建设在校党委行政统一领导下进行，由党委宣传统战部负责牵头，其他相关单位和部门协同推进。怀化学院文化建设管理的对象包括：学校基础文化设施（各级网站、QQ 群、微信微博等自媒体平台，各类标识牌、雕塑、宣传栏、电子显示屏、阅报栏、张贴栏等）、校园文化宣传物（宣传画、宣传板、横幅、标语、海报、广告、通知、公示及启事等）、校园文化市场（校内歌舞厅、文艺演出、书画展览、音像制品、书报亭、纪念品文字印制等）、校园文化活动（非经营性文化沙龙、

晚会、出版刊物、社科讲座等）。

二、怀化学院文化建设中的校园基础文化设施管理

正确使用学校形象识别系统。校徽、校名的图案与字体使用要按照学校新制作的标准模式。各二级学院和部门制作院旗、彩喷、宣传印刷品等宣传物如需使用校徽、校名必须采用标准模式，必须经党委宣传统战部审定通过。学校各二级学院和部门制作校内雕塑、景观石、电子显示屏及室外牌匾须经党委宣传统战部审定通过，设置位置须与党委宣传统战部商定，既要协调美观，又要符合楼体建筑整体要求。任何二级学院、部门和个人不得在学校公共场所擅自设置宣传栏、阅报栏、路牌、霓虹灯、电子显示屏、橱窗、灯箱、横幅（包括赞助商提供的横幅）、广告牌及张贴广告，布置彩旗、彩条、气球、灯笼等。需要设置的二级学院和部门，应向党委宣传统战部提出申请，经党委宣传统战部批准后，按照统一要求在指定地点设置，并按照“谁主办谁负责”的原则，活动结束后予以撤除，不得损坏校园设施及树木。校园基础文化设施的建设要体现校园人文精神，符合学校整体形象标准要求。校园文化基础设施本着“谁建设、谁主管、谁负责”的原则管理。责任部门要定期更新内容，维护维修。

三、怀化学院文化建设中的校园文化宣传物管理

校园文化宣传必须坚持宣传党的路线、方针、政策，宣传学校在教学、科研、社会服务等方面所取得的成就。校园内各类海报、广告、通知、公示以及启事等，要整齐张贴在张贴栏内。校内重大活动或其他重要信息，须经党委宣传统战部审核后方可在电子显示屏上播放。各二级学院和部门在学校统一设置的海报栏张贴的宣传品时间一般不得超过一周。学生社团张贴的宣传品，时间一般不得超过三天。严禁校外单位和个人违规张贴。各二级学院和部门的重大活动、学术活动及赛事活动等宣传物品，须经党委宣传统战部及相关部门批准，由各单位主管领导负责，活动结束后必须及时清理。团委、学生会、学生社团在校园内开展宣传活动，经学生处与校团委批准同意后，报党委宣传统战部审批备案。严禁任何二级学院、部门和个人在校园内建筑物的门、墙、路牌、路灯杆、橱窗等公共设施上设置、张贴任何宣传品。任何二级学院、部门和个人不得占用、拆除、遮盖、损坏经学校批准的室外宣传物及其设施。未经许可擅自设置不符合学校要求的宣传物或未按期撤除者，将由武装保卫处拆除，并对相关部门予以相应处罚。

四、怀化学院文化建设中的校园文化市场管理

利用学校场地、设施进行的一切经营性文化活动(含假期二级学院、部门和个人在校内办的各类培训班)必须按学校规定报批。校外单位、个人来校设摊售书或出售其他文化用品,或与校内单位联合进行学习或文化用品展销、促销活动,须经武装保卫处同意,宣传统战部审批后方可在指定的地点和规定的时间进行,严禁销售非法出版物以及含有反动、迷信、淫秽等内容的书籍或其他文化用品。校园文化市场经营单位和个人必须坚持为社会主义校园文化服务的方向,严格执行知识产权保护法,以及国家、省、市有关音像放映、网络游戏、出版物发行的规定,传播有益于提高大学生素质、有益于学校发展和社会进步的科技文化知识。各单位对现有的音像设备、计算机房要严加管理,任何部门和个人不得从事危害公共利益的活动,严禁播放和出售盗版光盘及涉及反动、淫秽、封建迷信的内容,一经发现将坚决予以取缔,情节严重者,送交司法机关处理。播放非教学内容的影像资料必须经党委宣传统战部批准。利用学校文化设施开展文化经营活动的,不得影响学校正常的教学、科研和管理活动。学校有关职能部门在校园文化市场管理中的职责:党委宣传统战部负责对校园文化市场经营活动的日常管理和检查监督工作,对违规违约的经营者,取消其文化经营资格。武装保卫处负责对获准进入校园从事文化经营活动的承包者以及从业人员进行身份确认、注册登记、办理《校园经营许可证》,并对其安全保卫工作进行监督管理,对违反学校综合治安条例者,予以处罚直至取消其经营资格。后勤管理处负责对在校园公共场所开展经营活动的环境卫生进行监督和管理。国有资产管理处、计财处负责根据省、市有关文件规定,核定场地租赁费、设备折旧费及水、电收费标准,由计财处统一收取并对学校国有资产使用情况进行检查监督,保证学校设备完好无损。

五、怀化学院文化建设中的校园文化活动及社团管理

校园文化活动的开展必须遵守学校校园文化建设管理规定。师生员工组织社会团体,必须按照《社会团体登记管理条例》的规定办理有关手续,成立校内非社会团体的组织,事先由组织者向学校主管部门提出申请,经单位审查并报党委宣传统战部批准后,方能组织成立。凡未经批准成立的,一律予以取缔。严禁成立跨校际的非社团组织,严禁成立各种形式的“同乡会”。学校各二级学院(部)组织开展校园文化活动及社团活动,开办前要报批。涉及政治、安全、保密等方面

内容的，须经有关部门审核同意后由党委宣传统战部批准。按计划组织开展的日常校园文化活动，由相关主管部门审批，并报党委宣传统战部备案。校园文化活动内容要积极向上，有利于活跃师生业余文化生活和大学生健康成长。校园内严禁举行宗教和封建迷信活动。校内各单位出版的板报、墙报内容必须经所在单位党组织审查。加强对校园计算机网络的管理，严禁任何集体或个人利用计算机网络复制、发布、传播各种反动、迷信、淫秽信息和音像制品。严禁利用计算机开展违反国家法律、学校规定和其他有悖社会公德的活动。严格执行学术讲座、社团活动管理制度。本校教师或外请人员的跨院部、全校性的讲座，由学校有关部门审批。凡聘请校外人员到校内从事人文社科讲座，必须按照学校规定经科技处、教务处、党委宣传统战部同意后方可举行，严禁错误观点和言论在校园传播。其中人文社科类的讲座，由党委宣传统战部、科技处审批，自然科学类由教务处审批。学生举办的社团活动由校团委审批。各二级学院自行举办的各种报告会、研讨会、讲座，必须经本单位党组织批准，严禁错误观点和言论在讲台上散播。凡邀请校外团体、个人来校进行演出活动（包括校外团体、个人主动联系的）必须先报党委宣传统战部同意后才能进行。凡利用学习时间开展各种类型的公益活动，须征得教务处、学生工作处同意后，方能举行。文艺性活动（晚会、舞会等）只允许在周末、节假日举行，特殊情况须经主管校领导批准。禁止在校园文化场所从事含有下列内容的活动：反对宪法确定的基本原则的；危害国家统一、主权或领土完整的；危害国家安全、利益或社会稳定的；煽动民族分裂、侵害少数民族风俗习惯、破坏民族团结的；淫秽、色情、迷信或渲染暴力、赌博，有害师生身心健康的；违背社会公德或诽谤、侮辱他人的。上述活动时间不能超过当天就寝熄灯时间，不能影响正常的教学、生活秩序。组织校园文化活动在使用公共文化设施时，应当遵守公共秩序，爱护公共文化设施，不得损坏校园公共文化设施。组织文化活动的部门、单位或个人要采取切实措施，保证文化活动场所的秩序和安全，防止各类事故的发生。

六、怀化学院文化建设中的新闻宣传与出版物管理

新闻宣传报道必须遵守国家的法律与制度。学校党委宣传统战部归口管理学校的对外宣传工作，各二级学院（部、处）邀请新闻单位或接受新闻单位采访应事先报党委宣传统战部，由党委宣传统战部安排采访事宜，不得私自邀请校外人员进行各类采访。各二级学院（部、处）自己撰写的对外宣传稿件，在寄送前必须

经党委宣传统战部审阅同意。各二级学院(部、处)事先未征得宣传统战部的同意,不得私自接受国外和港澳台新闻单位记者的采访,也不得私自接受其他新闻单位记者的采访。重大事件宣传报道由学校党委审批。严格遵守学校新闻发言人制度,学校重大活动、重大事件由学校新闻发言人接受媒体采访及在媒体上发布信息。怀化学院报是由校党委主办的有正式出版批文的刊物,由校党委宣传统战部按办刊批文规定出版发行。校内各单位出版的非正式刊物的内容必须经所在单位党组织审查。出版非正式刊物须报校党委宣传统战部批准后,方可在规定的范围内发行。各二级学院(部、处)办的无出版批文的刊物归口党委宣传统战部管理,必须具备以下条件才能出版发行:有明确的办刊宗旨。坚持党的四项基本原则,坚持改革、发展、稳定的方针,坚持建设"区域性高水平应用型大学"的办学目标。坚持"怀仁化物,立地仰天"的办学理念。坚持"厚德、博学、唯实、求新"的校训。由单位主要负责人担任编委、主任或顾问,对刊物的内容进行严格审查,不得刊载违反宪法、法律和校规的内容,不得刊载有损社会主义职业道德和社会公德的内容。刊物有利于学生全面发展的。由主办单位向党委宣传统战部申报,经审批同意后方可出版。刊物只作校内交流,不得向外发行,原则上不能聘请外单位人员担任编辑和顾问,确需聘请的必须经过单位党组织同意,并报党委宣传统战部备案。校内刊物每期的样本送党委宣传统战部审阅留存。学生社团组织一般不得自办刊物。确需办刊,需经校团委同意,报党委宣传统战部备案。出现违反发行规定的事故,主办单位要及时处理。处理不及时以至造成不良后果的责令停刊,并视情节轻重追究相关人员的责任。

七、官方微博的开通与管理

微博,即微型博客(MicroBlog)的简称。微博是一种通过关注机制自主"定制"个性化信息的广播式社交网络平台,它将"人人都有麦克风,个个都是通讯社"变为现实。用户可以通过WEB、手机等各种客户端组建个人社区,以140字左右的文字(可加入图片、视频、链接地址)更新信息,并即时分享。微博的特点有:①内容短小精悍。微博的内容通常为140字左右(包括标点符号),被称为"140个字符推动的信息传播革命"。内容包括:关注、粉丝、转发、评论、话题等。②微博发布平台多,操作便捷。微博跟博客、播客、论坛等"先辈"比起来,在发布平台上实现了较大的超越。注册一个微博账户,就可以成为微博用户,然后可以免费绑定手机。这样只要有手机信号,你就可以随时随地、随心所欲地去生产、阅读微博。“微博 + 手机”，让传播一切成为可能。③原创性内容增多。每一个用户只要有手机都可以很方便发表自己的想法和感受，都是一个“自媒体”。140 个字的字数限制，更加激发用户的随意、简洁的表达热情。所以相对于论坛或博客而言，微博里原创性内容大大增多。微博网站即时通信功能非常强大，通过电脑或手机等载体直接书写，在没有网络的地方，用手机就可以随时发布微博内容。④微博传播方式的互动性。在微博上，信息传递聚合了一对多、多对一、多对多等多种形式。微博虽然只有 140 字的文字表达，但通过超链接、图片和视频，每条微博都可以有丰富的延伸，给予使用者简便阅读体验和自由度的同时，也提供了多元、多层次和多角度的扩展性能。微博就像一个很大的 QQ 群，为用户搭建了一个很宽阔的社区服务。在这里，用户可以分享心情、交友和聊天，也可以找到兴趣相同的朋友。微博的互动交流比其他媒介更亲民、更平等。微博的功能有：①信息发布平台。信息的发布与获取是微博的核心功能，只要成为微博用户，几乎不费什么力气，包罗万象的各种信息、大大小小的事件、新闻就可能出现在眼前。校园有第一手新闻，或者紧急通知等，除了在官网发出新闻、通知，顺手放到官方微博上面，微博可以借助先进多媒体技术手段，利用文字、图片、视频等形象直观的方式发布信息，同时，微博的传播渠道不仅仅局限于网络，“博主”可以通过手机发送短信、彩信、MSN、直接登录网站等各种传播手段即时、全息式地将信息有针对性点对点地发送。微博能弥补传统通知渠道的不足之处，提高了信息的覆盖率。②平等沟通平台。除了传播信息，微博最吸引人之处还在于这是一个能进行及时互动的公共领域，使用过程中，表达的欲望随时满足以及受重视、受尊重的感觉让博主们感觉良好。③学习平台。随着网络社会化的普及，微博已逐渐成为广大学生认可且乐于使用的社交媒介。在学习服务方面，微博具有其他平台无法企及的便利性。首先，能够适时地将讲座及各种学习资源信息准确推送给学生；其次，每条 140 字的微博空间可以用来开展专题讲授，能够做到内容精辟，主旨鲜明。④为学生生活服务。平时生活中，随时随地都会出现这样与那样意想不到的问题，这时微博发布信息速度快、传播效率高的优势就充分体现出来。⑤增强思想政治教育的效果。高校可以利用微博的信息技术获取信息资源，从而促进大学生学习、提高高校思想政治教育者素质、创新思想政治教育方法，同时还可以依托微博的交流平台，加强思想政治教育者与受众的沟通，开展思想政治教育实践活动、增强思想政治教育的效果。学校、系部、年级、班级、社团五个层级建立微博，形成网络化的微博体系和信息化工作机制，推进思政工作网上、网下“两线联动”的整体转型，有效形成正面思想引领和服务同学成长的整体规模效应。⑥为学生提供招生就业服务。在招生的时候,微博对于学校自己和考生、家长有双向意义,解决招生时信息不对称的问题。高考招生的时候,学校招生办的电话常常被打爆,有了微博这个平台,可以分流一部分咨询压力,而且这是"一对多"的模式,而不是电话咨询的"一对一"模式。而微博这个平台的宣传作用也有利于学校吸引生源。在就业的时候,为学生提供就业服务,高校微博可以及时将就业工作中就业信息、就业政策等传达给毕业生,同时通过微博关注、评论、转发等方式,迅速、快捷地了解毕业生们的生活状态和就业动态。学生在外是否就业,就业状态如何,都可以通过微博及时跟进。⑦化解舆论危机营造理性舆论环境。网络舆情呈高发频发多发态势,整体形势不容乐观,在此背景下高校网络舆情此起彼伏,接连不断,成为舆情多发的重点区域。网络危机公关已成为危机公关的重要手段,而微博在化解舆论危机、树立公关主体良好形象方面能起到重要的作用。微博危机公关弥补了传统危机公关方式相对滞后的不足,能较好地保证信息及时传播出去并满足受众需求,通过微博充分听取听众的意见建议,与受众坦诚相待,提高危机公关效果。

从可行性来看,高校人群聚集,师生思想活跃,敢于尝试新鲜事物,大多能熟练使用网络工具和网络语言,天然的乐于投身"微博"世界。目前国内微博中,高校师生很多,故官方微博"粉丝"(在微博里对某一博主保持持续关注的群体)比较容易培养。而以官方名义建立的微博,容易被看作是可信任的信源,有着天然的信任度,因此,容易获得信任,引起关注。此外,微博可以提高时间利用率。"博主"(微博主人)与粉丝们可以充分利用碎片化的时间获取信息,获得关注,发表意见,实现零距离的交流接触,这符合高校师生的学习、工作快节奏的特点,其优势显而易见,容易被师生们接受。这就为官方微博的开通、运行奠定了良好的基础。正如明星开通微博提高自己的人气指数、企业开通微博加强产品营销,高校官方微博有其特别的功用。新浪微博 47% 的用户是 22 岁以下的年轻人,在校大学生是微博的主力军。不完全统计,在我校,有 60% 以上的同学拥有微博账户,其中大概 60% 是活跃用户。高校官方微博的功用有:打造高校媒体:官方新闻重要发布平台;凸显学校文化:用微博内容展示学校特色;构建招生平台:与考生互动,答疑解惑;危机公关利器:传达新闻真相,准确沟通;加强师生沟通:及时了解在校学生动态;展示教学实力:打造名师微博,展示科研成果;增进高校交流:第一时间了解兄弟院校情况;联络校友资源:加强校友凝聚力,增进情谊;拉动招聘就业:帮助学校招聘、学生求职;吸引媒体目光:获得全国媒体的关注与报道。

怀化学院开通的官方微博,与传统媒体比较,微博在宣传、教育、沟通等方面具有更多优势,应充分利用这些优势来展示学校形象,形成自我判断、自我改进的机制。微博的快速成长。开通官方微博,应该着眼于建立长效机制,用机制来规范管理,以确保其良性运转。

机制的建立应包括各种制度和管理流程。一是官方微博的维护应是多部门协调;二是应遵循微博规律,构建合理的信息发布流程;三是选派专人管理。官方微博开通后,宣传部门牵头,多部门协同进行管理和维护。但是,多部门协同并不等于不需要专人负责,没有专人管理,就不会有专门的责任,官方微博账号的管理和维护的长久、持续发展就可能出现问题。四是把握信息的结构性。作为官方微博,其内容应与个人微博内容的随意性相区别。一般来说,相对完整、固定的信息结构比较容易培养起受众的阅读黏性,提高关注度。从内容来看,官方微博的基本结构可以根据需要考虑包括校园新闻的微博直播、校园重要信息的发布、校园内外突发性事件的现场抓取、校园内外热点、焦点问题的舆论引导、校园生活动态(如师生员工的生活、工作,学习场景中活泼生动,趣味好玩的图片等)、有效知识的平等分享(相对于其他群体,高知群体聚集的特征使得高校官方微博的"粉丝"更在意微博中的知识性内容)、励志类、娱乐类内容等。从表现形式来看,高校官方微博的信息表达应做到文字类、图片类、视频类都有涉猎,单纯的文字表达已经很难吸引"90 后"大学生的眼球了。应该引起注意的是,官方微博信息的结构性把握应该建立在一定量的内容基础之上,也就说,更新速度慢、内容少是很难把握好信息的结构性的。五是组建微博运营专业团队。要运营好微博,必须组建一支"懂技术,会管理,善经营"的微博建设管理团队。开通微博不是目的,保证良性运转才是目的,这就需要挑选懂得网络技术、网络管理、宣传策划等方面的人员,建立一个专门的微博管理团队,懂得在一个开放的公共平台上,如何科学、准确地去传达,如何艺术、巧妙地去描述,如何积极、正确地去互动。要保证能有专人负责文字编辑、专栏开发、日常维护、信息收集、用户反馈等,为此要有专门的工作经费。

第四章

湖湘文化与湖南高校文化建设的关系

高校文化作为我国社会主义文化的重要组成部分，对推进高等教育改革发展、加强和改进大学生思想政治教育、促进大学生全面发展和建设社会主义和谐校园，都具有十分重要的作用。党的十八大提出要加强社会主义核心价值体系建设，并从国家、社会、个人三个层面对积极培育和践行社会主义核心价值观进行了高度概括。党的十九大报告指出要坚定文化自信，推动社会主义文化繁荣兴盛。中共中央办公厅印发的《关于培育和践行社会主义核心价值观的意见》明确指出，“坚持育人为本、德育为先，围绕立德树人的根本任务”，“把培育和践行社会主义核心价值观融入国民教育全过程”，“培育和践行社会主义核心价值观要注重发挥高校文化的熏陶作用，完善高校文化活动设施，重视高校人文环境培育和周边环境整治，建设体现社会主义特点、时代特征、学校特色的高校文化”。湖湘文化对湖南高校文化建设具有独特的意义，它不仅能够充实湖南高校文化建设的内容，而且能够增强湖南高校文化建设的说服力和感染力，营造出良好的校园文化育人环境，也有利于湖湘文化的传承和发展。湖湘文化是一种精神，她影响着世世代代的人们去奋斗，去创新，去改造自然，改造社会。湖湘文化有她独特的精神，独特的魅力和鲜明的个性。在社会主义市场经济发展的今天，需要更多人去奋斗、去创新、去敢为人先。作为地处湖湘的高校，有义务培育具有湖湘精神的社会主义新型劳动者。秉承湖湘文化精髓、培育湖湘文化精神，继承和发展湖湘文化，把湖湘文化融入湖南高校文化建设，对于培养德智体美全面发展的社会主义事业的建设者和接班人，创造良好的育人氛围和环境具有十分重要的现实意义。

第一节　湖湘文化对湖南高校文化建设的价值

一、湖湘文化对湖南高校文化建设的功能

文化建设是高校的一项重要任务。湖湘文化资源对湖南高校文化建设具有独特的意义，它不仅能够充实湖南高校文化建设的内容，而且能够增强湖南高校文化建设的说服力和感染力，营造出良好的育人环境，也有利于湖湘文化的传承和发展。

中共中央、国务院《关于进一步加强和改进大学生思想政治教育的意见》指出，加强和改进大学生思想政治教育要坚持继承优良传统和改进创新相结合的原则。在继承党的思想政治工作优良传统的基础上，要积极探索新形势下大学生思想政治教育的新途径、新方法，努力体现时代性，把握规律性，富于创造性，增强实效性。湖湘文化资源是宝贵的精神财富，是湖南高校文化建设重要的优质教育资源。湖湘文化资源对湖南高校文化建设具有独特的意义。湖湘文化资源是湖南高校文化建设不可或缺的重要资源之一。这是由高校的社会主义办学宗旨和性质决定的，也是由湖湘文化资源具有鲜活性、区域性、感染力强等特点所决定的。湖湘文化资源是优质教育资源，它的开发和利用对湖南高校文化建设具有独特的意义，有助于培育大学生的民族精神和爱国情感，有助于引导广大师生接受社会主流政治文化。湖湘文化资源的开发和利用，能够丰富充实湖南高校文化建设的内容。湖南高校文化建设应该利用一切可以利用的资源来进行，不能仅局限于课本知识和校内资源。湖湘文化资源的内容，有的就发生在学生的身边，发生在他们的父辈或祖辈身上，是他们看得见，能够真实感受得到的内容，是教学中进行理论联系实际的直观生动的教学内容。湖湘文化资源开发和利用，有利于改进湖南高校文化建设的教学方式。湖南高校文化建设应该而且必须采用多样化的方式来进行才能收到良好效果。当今，高校文化建设普遍存在着重校内课堂理论灌输而轻课外实践的问题。湖湘文化资源的开发和利用，有利于湖南高校文化建设对地方文化的传承和发展。引导学生关注本土文化，关注自己生存与发展的根，这是湖南高校坚持“二为”教育方针的职责所系。一方面，湖南高校文化建设开发和利用湖湘文化资源，有利于湖湘文化的传承。湖湘文化要经过整理、包装和宣传，

才能很好地走向社会。湖南高校在文化的传承方面起着极为重要的作用。湖南高校文化建设要利用湖湘文化资源，利用自身人才方面的优势，在调查掌握大量的第一手材料基础之上，进行去粗取精、去伪存真的分析和由此及彼、由表及里的综合，经过挖掘、整理、筛选，能够使湖湘文化得到优化和系统化，这种有意识地培养和应用，更有利于湖湘文化的传承。另一方面，这有利于促进湖湘文化的创新和发展。湖南高校文化建设利用和培育湖湘文化资源，能够使大学生看到湖湘文化的优势，增强对湖湘文化的认同感，使自己在接受教育的同时，把湖湘文化带回家乡，向家庭成员和社会成员进行回执性教育，产生家庭效应和社会效应，进而形成全民的认同感和自豪感，为湖湘文化的发展提供精神动力。湖南高校文化建设可资开发利用的湖湘文化资源内容丰富，涉及思想、道德、政治、礼仪文化等方方面面。不同的高校在文化建设中要根据各自不同的实际进行开发利用。

把湖湘文化资源融入湖南高校文化建设是十分必要的工作。要把湖湘文化资源开发纳入高校先进文化建设全过程，湖湘文化资源中有许多关于世界观、人生观、价值观的教育资源，利用电影、电视、广播、报刊等现代大众传媒对这些资源进行包装，以方便、有趣、快捷和有效的途径和形式，为湖南高校文化建设提供丰富、鲜活的素材，使学生在喜闻乐见中随时接受教育，在满足学生文化生活需要的同时利用湖湘文化资源促进高校文化建设。还可依托湖湘文化资源，建设校外教育教学实践基地。

高校文化是高等学校在其自身发展过程中形成的一种独特文化现象。它是以学生为主体、以校园为主要空间，以育人为主要导向，以精神文化、环境文化、行为文化和制度文化建设等为主要内容，以高校精神、高校和谐文明为主要特征的一种群体文化。高校文化是学校所具有的特定的精神环境和文化气氛，是高校师生之间相互作用过程中创造出来的，能够被绝大多数师生所认可，并且用以教育学生的一系列价值规范体系，包括校园设计、校园景观、绿化美化这些物化形态内容，也包括学校的传统、校风、学风、人际关系、集体舆论、心理氛围以及学校的各种规章制度和学校成员在共同活动交往中形成的非明文规范的行为准则。健康的高校文化，可以陶冶学生的情操、启迪学生的心智、促进学生的全面发展。高校文化是学校本身形成和发展的物质文明和精神文明的总和。加强高校文化建设，有利于造就良好的育人环境和氛围，有利于提升高校的文化内涵，有利于加强和改进学生的思想政治教育，有利于推进高等教育事业的改革与发展。随着我国高等教育事业的蓬勃发展，高校文化建设越来越成为教育理论和实践工作者关注的话题。因为高校文化建设既反映了高校办学水平和管理水平,更体现了高校内涵发展的精神底蕴。同时,高校文化建设又是实施素质教育的重要载体和广阔途径,是顺应高校教育事业发展和高校实际工作的需要。通过高校文化建设的建设,能构建丰富多彩的高校文化体系。高校文化建设具有课堂教学无法替代的价值功能。

(一)陶冶功能

高校文化对学生的影响带有深刻性、潜在性与持久性。除知识外,高校对于学生真正有意义的东西,就是高校的文化氛围,大学生们接受着情操的陶冶、文化的沐浴、人格的升华和道德的洗礼。高校文化的真正价值就在于其文化氛围对大学生心灵的美化作用,高校给予学生们的除了知识之外,还包含道德观、价值观、思维方式、荣辱观、行为习惯等。高校文化建设比传统的教育教学更具有独特的效能。首先,它要求创设一个陶冶人们心灵的场所,以校风、学风、文化传统、价值观念、人际关系等方式表现出高度的观念形态,对学校的各方面特别是育人起到指导作用;其次,它以优美、整洁、有序的学习、工作、生活环境对生活于其中的每个人起到规范、引导作用,这种濡化、规范作用是无所不在的,深远长久的。

(二)社会化功能

高校的根本任务就是为国家培养出具有正确的世界观、人生观、价值观,具有创新精神和实践能力的全面发展的人才。高校通过文化来武装人、引导人、塑造人、教育人和培养人,通过文化的传承、传播和创造,促进受教育者的社会化、个性化和文明化,从而塑造人格健全和完善的人,并实现大学生自身不断发展超越的过程。高校文化建设是个体社会化的过程与缩影,它以特有的精神活动和文化氛围,使生活于其中的每一个体有意无意地在思想观念、行为方式、价值取向诸方面与既定文化发生认同,从而实现对人的精神、心灵、性格的模塑,达到社会化的目的。

(三)教育促进功能

课堂教学并不能满足学生各种求知欲望和业余生活的需要,他们的过剩精力也需要在课堂之外找到新的天地。高校文化建设活动则为他们提供了一个十分广阔的发展环境,无论是扩大学生的知识面,巩固和加深课堂所学的专业知识,锻炼学生运用知识的能力,开发学生潜能,优化学生情感,还是促进学生个性的全面发展,加强素质的培养,满足他们社会交往的需要等,都大有好处。

(四)导向功能

高校应是一个开放的系统,一个兼收并蓄的文化荟萃的场所,各种各样的思想、观念、思维在这里交流碰撞,使莘莘学子耳濡目染,浸润其中。所以文化的导向功能就显得尤为重要,它担负着帮助学生建立起符合时代要求的社会价值观的重任,其正确与否,往往取决于高校文化建设是充分发挥正面的积极引导作用还是起到负面的消极影响。

(五)社会整合功能

高校文化建设作为"中介",起着调整人与人、人与社会之间的关系,使社会系统在整个运作中保持相对稳定的作用。校园里的每个成员在一定的校园背景下,其观念将与社会主流文化不断融合,同时,作为学校的文化载体,他们又将高校文化带入社会并作用于社会大文化。正是高校文化建设这些重要的价值功能,才促使了教育工作者对它的高度重视和积极实践。

二、湖湘文化对湖南高校文化建设的意义

湖湘文化是由历代湖湘民众或长期生活在湖湘区域的人在湖湘大地上所创造的一种具有独特精神价值和湖湘地域特色的文化。湖湘文化所蕴含的普世的意义和价值,使得湖湘文化与高校文化建设具有高度的契合性。如何将湖湘文化的优秀成果融入高校文化建设中,以丰富高校文化教育内容,实现教育目标,值得进一步展开研究。具体而言,湖湘文化融入高校文化建设的意义主要有以下几点。

(一)依托三湘本土,打造湖南高校文化建设的地域特色

湖湘文化内涵丰富,既有上层社会的主流文化、庙堂文化、精英文化,也有世俗的大众文化、草根文化和江湖文化;既有意识形态层面的精神文化和观念文化,也有物化形态的物质文化和行为文化;既有最早生息于湖湘大地的原住民的地域文化,也有历朝历代流入的汉民族文化和中原文化等。湖湘文化正是在多元文化的互动合力作用下,日益丰富并逐步定型,形成了自身的精神特质和形态特色。在湖南高校学生群体中,绝大多数来自湖南本土,对于他们而言,身为湖南人"只有先了解湖湘文化才能真正理解中国文化,只有先了解湖南人才能真正了解中国人"①。至于来自外省的学生,虽然不生于此,却生活于此,有些学生毕业后还会

① 方万吉,刘绪义著. 湖湘文化讲演录[M]. 北京. 人民出版社 2008 年版,第 3 页。

留在湖南工作和生活，他们同样需要学习和了解湖湘文化，以促进文化的交流。湖湘文化作为湖南特有的区域性文化，具有独特的文化秉性和独特性，将之融入高校文化建设中，将大大升华文化建设地域特色的文化张力，不仅让本土学生倍觉亲切亲近，也会使外省学生生发亲近感。因此，湖南的高校有必要通过大力宣传和倡导湖湘文化，使大学生对湖湘文化产生浓厚的兴趣和敬慕之情，也使他们的文化素养得到提高，从而引导湖南高校文化建设工作不断提升，打造湖南高校文化建设的地域特色。

（二）凸显人文特质，促进湖南高校文化建设的品位抬升

湖湘文化以治学内修为“内圣”之根基，推崇经世致用、知行合一的务实学风，博采众长的开明风格，传道求仁、力行践履的道德体验。以经邦济世为“外王”之准绳，传承重教兴学、磨血育人的民风传统，陶冶坚忍弘毅、忧国忧民的爱国情怀，砥砺图变求新、敢为天下先的革新精神。其所具有的意蕴深长的文化特质和独有魅力，能起到抬升高校文化建设之文化品位的功效。将湖湘文化引进课堂深受大学生的喜欢，大学生希望更全面地认识他们生活的这片热土，希望更深刻地认识受湖湘文化影响的自己。将湖湘文化融入高校文化建设，有利于坚决贯彻执行党的教育方针、培养合格人才。高校文化建设必须坚决执行党的教育方针，着眼于大学生整体素质的提高，在培养有理想、有道德、有文化、有纪律的“四有”新人上下功夫。素质教育正是从人的全面发展出发，始终把人的素质视为一个不可分割的整体。素质教育认为，人的素质不是单一的，而是由政治素质、思想道德素质、科学文化素质、理论修养素质、心理素质等多种具体素质构成。高校担负着“传道、授业、解惑”的使命，这个使命的完成，很大程度上取决于作为教育对象的大学生学习的积极性。这种积极性又表现为在教育者的引导下，大学生们能够自觉、主动地自我认识、自我评价、自我改造和自我践行。这需要大学生把自我放在认识与改造的位置上，从内心深处挖掘自我，认真地批判自我，不断地用积极自我战胜消极自我。因此，将湖湘文化融入高校文化建设，要把提高大学生全面素质作为目标和归宿，在将湖湘文化融入高校文化建设的过程中，系统进行湖湘文化知识的教育，因材施教，有计划、有目的地增加一些湖湘文化教育内容，以不同角度、不同水平有区别地促进大学生整体素质的提高。将湖湘文化融入高校文化建设，应积极组织开展丰富多彩的第二课堂活动，包括举办各种类型的湖湘文化学术报告会和专题讲座、学生读书会、学生社团活动、文艺会演、体育活动等，重视校园人文环境建设，创造良好的校园文化环境，以丰富学生的课余文化生活，陶冶情操，

提高湖湘文化修养。学校还应鼓励大学生参加社会实践活动。社会实践活动是加强湖湘文化教育的重要方面。要认真组织学生参加教育实习,积极开展社会文化调查、社会调查和教育调查,让学生在广阔而丰富的社会文化知识大背景中接受湖湘文化熏陶,开阔视野,增长才干,提高综合素质。

(三)突出典范熏陶,扩大湖南高校文化建设的正向影响

湖南历史悠久,人文荟萃,英才辈出。“惟楚有材,于斯为盛”,曾国藩、左宗棠等风云一时,魏源、谭嗣同率先打开中国学习西方先进思想的窗口;黄兴、蔡锷等民主革命先驱,高擎反对帝制、反对封建专制的大旗;毛泽东、刘少奇等无产阶级革命家,为创建中国共产党、缔造中华人民共和国作出了巨大贡献;胡耀邦、朱镕基等为我国的改革发展贡献突出。在近代中国革命的历史上,三湘大地涌现出了一大批彪炳青史、光照寰宇的历史伟人。每一位代表人物都是湖湘文化的最生动的诠释。将湖湘文化融入高校文化建设中,有利于大学生树立科学的世界观、人生观和价值观,提高贯彻党的路线、方针、政策的自觉性和信仰的坚定性。以大湘西红色文化资源为例,大湘西红色文化资源是指大湘西人民在革命战争时期,坚持在党的领导之下,以马克思主义为指导进行武装斗争,在不断的革命实践中,所遗留下来的纪念地、标志物及其承载的革命历史、革命事迹和革命精神为基本内容的一种具有湘西地域特色的文化资源。大湘西红色文化资源的内容是多层次的,既有物质方面的文化内容,也有精神方面的深层内涵。其物质文化内容是指湘西革命战士在革命斗争中所遗留下来的场所或所使用的器物,如桑植贺龙故居、桑植红二方面军长征纪念馆、湘西剿匪胜利公园、龙山县湘鄂川黔省革命委员会旧址、怀化芷江抗日受降园等。大湘西红色文化中非物质层面的内容,是指大湘西人民在长期的革命斗争中不断地互动与解决困难的信仰、歌曲、价值与事迹,如湘西人民在革命时期所体现的崇高的精神信仰及其革命斗争过程中所创作出来的《马桑树儿搭灯台》《十送红军》《红军歌》等革命歌曲,革命过程中涌现出来的英雄人物及其伟大事迹,这些都是湘西红色文化中的精神文化。大湘西红色文化中丰富的文化与物质资源,体现着大湘西人民对党和国家的忠诚信仰,对马克思主义与共产主义的信仰,以及对崇高民族精神品质的信仰。崇高的信仰是大湘西人民的革命动力,其最终目的是为了使大湘西地区消除战争的危害,让大湘西人民实现富足、安乐的生活,并最终推进国家的和平与安宁。大湘西红色文化是湖湘文化的重要组成部分,对高校文化建设具有直观生动、富于感染、潜移默化、润物无声、寓教于乐等特征和深刻的教育性。一方面,无论是大湘西的红色文化

资源体现出的普遍性精神内涵还是其独有的价值内涵，都可以开发提炼出包括马克思主义信仰教育、理想信念教育、民族精神教育、行为规范教育等在内的整个社会主义核心价值体系教育的内容。可以说核心价值观教育都能在大湘西红色文化资源中找到科学、有说服力的证据。另一方面，大湘西是少数民族聚居的地区，其红色文化资源也融合了不少民族特性，如桑植民歌等，能够更加真实有效地体现出红色文化资源的教育意义。

（四）挖掘湖湘文化资源，强化大学生对湖湘文化的感性认知

湖湘文化所孕育的物质教育资源分布广阔，小到一些村落，大到省会长沙到处都留有历史遗存和人文景观，从湘北岳阳的洞庭湖和岳阳楼到湘南永州的九窥山和柳子庙，从湘东的浏阳河和炎帝陵到湘西的凤凰城和张家界，更有湘、资、沅、澧四水串联的南岳衡山、岳麓山、韶山、桃花源等名胜，都是湖湘文化享誉全球的名片。据统计，湖南全省现拥有长沙、岳阳、凤凰县城等 3 座国家级历史文化名城，衡阳、永州、郴州等 3 座省级历史文化名城，张谷英村等 1 个国家级历史文化名村，另有 34 处全国重点文物保护单位，325 个省级文物保护单位，2000 多处市、县级文物保护单位，成为中国南方历史文化资源大省。① 借助湖湘文化中著名历史人物的纪念馆、故居、旧址及影像资料等开展有针对性的现场教学或录像教学，将湖湘文化以鲜活的形态应用于高校文化建设工作中，拉近了教育者、被教育者的距离，使教育内容、教育环境、教育载体融合在一起，使文化建设的过程，成为一种心与心的交流。通过广大学生“听、走、看、想、写、说”等多种方式，用现实代替臆想，用具体代替抽象，用生动代替乏味，用亲和代替疏离，用感召代替说教，用参与代替旁观，增强文化建设的客观效果。使他们逐步提高认识、明确方向，获取“耳闻不如目睹，百闻不如一见”的深刻而丰富的感性认识。

（五）提供有益启示，助推湖南高校文化建设的理论创新

传承和创新湖湘文化与高校文化建设在本质上是密切联系的，两者都是以“育人”为根本目的。同时，两者在相互作用中向前发展，一方面，湖湘文化为湖南高校大学生文化建设提供了丰富的教育资源。湖湘文化优秀的文化精神和传统道德，不仅与当代大学生文化建设的要求相吻合，而且当中的优秀人物和典型事迹为大学生文化建设提供了大量的素材。湖湘文化所凝结出的优秀文化产品是大学生的精神食粮，湖湘大地的历史遗存和人文景观是开展大学生文化建设的重

① 聂荣华主编．湖湘文化通论[M]．长沙．湖南大学出版社 2005 版第 470 页。

要场所。另一方面,文化建设为湖湘文化的发展提供了平台。湖湘文化是一种不断充实、发展的文化。一种特定文化能为社会所认同,不仅在于它内容的丰富、特色的鲜明,而且要求它在长期的发展中逐步定型。但这并不表明她是"过去的",是静态的,它之所以得以传承,不只是继承,更在于发扬,在历史的每一步进程中,都要为它注入新的能量。而在运用湖湘文化开展文化建设,为增添文化建设资源,势必会加强对湖湘文化的发掘、整理和保护,文化建设者深入研究湖湘文化,使湖湘文化不断创新,能够为时代所用,同时,通过文化建设,增进了湖湘文化的教育职能,不仅使更多的青年学生能接受湖湘文化的熏陶,而且让青年学生更系统、更全面、更深入地了解、领会湖湘文化,从而扩大湖湘文化的影响。因此,在湖湘文化和文化建设的相互作用中,能达到两个目的:一是通过湖湘文化在文化建设中的应用研究,为湖南高校文化建设提供新视角,开辟新路径;二是运用马克思主义文化建设的科学理论来改造湖湘文化这一宝贵教育资源,使其发挥当代功效。这种交相为用,显然有益于激发和推动高校文化建设的理论创新。

第二节　湖南高校文化建设对湖湘文化发展的影响

中共中央、国务院《关于进一步加强和改进大学生思想政治教育的意见》指出,加强和改进大学生思想政治教育要坚持继承优良传统和改进创新相结合的原则。在继承党的思想政治工作优良传统的基础上,要积极探索新形势下大学生思想政治教育的新途径、新方法,努力体现时代性,把握规律性,富于创造性,增强实效性。湖湘文化是湖南高校文化建设宝贵的精神财富,是湖南高校文化建设重要的优质教育资源。湖湘文化对湖南高校文化建设具有独特的意义,湖湘文化是湖南高校文化建设不可或缺的重要组成部分。这是由湖湘文化具有鲜活性、区域性、感染力强等特点所决定的。

一、湖湘文化融入湖南高校文化建设的重要性和必要性

湖湘文化的核心精神是"忠诚、担当、求是、图强",影响着一代代湖湘人。湖湘人、湖湘学子、湖湘文化名人一直以自己的实际行动诠释湖湘精神。湖南高校作为湖湘文化传承的重要阵地,肩负着湖湘文化发展壮大的使命,应该积极探索。湖南高校应该以湖湘精神作为食粮,始终把高校文化作为人才培养的主旋律,并

以传承湖湘精神为己任,从湖湘人民心系天下,忧国忧民的爱国情操,勇敢尚武、卓励敢死的英雄气概,力行践履、经世致用的务实作风,图变求新、敢为人先的创造意识,自强不息,坚韧不拔的进取精神,淳朴尚义、独立不羁的质朴品格中,提炼出一种有深厚底蕴和鲜明特色的高校文化精神。

湖湘文化是中华民族文化的重要组成部分,是具有典型地方特色的区域性文化,是一笔宝贵的精神财富,一种特殊的思想资源和教育资源。湖湘文化的精髓、优良传统以及独具特色的文学、艺术、戏剧、工艺、文物、民俗等资源对湖南乃至整个中国社会发展都曾经或正在产生巨大的作用,为现代化建设提供强大的精神动力和正确的价值导向,为现代精神文明建设提供了丰厚的文化底蕴。湖南高校文化在湖湘文化大的环境中产生、发展、创新,已经成为湖湘文化的不可分割的组成部分,彼此相互影响、相互融合。

优秀的文化底蕴对大学生有潜移默化的作用,优秀的高校文化对于培养高素质的人才是十分有益的。高校文化是高校在发展过程中形成的包含学校发展目标、共同价值观、作风和传统习惯、行为规范、思维方式、情绪情感及意志品格等在内的有机整体,是以物质为载体的各种精神现象,是高校的"意识形态",它对于大学生具有较强的导向、规范、激励、调节、凝聚等作用。优秀的高校文化是大学生的精神家园,它具有规范大学生的行为,凝聚大学生的精神与理想的作用,是大学生普遍认同并引以为荣的。它也是高校赖以生存、发展的重要根基和血脉。

湖南大学用红色文化浸润大学生思想①

湖南大学以社会主义核心价值观为引领,打造红色文化育人新模式,让红色文化浸润大学生思想,着力培养又红又专、德才兼备、全面发展的湖大人。五年来,主动递交入党申请书的本科生比例达到91%,102位学生党员志愿分配到西藏等偏远地区为祖国站岗戍边,62位毕业生放弃高薪职业参军入伍,2832位学生干部、党员选调农村服务基层,10位学生无偿捐献造血干细胞。

建立"红色课堂"。充分发挥周边地区红色资源丰富、伟人辈出的优势,学校先后在毛泽东、刘少奇、任弼时、胡耀邦、彭德怀等伟人故里,韶山、井冈山、延安等革命圣地,秋收起义文家市旧址、炎陵县毛泽东主持连队建党旧址等55个红色遗址,建立了移动的"红色课堂"。近五年来,学校每年开展"优秀学子韶山行"爱国主义教育活动,举办"党支部书记延安革命传统培训班""辅导员井冈山精神培训班"。

---

① www.hnedu.gov.cn.

传播“红色种子”。五年来,45 位思想政治理论课教师每年带领 200 多位学生,奔赴湖南各地开展“习近平治国理政新理念新思想新战略宣传与实践”活动;每年暑假,师生深入湖南贫困山区开展“心系湖湘大地,情牵脱贫攻坚”主题的社会调研活动,在学校定点扶贫点开展义务支教,把从“红色课堂”接受到的革命文化教育内化于心、外化于行,积极传播“红色种子”。

阅读“红色经典”。学校大力实施红色经典著作阅读计划,为全校 753 个本科班级购买《苦难辉煌》《中国共产党 90 年》等著作;注重读后体会,以班级、学院为主体开展读书交流会、红色故事会等 500 余次,让“红色经典”真正入脑、入心;开展红色文化系列活动,校园“红歌会”“见字如晤—红色家书”“奔跑吧!党旗!”“社会主义有点‘潮’”等“红色文化”正引领校园文化活动新潮流。

湖南高校文化应该充分汲取湖湘文化的营养,结合高校自身发展建设的传统与现实,以物质文化为载体,以制度文化为保障,以精神文化为灵魂,培育出底蕴深厚、特色鲜明、立足长远的校园文化。高校文化建设是高校办学的重要任务,是高校师生的共同愿望,也是高校发展的重要前提。如何搞好高校文化建设一直以来都是高校办学的重要研究课题,也是社会广泛关注的焦点。湖南高校作为高校的组成部分、重要成员,应该从湖湘文化中广泛汲取滋养,充实湖南高校文化、健全制度文化、培养创新精神,着力推进湖南高校文化建设,让湖湘文化在湖南高校得以传承、发展和创新。

二、湖南高校文化建设对湖湘文化发展的促进

湖湘文化是优质教育资源,它的开发和利用对湖南高校文化建设具有独特的意义,有助于培育学生的民族精神和爱国情感,有助于引导广大师生接受社会主流政治文化。湖湘文化的开发和利用,能够丰富充实湖南高校文化建设的内容。湖南高校文化建设应该利用一切可以利用的资源来进行,不能够仅局限于课本知识和校内资源。湖湘文化的内容,表面看来虽然它们年代久远,但是离学生最近,有的就发生在学生的身边,发生在他们的父辈或祖辈身上,是他们看得见,能够真实感受得到的内容,是教学中进行理论联系实际的直观生动的教学内容。湖湘文化的开发和利用,有利于改进湖南高校文化建设的教学方式。湖南高校文化建设应该而且必须采用多样化的方式来进行才能收到良好效果。当今,高校文化建设普遍存在着重校内课堂理论灌输而轻课外实践的问题。当今时代,高校素质教育

理念已经成为共识，必须加强课外资源的利用，以缩短大学生与社会的距离，提高教学效果。湖湘文化的开发和利用，有利于湖南高校文化建设对地方文化的传承和发展。引导学生关注本土文化，关注自己生存与发展的根，这是湖南高校坚持“二为”教育方针的职责所系。一方面，湖南高校文化建设开发和利用湖湘文化，有利于湖湘文化的传承。湖湘文化要经过整理、包装和宣传，才能很好地走向社会。湖南高校在文化的传承方面起着极为重要的作用。高校文化建设要利用湖湘文化，利用自身人才方面的优势，在调查掌握大量的第一手材料基础之上，进行去粗取精、去伪存真的分析和由此及彼、由表及里的综合，经过挖掘、整理、筛选，能够使地方文化得到优化和系统化，这种有意识地培养和应用，更有利于其传承。另一方面，这有利于促进湖湘文化的创新和发展。湖南高校文化建设利用和培育湖湘文化，能够使大学生看到湖湘文化的优势，增强对湖湘文化的认同感，使自己在接受教育的同时，把湖湘文明带回家乡，向家庭成员和社会成员进行回执性教育，产生家庭效应和社会效应，进而形成全民的认同感和自豪感，为湖湘文化的发展提供精神动力。

第三节　湖湘文化与怀化学院文化建设活动

高校文化建设和思想政治教育具有统一性，它们的目标一致、功能相近，有利于大学生社会主义核心价值体系的培养，也有利于美丽的“中国梦”的实现。怀化学院本着“怀仁化物，立地仰天”的办学理念，构建“以能力培养为主线、以专业能力培养为核心”的人才培养体系；在专业学科上，以工学、经管和教育类学科为主，把办出特色、服务地方作为我们的办学宗旨。提出“做大工科、做强经管、做优教育、做精艺体、做实文理”的专业建设发展思路，按照这个思路，进行院系结构调整；实施“应用性、地方性、民族性”的特色发展战略，在平台建设、专业建设、学科建设、科学研究，突出应用性、地方性和民族性特色，培养应用型人才，提出建设“高水平的地方应用型大学”的奋斗目标。近年来，怀化学院党委、行政，院系处、学生党支部、团委、班级以推进高校文化建设为抓手，以促进高校思想政治工作为突破口，以增进大学生健康成长为着力点，齐抓共管，构成合力，全面促进文化建设。怀化学院结合中央、文化部、宣传部、省高校工委等方面对文化建设的规定，结合本单位实际情况，制定合理的、适合本单位文化建设的规章，力争使青年大学生做遵守规章制度的楷模。在做好文化制度建设的同时,怀化学院建立健全班子成员,切实加强对文化建设的领导作用。近年来,怀化学院结合湖湘文化,大力加强大学生文化素质教育,开展丰富多彩、积极向上的学术、科技、体育、艺术和娱乐活动,把德育与智育、体育、美育有机结合起来,寓教育于文化活动之中。

一、结合湖湘文化,强化政治意识、责任意识、阵地意识和底线意识

怀化学院积极加强意识形态工作。学校意识形态工作以立德树人为根本任务,以深入推进习近平新时代中国特色社会主义思想进教材进课堂进头脑为主线,以提高教师队伍思想政治素质和育人能力为基础,以加强学校网络等阵地建设为重点,积极培育和践行社会主义核心价值观,不断坚定全体师生中国特色社会主义道路自信、理论自信、制度自信,培养德智体美全面发展的社会主义建设者和接班人。

(一)结合湖湘文化,加强学校文化建设是怀化学院培养创新型人才的需要

建设创新型国家是党中央从开创中国特色社会主义新局面做出的一项重大全局性的战略决策。要实现创新型国家的目标,就必须紧紧依靠科技进步和劳动力素质的提高。当今世界的竞争,归根结底是人才的竞争,因此必须深入实施科教兴国战略和人才强国战略。高校作为人才培养的主阵地,就必须适应国家和社会对人才培养的要求,培养大批具有创新素质和创新能力的高素质人才。因此,培养大批具有创新精神、创新素质、创新能力的创新型人才,是高等学校的根本任务。加强文化素质教育和价值观教育是教育对自身存在的弊端和问题进行反思的结果,是教育对时代呼唤所做出的有力回应。这就需要加强学校文化建设,引导大学生主动将学到的理论与实践相结合,坚持在学习中实践,在实践中创新,使创新不仅成为大学生的潜在意识,同时还要转化为他们的自觉追求。

(二)加强学校文化建设是解决当代大学生思想困惑的需要

当代中国社会正在发生广泛而深刻的变革,这对发展社会主义先进文化提出了更高要求。改革开放在推动我国经济大发展的同时,也使人民的精神文化需求日趋旺盛,人们思想活动的独立性、选择性、多变性、差异性明显增强。在这一点上,青年大学生表现得尤为突出。纷繁复杂的多元文化一方面满足了他们的精神文化需求,另一方面则使他们出现浮躁、急功近利以及自我中心主义不断膨胀等不良倾向。大学生所受的理论教育与实际生活脱节,甚至滞后于社会发展的实际,使得部分学生对社会主义理论产生怀疑,对社会主义的发展存有疑虑,对社会

主义的优越性失去信心,理想信念发生动摇,甚至被西方学者认为是信仰缺失的一代。在这种情况下,既需要一种为广大人民群众所认同的主流文化对青年大学生起引导作用,也需要一种积极向上、内容健康的精神食粮激励他们奋发进取。这就要求我们加强学校文化建设,用湖湘文化中的爱国主义精神,用典型人物和事迹去感召大学生、鼓舞大学生、激励大学生,使大学生潜移默化地提升自己的素质和水平。加强湖湘文化中的爱国主义精神教育,能够帮助他们树立正确的世界观、人生观和价值观,提高大学生的思想素质。

(三)加强学校文化建设是全面建设小康社会的需要

全面建设小康社会的奋斗目标,不仅需要全党全国各族人民脚踏实地努力奋斗,还需要一种维系全国人民的精神纽带,使全国各族人民始终保持奋发有为、昂扬向上的精神状态,投身于改革开放和社会主义现代化建设的伟大事业,为实现中华民族伟大复兴而努力奋斗。在校的大学生,正是全面建设小康社会的生力军,是振兴中华民族的重要力量。因此,大学生不仅要勤奋刻苦地学好知识和本领,更要树立时代的责任感和使命感,主动适应时代的要求。目前,我国正处于加快推进政治、经济、文化和社会建设的关键时期,改革发展过程中有许多瓶颈亟待突破,需要大学生培养多方面的素质和能力,其中尤其需要培养大学生的改革精神和创新意识。因此,加强学校文化建设,正是适应时代和社会发展的要求。着力培养他们的改革精神和创新意识,努力提高他们的综合素质和能力,这对于确保我国实现全面建设小康社会、加快推进社会主义现代化建设的宏伟目标,具有重大而深远的战略意义。①

二、充分挖掘本土的湖湘文化资源,加强和改进学校文化建设的针对性和有效性

(一)结合湖湘文化,以校园文化活动为载体,创新学校文化建设

怀化学院积极探索学校文化建设新模式,提出了"引导成功、服务成才、管理成长、教育成人"的工作思路,即通过引导、管理、服务、教育这四个方面的协同作用,为大学生的健康成长成才营造良好的环境。怀化学院注重学校文化建设与思想政治教育平台搭建。组织修订了《怀化学院学生思想政治教育主题活动实施方

---

① 田光辉. 大学生思想政治教育工作机制创新研究——以怀化学院为例,《怀化学院学报》,2014(07).

案》,在已经形成的教育体系下,以主题班会、团日活动为主要形式,在广大教师、学生工作者、广大学生中选拔成员,组成“讲师团”,组织编纂主题教育活动方案和主题教育宣讲教材,开展系列主题教育活动,构建了主题教育平台。启动了“朋辈教育项目”,组建了“优秀大学生报告团”,有计划、有目的地组织大学生互相传授学习、生活、工作等方面经验,充分发挥大学生朋辈伙伴的带动作用,构建了朋辈带动平台。在“两节一赛”校园文化精品活动和“一系一品”特色文化活动的基础上,每两年开展一次“十佳有影响力的学生工作者”“十佳有影响力的学生”“十佳有影响力的学生活动”评选活动,构建文化育人平台。着眼于学生学习力的诊断与提升,组建了“学习力”讲坛、“创新创业力”讲坛,编写了《地方本科院校大学生学习力诊断与提升》一书,并在全校开设了选修课,对学生进行劝学、导学、助学,促进学生乐学、志学,提升学生的自主学习力。

校园文化活动成为连接课堂教学与实验实训的重要实践教学平台,成为推进学生能力素质培养的主阵地。为落实这一人才培养思路,怀化学院在充分研究全校广大青年学生特点的基础上,努力打造特色节会文化,形成特色的活动平台,举办“科技·读书”节和校园文化艺术节,全年穿插“挑战杯”系列竞赛,概述为“两节一赛”。在此基础上,进一步形成了对“两节一赛”的活动坚持精品化设计、项目化管理、课程化实施、竞赛化考核、全员化参与的特色运行机制,极大地繁荣了校园文化生活、提高了人才培养质量。学校根据公共能力、专业能力及专业发展能力培养的需要,对申报立项的校园文化活动进行精品项目、重点项目、一般项目和培育项目的层次划分,不断培育校园文化活动精品项目。在校级层面培育出了培养公共能力的“挑战杯”、辩论赛、青马工程等一些校园文化活动精品项目;在系级层面实施的“一系一品”工程,具体用于培养学生的专业能力和发展能力。目前各系(部)都已经围绕着“两节一赛”形成了培养学生的专业能力和发展能力的精品校园文化活动项目,如音乐系的金秋艺术节、体育系的体育广场文化节、艺术设计系的动漫节、公管系的“人文大讲堂”和“公管竞技场”、中文系的影像艺术节和语言文化周、经济学系的经济文化大看台和经济文化大展台、工商管理系的商道文化节、计算机系的社会导师计划、美术系的五溪民间美术节、政法系的法制时政月等。怀化学院对“两节一赛”系列培养学生公共能力、专业能力及专业发展能力的活动进行项目化的管理,所有涉及能力培养的校园文化活动项目必须在自主申报的基础上由学校审核立项才能实施。在活动环节,各立项项目按照项目申报书所报的实施计划及育人目标进行中期核查和终期结题,保障各个能力培养项目的育人质量。在学生环节,学校制定了大学生公共能力的考核认证体系,规定每个学生必修 8 个能力素质学分,对学生的能力素质培养实施定性与定量的考核。在教师环节,鼓励各系(部)在组织和开展各项校园文化活动时与各系部教学教研室紧密配合,形成教学教研室主导,团总支支持配合的格局,将教学科研与校园文化活动紧密衔接,提高能力素质培养项目的品质。

在以往的校园文化活动中,学校确定活动内容和主题,按系(部)分配名额。系(部)通过层层选拔报送参赛学生,最终变成小部分精英学生唱独角戏。目前怀化学院"两节一赛"活动一改过往的"系部精英"参赛为"系部精英"与"多形式"参赛并存,扩大活动学生的参与面,推动全体学生提高公共能力、专业能力及发展能力。学校在设计校园文化活动的方案时要求必须组建团队参加,必须分专业组与普通组,因而在"两节一赛"活动中,多形式的学生团队不断涌现。以宿舍、班级、社团为单位组建团队参赛的形式成为参与常态,这种组队形式充分发挥了同质群体优势。不同宿舍、不同班级、不同专业、不同校区的学生也自主联合组建团队参赛,实现能力上的互补,培养了分工协作精神。每届"两节一赛"活动参与团队均达几百余支。在活动参与层次提升的同时,青年学生的参与面亦实现革命性的飞跃,使得校园文化活动由原来的挑选精英分子参加的模式,转变成为全体青年学生大众参与,具有面上的培养效应,实现了整体育人的效果。

(二)结合湖湘文化,以第一课堂与第二课堂的有效对接为手段,创新大学生思想政治教育工作的内容

怀化学院以第一课堂与第二课堂的有效对接为手段,从培养优良学风开始,创新大学生思想政治教育工作的内容。培养优良学风是提高人才培养质量的基础性工作,怀化学院针对目前我校部分学生"不愿学、不勤学、不乐学"的不良风气,学校下发了《关于进一步加强和改进学风建设的十条意见》,同时注重班级、宿舍两个学生生活、学习基本单位的作用,双管齐下,开展了优良学风示范班和标兵班、学习型寝室评比活动。在此基础上,以学风建设为抓手,围绕学校"三位一体"人才培养模式改革,遵循大学生成长规律,从学生成长需要入手,在大学生中开展目标教育,鼓励学生树立人生理想,明确学习目标,确定职业方向,激发学习动力。目标教育从大一抓起,整个四年循序渐进,同时结合我校"三位一体"人才培养规格,分阶段、分层次制订大学生成长目标,构建我校特有的目标教育体系。围绕这个体系,组织学生开展"大学生涯"设计活动,引导学生认识大学学习、生活特点,认识所学专业,认识自我长处与不足,在老师指导下规划"大学生涯",然后填写

《“大学生涯”设计登记表》,从而确定大学四年具体目标,并在学习过程中由老师指导进行动态调整。同时通过这个目标体系,把大学生思想政治教育工作的相关措施串联起来,拓宽目标实现途径,增强目标转化后劲。地方高校校园文化建设与思想政治教育具有相互交叉、相互包含、相互渗透、相互依存、相互作用、相互影响的关系。地方高校校园文化是开展大学生思想政治教育工作的重要阵地。传统的思政教育模式已经不能适应高等教育不断发展的需要。地方高校校园文化以其独特的育人功能成为地方高校思想政治工作新的着力点。对校园文化活动通过实行立项申报—专家评审—课程设计备案—全员培训—项目中期检查—项目终期评审—质量监控等环节来实现校园文化活动的量化可控管理,实现第一课堂与第二课堂的有效对接,为知识、能力、素质的协调发展提供平台。各个能力素质培养活动项目在全校公开后,由全体学生自主选报参加。教务处、团委和各系(部)根据课程化的要求对自主报名参加校园文化活动的学生先进行培训,然后在培训的基础上统一组织比赛,通过竞赛来检验学生的能力素质培养效果。

为帮助学生成长成才并顺利走向社会,怀化学院高度重视应用型人才培养特别是创新型人才培养,将创业作为拓展就业渠道的有力抓手,在教育、实践、服务保障上做了一些有益尝试,涌现出了以湖南省“最美大学生创业者”龙青为代表的一批创业典型。学校认为,大学生普遍看重传统意义上的“硬就业”,即进入党政机关、企事业单位谋求相对固定的职业岗位。这种方式实质上禁锢了学生的就业思维,如果以创业的方式开拓就业新领地,就可能占领职场的最高点。怀化学院着力做好“软就业”这篇大文章。让大学生掌握有关创业的理论知识、树立起创业意识,仅仅只是走完了创业的第一步。有没有靠得住、信得过的“创业导师”释疑解惑、带动提高尤为必要。怀化学院大力促成校内校外的“创业导师”与大学生对接,“创业导师”为大学生创业发挥了很好的引导作用。大学生创业受内部条件和外部环境制约。怀化学院不断整合创业资源,完善服务体系,怀化学院主动加强与有关单位联系,给学生创业争取政策、技术和资金支持,为其“创业梦”的实现提供便利和保障。怀化学院与怀化树仁集团联合创立了怀化学院树仁大学生创业园,大学生创业园集创业教育、创业实践、创业项目孵化于一体,成了我校大学生创业者的“根据地”。近年来,以龙青为代表的创业典型引发了我校大学生创业的集群效应。经济学系 2009 届毕业生刘柏清、朱新发、邓运环、林川创办的一鸣教育,由一家规模较小的个性化课外辅导中心,短短几年发展成为拥有 6 家分校、跨湖南、贵州两省,每年培训学员达 5000 人的教育集团;美术系 2007 届毕业生刘永东，毕业时创办了湘西缘美术学校，现发展为集教育、农产品和环保产业于一体的综合性集团，设有湘西缘美术学校，怀化市新腾升油脂有限公司，怀化市恒才教育发展有限公司，其中湘西缘美术学校已经成为西南地区最大的民办美术学校，在校学生3000余名。

世界观、人生观和价值观教育是怀化学院思想政治教育的核心内容，这些内容直接表现着一种文化的价值标准。地方高校存在于一定的社会之中，因此，怀化学院校园文化必然在一定程度上反映了时代特征和时代要求。因此，怀化学院校园文化建设必须适合时代发展的需要，引导大学生树立符合时代要求的正确的世界观、人生观和价值观。文化对人的影响无时不在，无处不在。怀化学院校园文化实质上是一种环境，具有育人的功能。随着我国改革开放和经济建设的不断发展，大学生原有的价值观念被打破。在这种情况下，引导大学生树立符合时代要求的正确的价值观，就成为怀化学院思想政治教育十分重要的任务。而作为怀化学院思想政治教育重要载体的校园文化通过一定的文化氛围和精神环境实现对大学生正确的世界观、人生观和价值观的塑造。如何确保怀化学院校园文化的健康发展，保证怀化学院校园文化建设的社会主义方向，不仅是怀化学院自身发展的需要，也是怀化学院思想政治教育改革与发展的需要。所以，怀化学院校园文化的和谐发展，不仅是一个社会问题，也是一个政治问题。怀化学院校园文化要体现出社会主义文化的基本属性和原则，这就需要怀化学院思想政治教育工作加以引导。怀化学院校园文化对大学生的熏陶和影响是潜移默化的，而怀化学院思想政治教育工作却有明确的目的指向，它就是要使思想政治教育内化为大学生的自觉行动，保证怀化学院校园文化建设的社会主义方向，保证怀化学院校园文化的健康发展。①

（三）结合湖湘文化，以辅导员和班主任能力素质提升为基础，加强大学生思想政治教育工作的队伍建设

辅导员和班主任队伍是思想政治教育工作的重要力量。为进一步加强这两支队伍建设，学校下发了《怀化学院辅导员队伍建设实施意见》和《怀化学院班主任队伍建设实施意见》，对辅导员的要求与职责、配备与选拔、培养与发展、管理与考核进行全面规范，明确了班主任岗位设置、任职条件、工作职责、考核待遇等内

① 田光辉. 大学生思想政治教育工作机制创新研究——以怀化学院为例，《怀化学院学报》，2014(07).

容,并以此为契机,大力推进我校辅导员队伍和班主任队伍由管理型向指导型转变。同时,为了促进两支队伍健康发展,提高他们工作能力和水平,怀化学院每年组织开展校内辅导员和班主任培训,举办辅导员和班主任论坛。每两年举办一次辅导员技能大赛。2017 年在湖南省第六届高校辅导员职业能力大赛中,怀化学院代表获得了初赛冠军奖的好成绩,展示了怀化学院辅导员风采。

围绕湖南省大学生思想道德素质提升工程的要求,怀化学院进一步加强了大学生思想政治教育工作的理论研究。一方面开展校级大学生思想政治教育项目立项申报与实施工作,2012 年以来怀化学院开展了大学生思想政治教育特色建设项目、特色成长辅导室建设项目、大学生德育实践项目、辅导员队伍建设项目等立项工作,共立项资助了 10 个项目;另一方面努力做好省级立项项目的申报工作,在校内立项的基础上,推荐优秀项目申报省大学生思想道德素质提升工程项目,2012 年以来怀化学院获省立项资助思政特色项目 2 个、思政理论课项目 1 个、大学生德育实践项目 8 个、校园文化精品项目 2 个、特色成长辅导项目 1 个、辅导员团队项目 1 个。与此同时每年开展大学生思想政治教育和辅导员工作优秀论文、优秀案例评选活动,并推荐优秀论文和案例到省研究会参评。2012 年怀化学院获省大学生思想政治教育优秀论文特等奖 1 篇、一等奖 1 篇、二等奖 2 篇、三等奖 4 篇,获辅导员优秀论文一等奖 1 篇、二等奖 1 篇,获优秀辅导员工作案例一等奖 1 篇、二等奖 1 篇。加强怀化学院学生思想政治教育队伍建设,是怀化学院培养合格人才的需要。怀化学院要做好思想政治工作队伍的建设,从队伍建设主体的角度而言,应当着重加强对党政干部队伍建设,加强思想政治理论课教师队伍建设,建立健全专职辅导员队伍,完善学生会干部和班干部队伍。怀化学院学生思想政治教育队伍是保证怀化学院坚持社会主义办学方向,全面贯彻党的教育方针,培养德、智、体、美等全面发展的社会主义事业建设者和接班人的一支不可缺少的重要力量,是怀化学院教师和管理队伍的重要组成部分。在倡导"以人为本"教育理念的今天,能否有一支高素质的思想政治工作队伍,是大学生思想政治工作成败的关键。在一切既定的条件下,干部因素是关键。怀化学院党政干部是怀化学院思想政治教育的管理者、主导者、协调者、定位者。在实行具体的管理中,要准确规定哪一部门的党政干部具有从事学生思想政治教育的职能和职责,其具体的职能与职责是什么,以期真正做到各安其位、各负其责,使队伍的组成、建设、管理与使用更科学与规范。如组织部和宣传部、学生处与团委、各系党总支等部门,应进一步细化和强化其在学生思想政治教育中的作用,如在学生党建、校园文化建设、网络队伍管理等方面要充分发挥这些部门的作用，同时要将工作任务与目标具体化，定期深入到学生中间去，了解和把握学生思想脉络，满足学生的政治需求，加强同学生的感情交流，从而使工作更贴近生活、贴近实际、贴近学生。要加大思想政治教育工作队伍考核的力度，确实有效地完成所承担的任务，并作出成效。此外，作为怀化学院的管理人员，党政干部要在自己的管理工作中体现育人导向，把严格日常管理与引导大学生遵纪守法、养成良好行为习惯结合起来，构建全员育人的工作格局。①

总之，高校文化是高校学生风貌的集中体现，高校文化建设反映着高校文化的发展方向，建设高校文化，关键是符合自身实际，获得师生员工和社会的广泛认同，把人心凝聚起来。怀化学院思想政治教育要顺应怀化学院文化建设步伐，注重培育新的思想观念，培育出适合社会需求的人才，促进怀化学院可持续发展。怀化学院文化建设对于推动怀化学院文化发展与繁荣具有重要意义和影响。因此，在新形势下，怀化学院文化建设必须把社会主义核心价值体系与湖湘文化融入大学生思想文化教育之中。由于怀化学院文化建设是一个历时性的范畴，有不同的历史形态、时代内涵，彰显着人性、主体性、人的本质力量不断拓展和强化的历史进程。所以，怀化学院文化建设一定要把握好历史文化传统资源与现实社会条件的衔接性与适应性问题。这关系到怀化学院文化建设的成败，并且会严重影响到怀化学院的整体发展问题。从湖湘文化的优良传统的角度来推进湖南高校文化建设，主要就是将传统湖湘文化中的爱国主义传统，注重实干、勇于任事、自强不息、勤勉朴实的传统，以及开拓创新与对外开放的传统很好地与当前的社会历史条件结合起来，很好地将它们的合理内核与人文精神的道德、价值原则等五个层面结合起来，利用教育、文学、艺术以及媒体舆论等途径将它们内化到怀化学院文化建设过程中。当今社会大环境的变化，给怀化学院校园文化带来了巨大冲击，怀化学院大学生的价值观念、道德品质和行为方式等都受到了严重的影响。湖湘文化对怀化学院文化建设的影响主要体现在湖湘文化的导向作用、陶冶和塑造作用、规范和约束作用等方面。怀化学院文化建设要充分发挥湖湘文化的作用，把湖湘文化渗透到怀化学院文化建设的方方面面，为怀化学院大学生创造一个良好的校园文化环境，从而增强怀化学院文化建设的实效。

---

① 田光辉．大学生思想政治教育工作机制创新研究——以怀化学院为例，《怀化学院学报》，2014(07).

第五章

湖湘文化融入湖南高校物质文化建设的实践

高校物质文化是高校文化的有机组成部分，是高校精神文化的重要载体，也是高校文化存在和发展的物质保证与硬件基础。新时期的高校文化建设，既要以高校精神文化建设为核心，着力从非物质层面打造高校的文化软件，营建高校的核心竞争力和品牌效应，同时绝不能忽视和削弱高校物质层面的文化建设。高校物质文化建设，必须正确认识高校物质文化的内涵、意义和功能，科学把握高校物质文化建设的内容、原则和方法，围绕高校文化建设的总体方略，尽力而为，量力而行，不断改进和加强高校物质文化建设，力促高校物质文化与高校精神文化相协调，充分发挥高校物质文化设施的各项功能，从而全面推进高校文化建设。

第一节　高校物质文化的内涵、意义和功能

高校物质文化是高校文化建设的一部分，它是当代高校教育的必然产物，它在培养人才的过程中所呈现出的教育功能、示范功能、凝聚功能、创造功能、熏陶功能等，为当代大学生形成良好的心理品格与正确的价值观念奠定了坚实的基础。最近几年高校文化创造性的发展，不仅进一步丰富了大学生的课余文化生活，提高了大学生的文化素质，而且，增长了知识、锻炼了才干、拓展了大学生现在和未来的生活空间，在奋发向上的氛围中锻炼自己的独立性和创造性。随着高校物质文化的建设与发展，其高校文化的传播价值、美育价值、道德认同性价值、知识性价值、社会性价值将会被越来越多的名校及有识之士认可与肯定。营造高校环境建设，是现代教育建造优良育人环境的非常有效的途径之一。高校造就人才，绝不能仅仅满足于对大学生的知识灌输和技能、技巧的训练，而应在重视知识、技能的同时，以更大的热情、更多的精力对大学生进行情感的熏陶、性格的培

养。对于大学生来说,他们的人生观、世界观正经历着自我觉醒、自我确立的过程。因此,良好的文化氛围对帮助大学生确立高尚的人生理想、健康的人生哲学、乐观的人生态度都是极其有益的。高校里的一尊雕塑、一幅壁画、一株花草,只要安置得合理,就可以收到很好的艺术熏陶效果。目前,高校办学条件的更新,已得到异常迅猛的发展与提高,随着现代科学技术的发展,电化教学手段越来越成为现代高校物质文化的重要内容。如:幻灯、电影、电视、录音、录像、广播、语言实验室等。电化教学水平的高低,在很大程度上反映了高校文化的物质条件。高校物质文化对于高校办学发挥着不可估量的作用。

一、高校物质文化的内涵

高校物质文化是在高校校园特定地域空间里由高校师生共同创造的一种独特的文化形态,有着深厚的历史烙印和鲜明的地域性特征。高校物质文化是高校文化的有形外壳,它以物质为表,蕴文化于内,因而其构成要件主要是两方面,一是高校的物质结构本身,高校物质文化首先是以看得见、摸得着的物质形态存在,以此构成高校文化建设和高校发展的物质基础;二是蕴含在这些物质上的思想、规范和价值以及人们对待物质环境的态度。高校物质文化是高校内人的对象化活动的结果,一方面,人创造和建设了物质环境,并让物质环境打上了精神文化的烙印;另一方面,人又是物质环境的受用者,不管其自身是否意识到,人时时刻刻都在特定的物质环境中受到熏陶和感染。从这个角度上说,高校的"物质"之所以有"文化",是因为人文色彩蕴入了自然环境及设施之中,以特有的象征符号潜移默化地影响着在校内学习、工作、生活的人们,传递着一定的理念、规范和价值标准,以此影响高校成员的心理意识、价值观念、态度与行为。湖南高校物质文化建设和其所处地区的地域文化资源和历史传统密不可分,湖湘文化源远流长,在长期的历史文化发展中形成的湖湘文化独具特色,涵盖着独特的自然景观、文物古迹、历史变迁、文化精神、民俗风情等,因此,湖南高校物质文化必然受到湖湘文化的熏陶影响,进行湖南高校物质文化建设,湖湘文化是一个重要的视角。

二、高校物质文化的意义

明确了高校物质文化的内涵,也就不难理解高校物质文化存在的意义。高校物质文化存在的意义,从浅层上说,是为高校师生的学习和生活以及高校的发展提供物质条件,而从深层上说,是以物质作载体来外显高校精神文化,传递高校的思想、规范和价值,在物质层面上建构深具人文气息的高校教育环境。如果引入CIS即企业形象识别系统,也可以把高校物质文化理解为高校的视听识别系统,从这个角度看,高校物质文化存在的根本意义,在于将高校的理念与高校精神文化,借助视听手段传达出来。①

三、高校物质文化的功能

高校物质文化的功能比较多,主要有导向励志、审美怡情、增知矫行等几种,而这些功能的发挥,是通过对高校地理环境、规划布局、建筑、设施设备、自然风貌、人文景观和各类物化形态的有意识创设,借助于高校物质设施在形、色、意、象、声等方面的标识、暗示和浸染,通过人的不自觉意识和内在体验来实现的。一个有着丰富文化底蕴和鲜明的地域特色的校园环境和建筑总是以特有的文化象征符号向人们传递着某种合乎完美的思想、规范和价值标准。②

1. 熏陶功能

高校校园环境文化体现出一所高校的文化积淀、审美趣味和审美追求,给高校师生以文明审美的熏陶。高校物质环境以有形的物质,来承载和标示无形的高校精神、规范和价值,这些精神、规范和价值一旦被师生体悟,就会对他们产生潜移默化的熏陶和影响作用。一所有着良好物质文化氛围的高校,师生完全可以从高校建筑设施和景观的形象及神韵中,体悟出高校的精神和气度,从而给师生的心灵以强烈的震撼和激励,这些物质标识物还有可能成为他们心灵世界的庄重之物和精神依托。在这种环境中生活的师生,时时耳濡目染,不知不觉中感受到校园物质文化的独特魅力和内涵特征。

2. 审美怡情功能

高校物质文化折射了一定时期社会文化的审美追求,也体现了一个高校的艺术创造力和审美力,反映了设计者和建设者的智慧、趣味与情感,高校师生置身于这样的环境,与这样一些事物朝夕相伴,在对物质文化的欣赏过程中,必然会逐步建立起一定的审美意识,提高欣赏和鉴别美好事物的能力,进而培养出创造美的能力。与此同时,他们会因为时时受到高校物质文化氛围的感染,而程度不同地让情感更趋丰富,情操更趋高尚,个性更趋完善,心性和趣味更趋高雅。

---

① 关于学校物质文化建设的思考(http://blog. sina. com).

② 沈学玕. 地域文化视角中的大学物质文化建设路径[J]. 黑河学刊,2013,(11):35 - 37.

3. 育人功能

高校物质环境是有形具体的,但其承载的文化内涵却是包罗万象的,所以高校物质文化的建设充分利用高校所处地域文化优势,挖掘高校历史发展过程中的文化积淀,深化高校物质文化的育人功能,使自然景观与人文景观、传统文化积淀与时代特色、科学精神和创新精神交相融合。高校校园里富有地域特色的建筑、碑石、雕塑等人文景观都会以独特的神韵和精神震撼力,令人身临其境之中感知直叩人心的情感共鸣,潜移默化中使人逐步形成良好的道德品行、正确的价值观念、健康的审美情趣和科学的思维方式。怀化学院校园里的校史纪念馆可促人深思,使学生从历史的厚重中感知传承文化的现实责任。宋代著名书院岳麓书院位于湖南大学,湖南大学将岳麓书院优秀传统文化进一步物化,校园内办公楼、教学楼、学生园区,随处可见木刻、雕像、喷绘等多种传统形式为载体的楹联、名人画像和名言名句,师生们在潜移默化中感知湖大历史上曾经的贤达大师风范。因此,挖掘湖湘文化历史内涵,有助于创造和形成独具特色的高校物质文化空间,凸显高校物质文化的育人功能。

第二节 高校物质文化建设的内容、原则与方法

一、高校物质文化建设的主要内容

高校物质文化是高校文化的物质基础,是高校文化综合实力的提升的重要标志。高校物质文化主要包括校园主体建筑,如图书馆、教室、体育馆、实验室、实训中心等;宣传设施,如橱窗、学报等;人文景观,如雕塑、题词等以及整个校园的绿化、美化等,这是校园外显基础文化。高校物质文化建设应主要着力高校文化外显层面的打造,构建能充分凸显高校精神文化内蕴的完善的物质环境,建设的主要内容包括以下几方面。

1. 高校的地理环境

在地理环境上,特别是图书馆、实验室、题词、美化校园的人文教育设施建设等,对于培养人才的知识、技能、素质、品格具有重要作用。需要通过规划设计、创建、修整或扩充内涵,以增加或增强高校的设施、设备及其功能,把校园建设成为读书做学问及休息的好地方,为人才成长创造良好的环境。育人是高校的主要职

能之一，而高校所处地理位置的优劣与教育效果的发挥直接相关。古今中外的教育家都十分重视校址也就是高校地理环境的选择，比如中国古代的几大书院都设在山清水秀之处，很多国外大学特意建在远离市井喧嚣的偏僻小镇或城市郊区。当代中国各级各类高校在考量高校地理环境时，虽不必非得选择一个“世外桃源”之所，但在综合考虑需要和可能、历史位置与未来发展的基础上，谋划良好的高校地理环境也是十分必要的。高校地理环境建设主要抓两点，一是选择适宜的自然环境，二是建构良好的人文环境。自然环境的选择要综合考量生活、交通、水源等各方面因素，人文环境主要是借助相关部门的力量，祛除高校周边有可能给学生带来不良影响的因素，如制止“两室三厅”、校外零食摊点过于靠近高校设置等。

2. 高校的规划与布局

高校的规划与布局是高校物质文化建设的重要内容，它不仅体现着高校的外在形象和整体风貌，也最终体现着环境育人的宗旨。高校的规划与布局从大的方面看，主要表现为各功能区在空间上的科学合理分布，如把整个高校规划为教学区、生活区、运动休闲区、行政办公区等几大区域，各区域既要相对独立，功能各异，又要相互协调，互为补充，共同发挥环境育人的功能。从细节上看，高校的规划与布局，还体现在周密考虑各类建筑设施的组合与配置、人文景观与自然景观的有机配合、空间的疏密有致等各方面。

3. 高校的建筑与设施

高校建筑主要指各类立面楼宇和附属建筑物，高校设施的种类很多，包括教学、活动、办公、宣传、后勤等各方面使用的桌、椅、门、窗、台、栏、阶、池、灯、扇、机器、线路、广播、音响等设施。高校的建筑和设施是高校物质环境的主要组成部分，也是高校物质文化建设的主要内容。高校建筑和设施作为人设计建造的产品，其实是物质和精神、主体和客体、技术和艺术、形式和内容、自然和社会、历史和现实的“多元整合”，里面包含着一系列潜隐的教育信息。因此，构建具有文化品位的高校建筑和高校设施，一定要从空间布局、功能组合、材料质地、造型、颜色、光感、触感、视听等各方面精心规划设计，力求传达出高校的品位、追求和价值，最大化的起到熏陶、感染、激励和教育人的作用。

4. 高校的自然和人文景观

高校自然景观，指高校的地面、墙面、池水、树木、草坪等富含自然界气息的景观。在高校物质文化建设过程中，无论是改造旧的自然景观还是创建新的自然景观，都要从有利教育的角度，根据自然景观的形、神，赋予它们一定的文化寓意；对原有自然景观,一方面要按照规划愿景的要求,对与高校整体文化风格不协调的地方予以删削和改造,基本协调或完全协调的地方要保留并维护好。高校人文景观,指为着开展某方面教育而专门设计建造的景观,如文化墙、文化走廊、名人雕塑、诗文碑、读书角、升旗台等,此类人文景观由于文化气息浓厚,针对性强,能对师生产生直观的教育和感染。

5. 其余小型的或辅助型的物质文化建设

如高校的小型标识系统即校徽、校旗、桌旗、师生服饰、师生胸牌、门牌、楼宇标识、高校信封、公文用纸等的设计制作,校园路灯和路标的设计建造,标语口号的镌刻悬挂,等等,这些方面也是高校物质文化建设的应有内容,也要充分体现高校的理念、规范和价值标准,精心设计、规划和建设好。

二、高校物质文化建设的基本原则

高校物质文化要实现承载和传递高校思想、规范和价值的功能,需遵循如下建设原则。

1. 教育性原则

高校物质文化建设的首要原则是教育性原则。高校物质文化是否具有教育性,取决于物质环境能否较好地传达高校的精神文化,承载一定的人文内涵,取决于物质建设能否从以人为本出发,充分关照师生的生存与发展,关注师生的身心健康成长。否则再好的物质设施,也是没有文化、没有灵魂、没有生命、没有感召力和亲和力的设施,也就体现不出教育性。因此在高校物质文化建设过程中,一定要做好整体规划和精心设计,优先考虑如何更好地将精神文化融入物质环境中,并以人性、便利、和谐与友好的方式呈现,只有这样,才能充分发挥高校物质文化的各项功能,实现高校物质文化的教育性。

2. 艺术性原则

高校物质文化建设的教育性和艺术性密不可分,艺术性强的高校物质文化更有助于提升其教育性。因此高校物质文化建设要遵循美学规律,讲究章法布局,注重细节完美,强调艺术气息,尽可能用健康美好的外在形式来传达积极向上的高校内在精神,尽可能使整体布局与每一个个体都呈现出人文气息与艺术美感,各功能区及景观既在整体上风格统一,又各具特色,既各自相对独立,又过渡自然和谐,充分体现对立统一变化之美,充分体现形式美与内蕴美的有机结合,从而给人以和谐、舒适和美的享受。

3. 发展性原则

高校物质文化的构建应符合学生的身心发展规律,在建设高校物质文化时,要考虑不同层次、不同性质的高校和专业的差异,使之适合学生的年龄特点和成长需要。同时,要以发展的、前瞻的眼光来建设高校物质文化,在考察社会和教育发展趋势的基础上,适度超前规划与分步组织实施相结合。

4. 实用性原则

高校物质文化建设,说到底是为传递高校精神文化和提高高校教育教学成效服务的,因此高校物质文化建设也要确立成本效益观念,既要适度超前规划,更要着眼当前实用,力求以较低成本来高效地外显高校精神文化。为此,必须根据所在地区的经济社会条件和高校自身财力,根据高校文化建设和教育教学的实际需要,突出实用性和实效性,考虑成本,量力而行,尽力而为,多做实实在在、行之有效的实际建设,不搞华而不实的花架子,从而为高校师生提供质优价廉、美观和谐、充满生机和活力的高校物质文化环境。

5. 创新性原则

高校物质文化建设,很重要的一点是要展现鲜明的个性特色,如果千校一面,容易让人产生审美疲劳,难以留下深刻印象,同时也会影响教育的效果。因此在高校物质文化的规划和建设过程中,对别校做法可以借鉴但不能照搬,要结合时代要求、区域特点和高校校情,走个性化的创新建设之路,深入挖掘高校文化底蕴,创造性地设计施工,力求打造出高校自身的特色。

6.“可解读”原则

“解读”,指人们根据已有的知识、经验、文化背景及心理特点,思考和领悟高校物质设计中蕴含的各种文化信息,这些信息只有被人们“解读”了,它们的价值才能显现出来,教育的功能才能实现。因此,高校物质文化建设,既要充分展示文化品位,也不能超越师生的文化背景和理解能力,故作高深繁难,过度追求别致,否则会让人难以捉摸其内涵和意义,也就发挥不了高校物质文化潜隐的教育功能。①

三、高校物质文化建设的主要方法

高校物质文化建设是一项长期的动态完善的系统工程。从时间上说,它不可

① 关于学校物质文化建设的思考(http://blog.sina.com).

能一劳永逸,必然要随着高校的发展适时加以改进完善;从空间上说,高校物质文化建设涵括了一切外显物化环境设施的建设,牵涉面非常广。因此,高校物质文化建设切忌凭三分钟热度或靠想当然盲目下手,必须认真统筹安排,系统审慎建设,依循科学路径,讲求科学方法。主要的方法有:

1. 由整体到局部进行科学规划和设计

首先对照高校精神文化体系,以前瞻的眼光,制定高校物质文化建设的目标。这种目标从时间接续上,可以分为近、中、远期目标,近期目标应具体化,远期目标可以粗略化。在空间延伸上,着重制定高校内部物质文化建设目标,对高校周边的物质环境和区域内的物质文化设施布局,也可提出一些愿景设想和建议,供政府和社区参考。接下来在目标的指导下,从大的框架上对高校内部物质文化建设的内容、重点、布局和实施阶段做出科学的规划,加以整体的设计,然后由整体到局部,对高校的每一块功能区、每一个景观,每一处设施进行详尽的规划和设计。在规划设计时,一方面要突出高校物质文化的人文内涵、艺术气息和个性特色,一方面要进行成本核算,明确总体建设成本和单项建设成本,而且规划设计草案完成后,要广泛征求专家学者和高校师生的意见,集思广益形成定案再组织实施,在实施过程中还要根据具体情况适时修正完善。

2. 区分轻重缓急分步实施

高校物质文化建设时间长,内容多,多数高校财力有限,要应付各方面的开支,不可能全数用于高校物质文化建设,所以高校物质文化建设不管愿景多么宏大美好,不管项目再多,也只能根据高校的现实需要和发展趋势,区分轻重缓急,一步步组织实施。现时特别需要的,容易做到的,能够做到的,就马上做;现时不是特别需要的,一时做不到的,就可以缓一缓。积跬步而至千里,只要在总体规划的指导下,循序渐进、有条不紊地开展工作,高校物质文化建设就一定会日臻完善,离美好愿景越来越近。

3. “改旧”与“建新”相结合

高校物质文化建设牵涉两方面,一方面是由旧到新进行改建,一方面是从无到有开展新建。如果是新辟校区,就可根据物质文化建设的愿景规划进行全盘新建,但更多的高校,只能囿于原校区的有限空间做文章,不可能也不必要完全推倒重来,只能在原有格局的基础上,一边改造一些,一边新建一些,以此来推进高校物质文化建设。

4. 内部建设与外部拓展相结合

高校物质文化建设，重点是加强高校内部的物质文化环境改造和建设，努力整治校容校貌，完善各类建筑设施和自然人文景观，开辟阅报栏、宣传栏、黑板报、图书室、阅览室等文化教育阵地，发挥高校广播、电视、校报、校刊的宣传教育作用，加强各类校内网站建设，等等。要通过着力本体建设，大练上述“内功”，形成完善的高校内部物质文化环境，使高校的每座建筑、每所房屋、每个角落、每处设施、每条道路都成为文化教育的载体。与此同时，高校物质文化建设可适当向外部延伸，借助当地政府部门和社区的支持，通过修路、绿化、禁噪、整治娱乐场所和零食摊点等措施，使高校拥有一个整洁、文明、有序、人文的周边物质环境。另外，还要加强与社区、校外教育电视台、校外博物馆、校外图书馆、校外文化团体、校外爱国主义教育基地等的联系，通过“走出去，请进来”，让校外的物质文化设施虽不为我所有，但能为我所用，从而弥补高校物质文化载体的不足，拓展出更为广阔的物质文化教育空间。①

总之，高校物质文化建设是高校文化建设的重要组成部分，加强高校物质文化建设不仅可以改善办学条件，也有助于营造良好的育人环境。高校物质文化建设的主要任务就是对校园的物质设施和物质环境进行规划和建设，打造具有浓厚人文气息的优美自然风貌，让师生时时处处受到熏陶和感染。高校物质文化建设要围绕高校精神文化建设来展开，高校物质设施和环境之所以有“文化”，是因为物质设施和环境作为外显物彰显了高校内隐的精神文化。从这个角度上说，高校物质文化建设既是高校精神文化建设的载体建设，同时也是高校精神文化建设的物质保障。

第三节 湖湘文化与怀化学院物质文化建设

一、怀化学院物质文化分析

长期以来，怀化学院在物质文化方面致力于建设人性化、文化型精品校园。校园建筑充分体现现代大学理念，显示大学校园自由、开放的特征，反映学术思想

① 互联网文档资源(http://www.docin.com).

的开放与包容,有利于先进思想和科学技术的产生与传播。根据学科特点,设计风格多样的建筑群,建设建筑艺术与校园文化融合统一的校园。校园建筑风格定位:朴素的、有艺术品位、有文化内涵的精品建筑;致力于建设理性化、节约型的永续校园。充分考虑可持续发展需要,校园内的建筑、环境和配套设施,既要设计超前、功能先进、使用灵活、扩展方便,适应未来高科技的发展和教学方法、科研手段的更新,又要经济合理、功能实用,力戒贪大求高、奢靡浪费。

(一)怀化学院地理环境

怀化学院坐落于古有“滇黔门户、全楚咽喉”之称,现有沪昆高铁,湘黔、枝柳、渝怀铁路,及209、320国道、沪昆、包茂高速交会的交通枢纽城市——怀化市。学校占地1100余亩,建筑面积42万平方米,分东、西两个校区办学。

(二)怀化学院规划和布局

校区目前总用地771826平方米,约1158亩,用地多为丘陵、坡地,地形较为复杂,高差较大。生均占地面积约50平方米。校园建筑总面积达到42.26万平方米,拥有教学科研及辅助用房19.3万平方米,学生公寓13.5万平方米,运动场馆面积7.5万平方米,近五年新建和改造室内运动场馆2.3万平方米,基本符合教育部规定的综合本科院校办学条件要求。学校对东西校区建设进行合理规划,具有环境优美、人文底蕴深厚的规划特色,形成了学校自然、和谐、秀美的校园环境。现有校园按使用功能划分为教学区、学生生活区、运动休闲区、教工生活区、行政办公区五大部分。按2020年本科生17000人规模及我校专业学科的布局要求,合格指标标准为:918000平方米,约1377亩,尚缺219亩。校园用地不能满足学校发展需要,由于西校区发展空间受限,今后学校将购置西校区周边用地108亩及东区附近购置355亩,合计购置463亩,以解决目前用地不足问题。

(三)怀化学院建筑

1. 教学行政用房现状及规划

截至2017年底,教学行政用房建筑面积191218平方米,按照按2020年本科生17000人规模计算,根据教发〔2004〕2号文计算尚缺46782平方米。学校将在东校区新建风景园林学院教学实验楼、机械光电学院教学楼、东区科技创新中心;西校区新建音乐厅、学生创新创业实践楼,合计建筑面积约为64000平方米,以解决教学行政用房不足问题。

2. 学生宿舍用房现状及规划

截至 2017 年底,学生宿舍现有用房建筑面积 134961 平方米。按 2020 年本科生 17000 人规模计算,根据教发〔2004〕2 号文件学生宿舍生均 6.5 平方米计算应达到 110500 平方米,但由于其中包括西区立地园学生宿舍 1 栋至 7 栋危旧房,这些房屋都已到达或接近设计使用期,其中第 7 栋已鉴定为危房、其他几栋鉴定结果为应更改使用功能,这些宿舍建筑面积 34902 平方米。学校将在"十三五"期间新建:西校区危旧房改造"立地园"学生宿舍 1#楼,东校区第 13、14 栋学生宿舍楼,合计新建宿舍建筑面积为 28400 平方米。

3. 其他用房现状及规划

现有食堂建筑面积 11557 平方米,按 2020 年本科生 17000 人规模计算尚缺 10543 平方米,"十三五"期间规划新建东区第三食堂和西区第二食堂,合计建筑面积 8800 平方米。

(四)怀化学院标识

校训

厚德博学
惟实求新

校徽

怀化学院

徽标

校歌

(五)怀化学院园林和道路

1. 绿化现状及规划

学校目前须施工绿化面积较大、现有学校绿化档次较低。主要是东校区新征地、逸夫楼西侧山头、体育馆周边绿化工程量较大,西校区书山及周边、教师住宅区域绿化工程量较大。“十三五”期间将规划绿化面积 350 亩,计划投资 2500

万元。

2. 校园道路围墙现状及规划

西校区主干道已进行油化改造并铺设麻石人行道板,但次干道还有部分道路老化、损坏严重且显狭窄,东校区道路建设尚未完善;西校区已有围墙,但部分老化,需要维修,东校区周围大部分还没有围墙,现有围墙已经破损严重。“十三五”期间主要任务是东区新征地区域道路建设及路网改造、修复等工作。新建围墙长度约 2500 米,新建道路面积约 11000 平方米,改造道路面积 5000 平方米,油化道路 40000 平方米,预计总投资 1100 万元。

3. 大门围墙现状及规划

西区大门年代久远,已经满足不了学校发展需要,严重影响学校形象;学校东区大门由于历史及征地等原因,现有主入口被迫放在金海路。根据校园整体规划及学校发展要求,“十三五”期间计划改造西区西大门一座,新建西区南大门一座,新建东区北大门一座。预计总投资约 1350 万元。

4. 水电现状及规划

西校区主供水现为城市自来水,原来供水为自备水源,因学生数增加,水源不足,故采取自来水主供、自备水补充的双路供水体系。西校区地下管网与市政管网已连通。东校区校园建设正在进行,供水管网的铺设尚未完善,还有大量的工程需要完成。东校区主干道雨水、污水混在一起,气温稍高校园气味难闻;学校东校区现有 5 台变压器,容量 3060kVA。西校区有 4 台变压器,容量为 2890kVA,随着用电器的增加,线路负荷日趋严重,急需对输电电网进行改造和增容,方能保证安全供电。针对以上情况“十三五”期间对东西校区地下给排水管道进行改造,从石门变另外引进一条高压线路,在图书馆周边安装双电源环网柜 1 台,再分别接入 1 号 2 号环网柜,预计总投资约 350 万元。

(五)怀化学院图书馆、实验室和校园网

1. 图书馆

学校图书馆分东、西两个分馆,馆舍总面积 3. 0296 万平方米,生均面积 2 平方米,阅览室座位 2964 个。现有纸质书刊 126 万余册,电子文献 232 万册;中外文报刊近 1900 种,各类数据库 40 余个。馆藏图书文献资源较为丰富,中外文藏书合计 200. 8 万册,其中中外文纸质图书 132. 78 万册,电子图书 68. 02 万册。中外文期刊 27503 种(其中纸质期刊 1712 种,电子全文期刊 25791 种)。在数据库方面,拥有中国学术期刊网络出版总库、中国博硕士学位论文全文数据库、万方中国标准全文数据库等中外文数据库 38 种；拥有 EBSCO、金图外文数字图书馆等 5 个外文数据库的使用权，另拥有数量可观的考研资源和影视资源（FTP）。馆电子资源年访问量达 125.12 万次。实体资源和虚拟资源相互补充，形成了具有一定规模的文献信息资源体系，能基本满足学校教学科研需要。图书馆收藏有较丰富的地方文献，如五溪流域资源数据库志、周边县市志、地方古今作家文集等，对于研究地方历史文化、工农业发展、旅游、经济、教育以及人口迁徙城市化发展等，有相对的资源优势。图书馆设五部一室一中心：办公室、文献资源建设部、读者服务部、西区服务部、信息咨询部、技术部和地方文献研究中心。全馆现有正式职工 42 人。图书馆实行藏、借、阅、网一体化的管理服务模式，实现了两馆通借通还，周开馆时间 70 余小时，开展了书刊借阅、参考咨询、用户培训、网络导航、特色数据库建设、文献传递与馆际互借等工作，并与 CALIS、CASHL 等文献信息机构以及国内数十所高校图书馆签订了馆际互借和文献传递等服务协议，构建了比较完善的文献服务保障体系，有效满足了学校教学与科研的需求，同时，还积极利用本馆文献资源服务于地方经济文化建设。全馆员工坚持“一切为了读者，为了一切读者，为了读者的一切”的服务理念，秉承“有馆尤贵有书，有书尤贵有用”的优良馆风，以“讲文明、强素质、求发展”为重点，努力创建和谐怀化学院图书馆。近年来，办馆成果得到全校师生及主管部门的好评，先后被湖南省教育厅评为“普通高等学校图书馆工作先进集体”，湖南省高校图工委评为“图书馆管理先进单位”“职工队伍建设先进单位”“信息资源建设与共享先进单位”“湖南省高校数字图书馆建设与推广利用先进单位”。

2. 实验室

怀化学院实验室体系比较完备。学校现有基础实验室 7 个、专业实验室 16 个、实训中心 15 个、校内实践教学场所 42 个、校外实习基地 148 个，实验室、实训中心、校内实习基地总面积 45342 平方米。有国家级大学生校外实践教育基地 1 个、省级校企合作人才培养基地 4 个、省级校企合作创新创业教育基地 2 个、省级基础课教学示范实验室 1 个、省级实践教学示范中心 3 个、省级优秀实习教学基地 8 个、省级大学生创新训练中心 2 个、省级虚拟仿真试验室 1 个，有省级重点实验室 2 个、省级工程实验室 1 个，省级普通高校重点实验室 1 个，学校与企业联合共建实验室（研究中心）5 个。学校不断加大对教学科研仪器设备设施的投入力度。近 5 来年共投入 5000 余万元购置和维修维护教学科研仪器设备，重点建设制药工程、农业工程等学科的基础与专业实验室。目前，学校共有教学科研仪器设备 8369 台(件),总值 6239.18 万元,其中,10 万元以上教学科研仪器设备 1982 台(件)。实验室体系及仪器设备,能较好地满足本科教学需要。

3. 校园网

校园网络建设水平较高,校园网络坚持高起点规划、高水平建设和管理,不断加强网络建设与利用,着力构建数字校园,主动服务于教学和管理。校园网运行状况良好,为教学科研提供了很好的技术支撑,发挥了重要作用。学校校园网于 1999 年建成并投入使用,学校校园网络设备技术先进,组网技术水平高。校园网采用锐捷网络整体解决方案,核心交换机为牛顿 180001 台,8606 汇聚交换机 3 台,29 系列接入交换机 87 台,无线 AP 3800 多台。DEL 服务器 16 台,安全及数据备份等设备 30 多台。校园网络中心机房采用易事特公司(20000kVA 8 小时)大容量、可行性高的不间断电源系统,实现了双路供电,为网络和服务器系统的良好运行提供了电力保障。校园网核心网络和校区之间采用电信运营商的光纤连接,全部实现链路冗余,保证了骨干网的良好运行。校园骨干网运行质量达到了 99.99% 的电信级标准。学校建立和完善了网络安全管理体系,实施了校园网网络防火墙(4 台)、反垃圾邮件网关等网络安全措施,管理制度健全,网络安全事件应急预案周密,校园网运行稳定和安全。学校校园网覆盖面广,入网计算机台数多。学校校园网经过 1999 年、2007 年、2017 年 3 次大规模的建设和升级改造,已经建设成为覆盖东西校区的大规模、高速区域网络。校园网光缆超过 78 千米,光缆到楼。计算机网络信息点超过 6000 多个,室内计算机网络布线率达到 100%,截止到 2016 年,入网计算机超过 13000 台。校园网在教学、科研中发挥了重要作用,目前已经建立了网上教学管理系统、网络教学系统、电子信息检索系统、网上办公信息系统。

学校从文化建设的高度,重视网站规划、建设和管理,不断加强网上资源特别是教育教学资源建设。目前学校各个院系及主要部门都拥有了自己的网站,许多学科也有了自己的网站,校园网网站数量多,内容丰富,形成了有一定规模和数量的网站群。教务管理系统为学生的注册管理、学籍管理、网上选课、成绩管理、课程的信息管理、考务管理与综合审查等方面重要管理功能的网络化,极大地方便了全校师生、提高了管理水平和管理效率。网络学堂等网络辅助教学平台方便地提供网上教学和学习服务,有 7 门省级精品课程、107 门校级网上精品课程及其网站为学生自主学习提供了优秀网络课程资源,另有 30 余门慕课可供学生进行开放式学习。网上教学系统极大丰富了校园网内涵,拓展了校园网的应用范围,发挥了校园网的效益。目前学校校园网网站数量多,内容丰富,除校内各单位网站外,还形成了在省内具有特色的民族药用植物研究与利用网、武陵山片区生态农业智能控制技术网、湖南省和平文化网、湖南省民间非物质文化研究网、湖南省民族民间文化艺术研究中心、新闻网等特色网站群。近年来,怀化学院加快建设及应用,构建智慧校园。完成校园主干网升级改造的同时,对网络安全系统进行改造升级。引入资金,实现学校高速无线网络全覆盖。丰富"校园一卡通"使用功能,实现手机一卡通的全面应用。对办公自动化系统进行二次开发,实现其升级应用。做好各类数据对接,建好数据中心,启用决策支持系统,实现网上办公全覆盖。硬件条件极大改善,数据中心得到整合,标准化机房、智能水电、校园一卡通、平安校园均建成并投入使用。启动了数字化校园平台建设,整合了校内 30 多个业务管理系统,初步建立信息化管理运行机制。"十三五"期间,拟以建立"管理、建设、使用"三结合的运行机制为保障,用互联网思维强化顶层设计,建用结合,突出特色,促进信息利用与办学的深度融合,建设具有本校特色,符合学校需要的互联网 + 校园。

二、湖湘文化融入怀化学院物质文化建设的对策

(一)完善怀化学院校园建设规划,加快基础建设,构建一流校园环境

大学校园是学校精神、学术和文化的物质载体,校园建设是学校总体建设的重要组成部分。怀化学院目前总用地 771826 平方米,约 1158 亩,用地多为丘陵、坡地,地形较为复杂,高差较大。按 2020 年本科生 17000 人规模及我校专业学科的布局要求,合格指标标准为:918000 平方米,约 1377 亩,尚缺 219 亩。校园用地不能满足学校发展需要,由于西校区发展空间受限,今后学校将购置西校区周边用地 108 亩及东区附近购置 355 亩,合计购置 463 亩,以解决目前用地不足问题。截至 2015 年底,教学行政用房建筑面积 191218 平方米,按 2020 年本科生 17000 人规模计算,根据教发〔2004〕2 号文计算尚缺 46782 平方米,学校将在东校区新建风景园林学院教学实验楼、机械光电学院教学楼、东区科技创新中心;西校区新建音乐厅、学生创新创业实践楼,合计建筑面积约为 64000 平方米,以解决教学行政用房不足问题。截至 2015 年底,学生宿舍现有用房建筑面积 134961 平方米。按 2020 年本科生 17000 人规模计算,根据教发〔2004〕2 号文件学生宿舍生均 6.5 平方米计算应达到 110500 平方米,但由于其中包括西区立地园学生宿舍 1 栋至 7 栋危旧房,这些房屋都已到达或接近设计使用期,其中第 7 栋已鉴定为危房、其他几

栋鉴定结果为应更改使用功能,这些宿舍建筑面积 34902 平方米。学校将在十三五期间新建:西校区危旧房改造"立地园"学生宿舍 1#楼,东校区第 13、14 栋学生宿舍楼,合计新建宿舍建筑面积为 28400 平方米。现有食堂建筑面积 11557 平方米,按 2020 年本科生 17000 人规模计算尚缺 10543 平方米,"十三五"期间规划新建东区第三食堂和西区第二食堂,合计建筑面积 8800 平方米。西校区主供水现为城市自来水,原来供水为自备水源,因学生数增加,水源不足,故采取自来水主供、自备水补充的双路供水体系。西校区地下管网与市政管网已连通。东校区校园建设正在进行,供水管网的铺设尚未完善,还有大量的工程需要完成。东校区主干道雨水、污水混在一起,气温稍高校园气味难闻;学校东校区现有 5 台变压器,容量 3060kVA。西校区有 4 台变压器,容量为 2890kVA,随着用电器的增加,线路负荷日趋严重,急需对输电电网进行改造和增容,方能保证安全供电。针对以上情况"十三五"期间对东西校区地下给排水管道进行改造,从石门变另外引进一条高压线路,在图书馆周边安装双电源环网柜 1 台,再分别接入 1 号 2 号环网柜,预计总投资约 350 万元。学校目前须施工绿化面积较大、现有学校绿化档次较低。主要是东校区新征地、逸夫楼西侧山头、体育馆周边绿化工程量较大,西校区书山及周边、教师住宅区域绿化工程量较大。"十三五"期间将规划绿化面积 350 亩,计划投资 2500 万元。西校区主干道已进行油化改造并铺设麻石人行道板,但次干道还有部分道路老化、损坏严重且显狭窄,东校区道路建设尚未完善;西校区已有围墙,但部分老化,需要维修,东校区周围大部分还没有围墙,现有围墙已经破损严重。"十三五"期间主要任务是东区新征地区域道路建设及路网改造、修复等工作。新建围墙长度约 2500 米,新建道路面积约 11000 平方米,改造道路面积 5000 平方米,油化道路 40000 平方米,预计总投资 1100 万元。西区大门年代久远,已经满足不了学校发展需要,严重影响学校形象;学校东区大门由于历史及征地等原因,现有主入口被迫放在金海路。根据校园整体规划及学校发展要求,"十三五"期间计划改造西区西大门一座,新建西区南大门一座,新建东区北大门一座,预计总投资约 1350 万元。硬件条件极大改善,其间完成了校园网络的第三次升级,配备了三台万兆核心交换机,楼宇接入层到校园网核心机房升级为 1000M 光纤。互联网出口带宽从 2. 12G 增加到 4. 12G。数据中心得到整合,全校拥有 25 台服务器和三台总容量 120T 存储。标准化机房、智能水电、校园一卡通、平安校园均建成并投入使用。启动了数字化校园平台建设,整合了校内 30 多个业务管理系统,初步建立信息化管理运行机制。"十三五"期间,拟以建立"管理、建设、使用”三结合的运行机制为保障,用互联网思维强化顶层设计,建用结合,突出特色,促进信息利用与办学的深度融合,建设具有本校特色,符合学校需要的互联网+校园。至2020年,校园占地面积扩充至1350亩左右,新增建筑面积7.6万平方米。完成一批教学行政用房建设项目,对学生宿舍等生活服务设施进行分步改造,改建新建东、校区大门。打造校园景观,实施校园文化建设专项工程。加强校区规划,突出功能分区,通过建设,使东校区成为教学办公的核心区。围绕“两型”校园建设目标,按照“文明和谐、环境优美、资源节约”的总体要求,充分考虑学科发展实际,整体规划,稳步实施,建设各类校舍和基础设施,分层次、分步骤、有计划地新建学科专业用房。扩大校园面积至1350亩,增加教学实验楼建设面积4.8万平方米,在东校区新建规划为1.8万平方米的东校区综合楼,在东校区增建科技创新中心1万平方米。新建学生宿舍、食堂、球场、停车场等共6万平方米。改造校园大门、道路及围墙等共4.6万平方米。对现有校舍建筑功能布局进行调整改造,在新建校舍外,充分挖掘现有校舍资源潜力,对教学场所进行数字信息化技术改造。

(二)建设人性化、文化型精品校园

校园建筑要充分体现现代大学理念,显示大学校园自由、开放的特征,反映学术思想的开放与包容,有利于先进思想和科学技术的产生与传播。根据学科特点,设计风格多样的建筑群,建设建筑艺术与校园文化融合统一的校园。校园建筑风格定位:朴素的、有艺术品位、有文化内涵的精品建筑。要充分考虑可持续发展需要,校园内的建筑、环境和配套设施,既要设计超前、功能先进、使用灵活、扩展方便,适应未来高科技的发展和教学方法、科研手段的更新,又要经济合理、功能实用,力戒贪大求高、奢靡浪费。新校区建设和投资规模巨大,要树立精品意识,确保工程质量。建筑内部功能的确定要充分论证,使其布局合理、设计超前。核心教学区作为公共课程的教学平台,将教室集中布置,以促进学科交叉渗透和资源共享,提高教室使用效率;学生生活区以便于生活、便于交流、便于管理、满足不同经济条件学生需要为目标,按后勤社会化模式投资建设和运行;西区教师生活区要建设生态化、高品位、康居型的教工生活园区,逐步解决职工的住房问题。校园的绿化与美化建设要以建设现代化、高品位的大学校园为目标,通过对建筑外观、环境绿化、人文小品等的设计和建造,体现大学的审美意识和价值追求,突出独具学校特色的精神内核,实现人文精神与科学精神的结合、大学理念和校园文化的统一。要突出单体建设重点,着力创建精品工程。对重要建筑和广场的设计,要反复推敲设计方案,着力打造学校的标志性建筑和广场,使之成为独具学校特色的纪念性景点。加强校园文化建设,提升文化艺术品位。建设一批能够反映学校办学特色、办学理念和办学思想,文化内涵丰富、造型别致、做工精美的人文小品和雕塑。新校区的道路和各个功能区要以不同的文化主题命名,体现校园文化内涵。加强绿化美化建设,营造清新气候环境。以疏密结合的方式大量种植乔木、灌木、草坪等,形成立体绿化。近期以种植速生、高大乔木为主,使新校区面貌较快改观。同时,重点种植一批适合本地生长的名贵乔木,形成若干各具特色的小型植物园和绿化长廊,并以具有文化背景的主题加以命名,形成学校的标志性景观。加强景观规划建设,构建优美自然景色。东校区可以利用地势,打造湖面水景,以生态化的手法构建天然景色。尽可能利用各种成熟的环保技术,提高学校的环保品位。精雕细刻校园构件,构建典雅校园特色。将学校的围墙、围栏、灯柱、人行地砖、车棚、指示牌、垃圾箱等都视为校园文化的物化组件,要统一规划、精心设计,力求新颖独特,富有文化韵味。在校园内分散布置各种庭院座椅、交往平台,安排一些集自习、交友、会客、快餐、活动为一体的多功能室内或室外活动场所,形成多层次交往空间,提供一个便于师生交往、阅读、休闲的良好互动环境。利用林木花草,把校园的楼房、道路及亭、台、廊、榭等建筑有机地结合起来,形成绿树成荫、风景秀丽的校园。加快建设及应用,构建智慧校园。完成校园主干网升级改造的同时,对网络安全系统进行改造升级。引入资金,实现学校高速无线网络全覆盖。丰富“校园一卡通”使用功能,实现手机一卡通的全面应用。对办公自动化系统进行二次开发,实现其升级应用。做好各类数据对接,建好数据中心,启用决策支持系统,实现网上办公全覆盖。建设网络学习平台,构建基础的网络教学资源库,推广 MOOC 课程、翻转课堂、微课堂等教学,构建网络学习环境。改进网络管理模式,试点对部分校园基础网络平台维护服务外包,提升运行维护效率。

(三)持续增加多功能图书文献资料体系建设投入

年新增纸质文献 10 万册,至 2020 年,使学校的纸质文献总量达到 160 余万册。中外文期刊达 3 万余种,其中外文达 2000 余种。构建现代化的数字图书馆。加强与国内优秀的电子文献资源合作,扩充电子文献,实现数字资源年访问量达 300 万次。优化各类型文献资源的结构,提高文献的适用性。根据学校学科建设的需要,学科的分类与融合,整合校内的文献资源。实现纸质文献与电子文献并重;书刊文献与数据库互补;重点文献与一般文献协调发展的馆藏结构。2020—

2023 年,继续增加投入,使图书文献资源完全满足人才培养的需要。根据“有馆尤贵有书,有书尤贵有用”的建设原则,以“讲文明、强素质、求发展”为重点,保持重要文献和特色资源的完整性和连续性,注意收藏本校和有地方特色的出版物和学术文献。整合实体资源与虚拟资源,形成网上统一馆藏体系。努力构建具有本校特色的馆藏体系,成为武陵山片区文献信息中心,促进区域经济文化建设。在继续保障本科学生招生数较大专业图书文献资源的多样性和丰富性的基础上,重点加强立项建设学科的学术专著、重要期刊、数字资源等方面的建设,力争纸本图书达到 165 万册,电子图书达到 85 万册,中外文期刊(纸本和电子全文刊)达到 2. 1 万种,为教育教学提供必需的图书文献保障,确保其系统性、学术性。与学校办学层次与发展规模相适应,继续加强电子信息资源的建设,逐步提高电子信息资源购置经费的比例。继续订购中国知网的学术期刊全文库和中国科技期刊全文库,拟新增读秀知识库,使中文资料形成比较完整的体系。特别加强外文图书文献、外文数据库的建设,除继续购买数字图书馆外,充分发挥 CASHL 文献传递的功能,解决人文社科类外文资源的需求;与省内重点大学图书馆签订 Elsevier science、Ieee Xplore 等资源共享协议,分享其理工类外文资源。提升数字化图书馆硬件平台,建设更加高效、稳定、安全的硬件环境。按照以用户为中心、以服务为主导、以资源为基础的指导思想构建学校数字化图书馆服务环境。

(四)挖掘湖湘文化潜力,加强数字化校园文化建设

首先,优化校园环境,营造文化氛围。校园环境(校园自然环境、校舍设施环境、校园传媒环境)是静态文化成果的主要表现,是校园文化建设的重要内容,是陶冶学生情操、激励学生奋发向上、警示学生不良行为的主阵地。学校要挖掘潜力,加大投入,不断完善校园整体布局和规划,要在建筑设施、校园绿化、美化、硬化、净化、香化和文化上下功夫,努力营造积极向上的校园文化氛围,让师生置身于干净、整洁、优美的环境中受到美的熏陶和感染。在校园环境构建上要力求做到校园自然环境、校舍设施环境和校园传媒环境的有机统一。其次,重视文化品牌,打造文化特色。除了优化环境、营造文化氛围外,还要注意发掘本校潜力,利用本校品牌,充分展现学校文化精品,打造校本文化特色。最后,学校应坚持以“师生”为本、以应用为目的,围绕信息化校园资源、管理、服务三要素,依托现有的应用支撑和在建的平台数据中心,重点建设校园资源中心、校园管理中心、校园服务中心应用系统,创建一个信息化、网络化、数字化的新型校园环境,为学校的人才培养、科学研究、知识创新、技术产业化和文化学术交流提供重要支撑,使学校

的信息化应用达到更高的水平。推进校园信息化,加快智慧校园建设。学校坚持以"师生"为本、以应用为目的,围绕信息化校园资源、管理、服务三要素,依托现有的应用支撑和在建的平台数据中心,重点建设校园资源中心、校园管理中心、校园服务中心应用系统,创建一个信息化、网络化、数字化的新型校园环境,为学校的人才培养、科学研究、知识创新、技术产业化和文化学术交流提供重要支撑,使学校信息化应用达到更高的水平。加强信息化队伍建设,加大对数字化校园建设的投入,完善网络基础设施建设。不断更新、完善校园网络应用。根据学校发展规划和学科建设需要,按照"统一规划、移动优先"的建设原则,以可靠安全为主,力求满足教学、科研、管理需要,扩充校园网网络中心数据库服务器,加强移动终端信息平台建设,实行校园无线网络全覆盖。强化数据安全服务体系,保证关键数据、关键应用以及关键部门的安全,实现校园网络应用系统的安全高效运行。更新、完善面向校内外的信息服务网站,及时发布学校各类信息,为社会公众和校内师生提供不同的信息服务和进入校园相关信息管理系统的入口。以学科建设和研究生培养需求为导向,更新、完善网络教学资源,搭建公共网络教学平台。信息资源统一规划,共建共享,集中存储,统一出口;服务器集中管理;校园网门户网站和各二级网站统一管理,统一建设。进一步完善管理规章制度,制定数字化校园工程建设、应用软件系统开发的具体措施,每年确保一定的经费投入,专项用于数字化校园工程立项、应用软件开发与推广。进一步加强数字化校园建设,开发并逐步集成学校各类信息管理系统,构建基于大型数据库系统的基础数据平台,逐步集成应用系统,建设校园数据中心,全面实现数字化校园。

(五)创新教育思想,激活校园动态文化活动

校园文化的创造主体是学生,学生的主体性活动是校园文化建设的核心,因此,要拓展学生主体性活动领域,创新和丰富校园动态的文化活动。应经常性地运用校内外、课堂内外的一切教学和实践活动,搞活校园的动态文化,用以引导和推进师生的思想意识、道德作风和行为习惯。

1. 传承湖湘文化精神,汲取文化养料

一个民族赖以传承的重要条件之一就是本民族的传统文化。湖湘文化源远流长。作为湖南的高校,理应担起传承湖湘文化的责任,为其弘道扬义,从中汲取丰厚的养料。要通过开展丰富多彩的校园文化活动,让学生学习、了解湖湘文化,汲取文化养料。开展"国旗下讲话""弘扬湖湘文化"主题班会等活动;开展"湖湘名人诗文吟诵",讲湖湘文化故事活动;开展"湖湘文化精神"征文活动。

2. 拓宽课堂渠道,丰富校园文化内涵

课堂是教学育人的主渠道,其中应汇入校园文化内容。要鼓励教师以现代教学理念为依据,从学生年龄特点出发,改进教学方法,把影视、多媒体、投影、音乐、美术以及课本剧等形式巧妙地穿插在课堂教学环节中,使之作为载体,赋予它们丰富的文化内涵,把湖湘文化渗透到教学中去。要注重抓好课外阅读指导,向学生推荐湖湘文化优秀图书,激发读书兴趣。定期举办阅读节活动,用湖湘文化优秀作品教育人、熏陶人。

3. 坚持德育为首,突出育人特色

新时期学校的德育工作,要围绕加强和改进未成年人思想道德建设这一主方向,通过主题教育的途径对学生进行"文化浸润",深厚的文学修养和坚实的文化底蕴,这必将对学生的终生产生深远的影响,对学生的气质、风度和人格良好形成有着积极的意义。

4. 开展艺术活动,丰富校园文化

开展艺术活动是以愉悦学生的感觉和使其积极参与为出发点,以提高全体学生的审美意识为目的,艺术文化对学生的吸引力是巨大的,要重视和开发艺术活动资源,丰富校园文化,推进素质教育。不断加强校园文化设施建设,对已有的设施进行提质改造,为学生提供良好的校园文化活动场所;加强社会主义核心价值观、学校办学理念和学校办学目标的宣传;加强怀化学院形象识别系统建设。积极挖掘典型、培育典型、推荐典型和宣传典型;建立大学生"朋辈教育"宣传与巡讲机制,让身边典型深入人心。

5. 开展校园节庆活动,增强校园文化的教化和熏陶

校园节庆活动,是校园动态文化的重要组成部分,要通过广泛开展有特定主题的校园节庆活动,拓宽学生的知识面,对学生进行思想品德教育,丰富和充实学生的精神生活。畅通师生沟通和联系渠道。在校园网设立党委书记和校长信箱;设立"校院领导接访日"制度。利用阳光服务平台等多渠道、多途径回应学生诉求;通过教书育人、管理育人、服务育人"三育人"评优活动等形式,在全体教职员工中形成关心关爱学生成长成才的良好风尚,不断增强全员育人的工作合力,增强校园文化的教化和熏陶。

第六章

湖湘文化融入湖南高校精神文化建设的实践

一般来说,校园文化可分为物质文化、制度文化和精神文化三个层面。其中,物质文化作为基础,以物化的方式积淀并折射大学的理念,是学校之形;制度文化提供保证,是大学理念体制化的外显,是学校之规;而精神文化构成大学系统的内质,是校园文化的核心,也是学校之魂。高校精神文化是高校在办学过程中创造的精神财富的总和。作为社会文化系统重要组成部分的高校精神文化是一个涵盖极为广泛的概念。高校精神文化是高校师生在长期教育实践过程中所形成的具有某种趋向和定式的精神力量。

第一节　湖湘文化融入湖南高校精神文化建设的必要性

一、湖湘文化融入湖南高校精神文化建设是高校文化建设的需要

从高校文化建设的性质来看,高校文化必须是代表先进文化的方向。建设高校先进文化,必须在充分继承和吸收包括湖湘文化在内的优秀传统文化的基础上进行,逐步生成面向现代化、面向世界、面向未来的民族的科学的大众的社会主义先进文化体系。具有五千年发展历史的湖湘文化,是今天湖南高校建设先进文化的重要的"源头活水",也是湖南高校文化建设具有区域特色的重要保证。湖湘文化精神是中华民族精神的重要组成部分,离开湖湘文化,湖南高校文化建设就是不完整的、没有根基和缺乏灵魂的。因此,脱离湖湘文化的湖南高校文化建设也不可能是先进文化的建设,湖南高校必须把弘扬和培育包括湖湘文化在内的民族

精神作为先进文化建设极为重要的任务。①

二、湖湘文化融入湖南高校精神文化建设是培养社会主义建设者和接班人的需要

高等学校的基本任务是，培养有理想、有道德、有文化、有纪律的德智体美全面发展的社会主义建设者和接班人，培养学生的爱国精神、人文精神、科学精神、心理素质和现代意识。弘扬和培育民族精神在加强大学生的思想道德建设过程中具有积极的意义和不可替代的作用。湖湘文化具有生生不息、历久弥新的品质，是高校实施素质教育的基础性内容。传承湖湘文化，有利于增强大学生的民族自信心和自豪感以及发愤读书的责任感；传承湖湘文化，有利于大学生形成优良的道德品质、培养大学生的创新意识和实践能力，能使大学生具备较强的自学能力。

三、湖湘文化融入湖南高校精神文化建设有利于拓展大学生的文化视野

湖湘文化的基本内涵体现在：不畏困难、勤于思索、勇于创新的奋斗精神；关爱他人、诚信为本，对家庭、社会和国家高度责任的传统美德；学以致用，自尊、自爱、自强、自立的优秀品质；积极进取、热爱生活的人生态度；“为天地立心，为生民立命，为往圣继绝学，为万世开太平”的人世开拓精神；“先天下之忧而忧，后天下之乐而乐”的高度社会责任感；“富贵不能淫，威武不能屈”的大丈夫气概。这是个人对家庭责任、社会责任和国家责任的切身感悟和高度认同的结果；是湖湘人所特有的优秀品质作用的结果。追根溯源，湖湘文化是对湖湘大地优秀传统文化传承和发扬的结果。湖湘文化有重义轻利、顾全大局的行为规范。湖湘文化有利于激发大学生的社会责任感，有助于培养大学生最基本的道德义务感。湖湘文化强调个人无条件服从家庭、群体、社会的利益，提倡忠孝、奉献；它强调个人无条件服从家庭、群体、社会的利益，提倡忠孝、奉献，“重义轻利”被称为理想人格的重要内容。在整体利益、民族利益、国家利益与个人利益关系上，湖湘文化一向遵循整体利益、民族利益、国家利益高于个人的原则。这种重义轻利、整体至上的精神对中华民族的长期稳定和团结起了至关重要的作用，对西方文化倡导的个人本位主义、极端利己主义的侵袭和泛滥起到了批判和抑制作用，也激发了当代中国大学

① 陈元九．论当代大学生对中国优秀传统文化的传承与弘扬，《怀化学院学报》，2009(06)．

生不断高涨的爱国主义热忱。中国当代大学生高涨的爱国主义热情和爱国行为，是中国日益崛起和强大的重要力量。湖南高校大学生所表现出来的高度关注国家和民族利益的强烈爱国主义情感与民族自信心；比较理性认识判断能力和较强的分析能力；诚信为本，关爱他人，乐于奉献，积极向上，不断进取的良好的道德素质和健康的人生观，无一不是与对包括湖南各地优秀传统文化在内的湖湘文化的传承与发扬息息相关。湖湘文化的价值取向对大学生的团体意识、宽容精神、家庭意识、社会责任感的形成和培育，起到了至关重要的作用。

四、湖湘文化融入湖南高校精神文化建设是培养创新型人才的需要

建设创新型国家是党中央从开创中国特色社会主义新局面作出的一项重大全局性的战略决策。要实现创新型国家的目标，就必须紧紧依靠科技进步和劳动力素质的提高。当今世界的竞争，归根结底是人才的竞争，因此必须深入实施科教兴国战略和人才强国战略。高校作为人才培养的主阵地，就必须适应国家和社会对人才培养的要求，培养大批具有创新素质和创新能力的高素质人才。因此，培养大批具有创新精神、创新素质、创新能力的创新型人才，是高等学校的根本任务。这就需要湖湘文化融入湖南高校精神文化建设，综合运用各种手段和方式培养他们的实践动手能力和创新创造精神，引导他们主动用将学到的理论与实践相结合，坚持在学习中实践，在实践中创新，使创新不仅成为大学生的潜在意识，同时还要转化为他们的自觉追求。

五、湖湘文化融入湖南高校精神文化建设是解决当代青年大学生思想困惑的需要

当代中国社会正在发生广泛而深刻的变革，这对发展社会主义先进文化提出了更高要求。改革开放在推动我国经济大发展的同时，也使人民的精神文化需求日趋旺盛，人们思想活动的独立性、选择性、多变性、差异性明显增强。在这一点上，青年大学生表现得尤为突出。纷繁复杂的多元文化一方面满足了他们的精神文化需求，另一方面则使他们出现浮躁、急功近利以及自我中心主义不断膨胀等不良倾向。大学生所受的理论教育与实际生活脱节，甚至滞后于社会发展的实际，使得部分学生对社会主义理论产生怀疑，对社会主义的发展存有疑虑，对社会主义的优越性失去信心，理想信念发生动摇，甚至被西方学者认为是信仰缺失的一代。在这种情况下，既需要一种为广大人民群众所认同的主流文化对青年大学

生起引导作用,也需要一种积极向上、内容健康的精神食粮激励他们奋发进取。湖湘文化作为社会主义核心价值体系的精髓之一,是承担引导和激励当代青年的先进文化。这就要求湖湘文化融入湖南高校精神文化建设,用闪烁着湖湘文化的典型人物和事迹去感召大学生、鼓舞大学生、激励大学生,使大学生在湖湘文化的教育中潜移默化地提升自己的素质和水平。湖湘文化融入湖南高校精神文化建设,就能够帮助他们树立正确的世界观、人生观和价值观,全面提高大学生的思想素质,并且让湖湘文化成为大学生热爱祖国、刻苦学习的精神支柱和力量源泉。

六、湖湘文化融入湖南高校精神文化建设是全面建设和谐社会的需要

全面建设小康社会和构建社会主义和谐社会的奋斗目标,不仅需要全党全国各族人民脚踏实地努力奋斗,还需要一种维系全国人民的精神纽带,使全国各族人民始终保持奋发有为、昂扬向上的精神状态,投身于改革开放和社会主义现代化建设的伟大事业,为实现中华民族伟大复兴而努力奋斗。在校的大学生,正是全面建设小康社会的主力军,是振兴中华民族的重要力量。因此,大学生不仅要勤奋刻苦地学好知识和本领,更要树立时代的责任感和使命感,主动适应时代的要求。目前,我国正处于加快推进政治、经济、文化和社会建设的关键时期,改革发展过程中有许多瓶颈亟待突破,需要大学生培养多方面的素质和能力,其中尤其需要培养大学生的改革精神和创新意识。因此,湖南高校在大学生中加强湖湘文化的教育,正是适应时代和社会发展的要求。着力培养他们的改革精神和创新意识,努力提高他们的综合素质和能力,这对于确保我国实现全面建设小康社会、加快推进社会主义现代化建设的宏伟目标,具有重大而深远的战略意义。①

第二节 湖湘文化与怀化学院精神文化建设

一、怀化学院精神文化的表现形式

怀化学院本着“怀仁化物,立地仰天”的办学理念,构建“以能力培养为主线、

---

① 田光辉. 大学生思想政治教育工作机制创新研究——以怀化学院为例,《怀化学院学报》,2014(07).

以专业能力培养为核心"的人才培养体系;在专业学科上,以工学、经管和教育类学科为主,把办出特色、服务地方作为我们的办学宗旨。提出"做大工科、做强经管、做优教育、做精艺体、做实文理"的专业建设发展思路,按照这个思路,进行院系结构调整;实施"应用性、地方性、民族性"的特色发展战略,在平台建设、专业建设、学科建设、科学研究,突出应用性、地方性和民族性特色,培养应用型人才,提出建设"高水平的地方应用型大学"的奋斗目标。

近年来怀化学院为全面贯彻党的教育方针,强化政治意识、责任意识、阵地意识和底线意识,怀化学院积极加强意识形态工作。怀化学院意识形态工作以立德树人为根本任务,以深入推进习近平新时代中国特色社会主义思想进教材进课堂进头脑为主线,以提高教师队伍思想政治素质和育人能力为基础,以加强学校网络等阵地建设为重点,积极培育和践行社会主义核心价值观,不断坚定全体师生中国特色社会主义道路自信、理论自信、制度自信,培养德智体美全面发展的社会主义建设者和接班人。

(一)加强意识形态工作

建立健全了党委统一领导、党政工团齐抓共管、党委宣传部门牵头协调、有关部门和各系(部)共同参与的工作机制,实现了学校宣传、学工、团委"三线合一"。形成抓长抓制度落实、抓常抓职责履行、抓细抓工作督查,开创意识形态工作愿抓、敢抓、会抓的新局面。将意识形态工作作为党委、党总支的重要工作部署。党和国家有关意识形态方面的文件精神列入党委中心组理论学习必学内容。将意识形态工作纳入领导干部工作考核的内容,作为衡量一个领导干部政治纪律的重要标准。重点考核:在事关政治方向、政治原则问题上的立场态度;在提倡什么、反对什么上旗帜是否鲜明;在大是大非问题上是否敢于发声;在思想交锋中是否敢于亮剑;在遇到敏感事件、难点问题时是否敢于担当。学校及二级单位党政领导班子成员按照"一岗双责"的要求做好意识形态工作,建立健全了意识形态工作责任制和责任追究机制。把意识形态工作作为领导干部年终述职的重要内容。怀化学院每双周五下午的全校教职工政治理论学习时间,安排意识形态工作相关学习内容。并且聘请宣传工作督导员对每双周五下午各单位开展的教职工政治理论学习情况进行检查,督导员不仅要"督"还要"导",避免学习流于形式、走过场;督导员要对学习内容提前预习消化,给各单位予以指导,切实提高教职工的政治理论水平,增强教书育人意识,促进师德师风建设,做党和人民满意的好老师。加强了网络和自媒体建设。加强校园网、新闻网、官方微博微信以及各二级单位网站、微博微信的管理。重视舆情监测和应对。建设好学校网评员队伍。进一步强化了传统媒体的管理。学报、校报、广播站、电视台等阵地必须坚持正确的政治方向，严格落实发稿“三审”制度和事故责任追究制度。对上述阵地在岗工作人员定期进行马克思主义政治观、新闻观的学习培训。加强学生社团管理。对学生社团的性质、章程、活动内容、活动时间和场地、社团负责人等进行监管。引导师生树立正确的马克思主义宗教观。防范和抵御宗教和西方敌对势力的渗透。

（二）加强和改进思想政治理论教学的针对性和有效性

加强和改进思想政治理论课教学。将思政课教学工作作为学校“一把手工程”来抓，在重点学科、精品课程、科研立项评审中给予适当政策倾斜。不断提升思政课教师教育教学水平。思想政治理论课部出台并落实“名师能手培养计划”和全国、全省精品课程培养计划。建立脱产进修、访学与在职在岗参加开放式网校培训的教师培养提高制度。多途径引进师资。

加大课程改革力度。突出任课教师是课堂第一责任人的地位，从教学内容、教学方法改革抓起，从课堂纪律抓起，从学生听课笔记抓起，从考试考核方式改革抓起，力求达到思想政治理论课内容入耳、入脑、入心的目的。加强实践教学环节，因地制宜，因材施教。保障思政课教学的经费投入。按照要求和标准，为思想政治理论课教师的学术交流、教育培训和带领学生进行社会考察等设立专项经费。

（三）构建精神文化建设工作的新常态

培育和践行社会主义核心价值观。开展多种形式的宣传教育活动，将社会主义核心价值观融入师生的日常生活中。加强形势政策教育。学校和系部领导要不定期地在不同范围内对师生进行形势政策教育。定期邀请省市各级领导、专家来校做形势政策报告。大力宣传怀化学院精神和学校的办学理念，培养学生高尚的思想和道德情操。依托湖南省和平文化研究基地、湖南省民间非物质文化研究基地、湖南省民族民间文化研究中心等社科研究基地，充分挖掘本土的红色资源，以此为基础建设1—2个思政教育基地。进一步完善大学生思想道德评价体系。启动大学生思想道德品质期末评定工作。学生思想道德品质鉴定表进入学籍档案。

二、湖湘文化融入怀化学院精神文化建设的对策

(一)加强湖湘文化教育,培养当代大学生的创新意识和创新能力

原有思想政治教学体系及思想政治教育教学过程中忽视了在较长时期形成的湖湘文化的内容。长期以来,常常有一种矛盾的现象:一方面是过于跟紧形势,看重中心任务的即时性教育内容。另一方面,与湖湘文化紧密相连的稳定的、带规律性的东西又常常被忽略。怀化学院精神文化建设过程中,由于精神文化建设内容与现实脱节,范围的狭窄,从而降低了精神文化建设的时代性与有效性。精神文化建设的内容不是一成不变的,在不同的时代条件、实践水平和科学发展的基础上,内容也是有变化的。紧紧把握时代脉搏,不断赋予精神文化建设以鲜明的时代特征、内容和风格,是怀化学院精神文化富有生机与活力的关键所在。

(二)发挥湖湘文化在怀化学院精神文化建设中的功能

1. 教育功能

历史经验反复证明,社会转型和社会变革之时,往往是意识形态活跃和发展的时候。目前怀化学院正站在新的历史起点上,必须大力加强学校文化建设。当务之急就是要传承以改革创新为核心的湖湘文化,并在整个社会加以提倡和弘扬,充分发挥其教育大学生的功能,使之成为大学生奋发向上的精神力量和团结和睦的精神纽带。

2. 导向功能

改革开放以来,随着我国社会经济成分、生活方式和就业方式的多样化,各类群体尤其是当代大学生的思想意识和价值取向日益呈现出多样化趋势。我们既要正视意识形态领域的复杂化、多样化特点,又要在多样化的思想意识中不断强化湖湘文化的导向作用,通过传承和发展以改革创新为核心的湖湘文化,引导大学生用“改革创新”的思想方法来思考问题、解决矛盾,指导和约束各种社会行为,引领和整合多样化的思想意识和社会思潮,最大限度地形成社会思想共识,激发社会活力,形成大胆创新、锐意进取、共创和谐伟业的生动局面。

3. 凝聚功能

所谓凝聚,就是使人们达到一种状态,在这种状态下,人们具有团结协作、积极主动从事工作的内在动力。湖湘文化凝聚功能的外在表现是人们的认同意识、归属意识、自觉意识、责任意识、使命意识及亲和意识。湖湘文化主要是通过寻求

社会思想共识来凝聚社会发展的合力,凝聚人们的思想,使人们在共同目标、共同利益、共同价值观念的基础上,产生对社会主义社会的认同感、自豪感、归属感,进而把人们的现实积极性凝聚起来,潜在积极性发掘出来,自觉地与他人建立协作友好的工作和生活关系,促进和谐社会建设。这一功能对大学生而言尤为重要。

4. 动力功能

湖湘文化体现着人们对物质利益和精神利益的理想追求,为时代的发展提供着源源不断的精神动力。这是一种比金钱、物质更大的动力源。它一旦渗透到当代大学生的思想行为中,就能激发他们的精神和动力,使之具有崇高的理想,饱满的热情,旺盛的精力,坚韧的毅力。湖湘文化体现着时代的价值导向,是指导和推动大学生努力学习的动力源泉。传承与发展湖湘文化,必然会增强大学生的理想信念,形成大学生奋发向上的精神力量与团结和睦的精神纽带,让大学生自觉投入到中国特色社会主义事业的实践中。

5. 批判功能

当前在经济社会发展中,经济体制转轨和社会结构转型同步进行,社会的生活方式、就业选择、利益诉求、价值取向、思想观念等日趋多样,不同区域之间、阶层之间、代际之间的认识差异日益明显,统一思想和形成共识的难度加大。在这种情况下,强调注重湖湘文化建设的同时,也不能忽视它的批判性功能。立与破、真理与谬误是辩证的统一,湖湘文化建设的先进性和导向性特点本身就决定了它对那些落后、腐朽、错误的思潮必然要进行批判和斗争,自觉剔除各种腐朽文化和落后思想意识,抵制各种错误的价值观念。

6. 约束功能

湖湘文化对大学生的行为具有约束作用。它能使大学生在学习与社会实践中养成各种约定俗成的非强制性的行为规范,借助于湖湘文化的熏陶、群体行为的诱导和集体精神的感染,去暗示和启迪大学生应该做什么,不应该做什么,减少"越轨"行为,可以使大学生的行为有章可循,避免随意性、盲目性。湖湘文化所形成的这种文化氛围,具有无形的和习惯性的约束力、促进力,能使大学生同心同德,和睦相处,成为和谐融洽的集体,最大限度地发挥自己的积极性和创造力。

(三)拓展湖湘文化融入怀化学院精神文化建设的内容

改革创新是湖湘文化的核心,因此湖湘文化融入学校精神文化建设,必须以培养师生的改革创新精神为核心。要把敢于创新、善于创新作为大学生的崇高品质,不断增强大学生的创新意识。要培养大学生的创新意识和创新能力,必须以实践为基础,只有坚持实践的锻炼,才能孕育出创新的希望。社会实践能够激发学生强烈的科技探求欲望,强化学生坚定的科技创新信心,训练学生正确的科技创新方法,从而夯实学生厚实的科技创新基础。对当代大学生而言,首先就要有胸怀全局的宏观意识,破除狭隘的民族主义情结,学会以宽广的眼界观察世界,以积极理性的姿态参与经济全球化进程。其次要有海纳百川的开放胸怀。高校应该是世界各国优秀文化和世界文明成果交流借鉴的桥梁,大学生只有认同、理解并尊重别国的制度和文明,努力学习和借鉴世界各国先进成果,才能真正不断提高自我,展示才能。最后还要有遵守国际惯例的规则意识。俗话说“没有规矩,不成方圆”。随着世界范围内的多边交流、合作与援助活动的日趋加强,不论是政治、经济、科技,还是思想文化领域,遵守国际游戏规则的问题都将在全社会成为共识。因此,国际规范意识的养成已成为时代发展的必然要求。要加强对大学生湖湘文化的教育。社会主义市场经济体制的建立和运行,彰显了对人的个性的张扬和主体性的尊重,在此基础上孕育的现代民主意识和民主觉悟,无疑是当代中国最具时代性的思想观念变革。民主意识和民主觉悟从根本上来说,就是首先要意识到自己是作为国家的主体和主权的保护者而存在,要能够时刻关心国家大事,积极参与社会政治生活。其次要树立自由平等理念。即彻底摆脱封建等级观念的束缚,不畏权威,坚信每一个公民在法律面前、在人格尊严面前、在享有权利和履行义务时都是平等的。最后,要有积极承担个人基本社会责任的意识。因此,大学生在校学习期间,除了学好专业知识以外,还应树立民主法治、自由平等、公平正义等理念,培养当家做主的主人翁意识,只有这样,才能在建设有中国特色的社会主义政治事业中建功立业。广大青年大学生只有与时代同步,回应时代风云的激荡,领会湖湘文化的本质,才能自觉担负起时代的重任,真正成为理想远大、信念坚定的新一代,品德高尚、意志顽强的新一代,视野开阔、知识丰富的新一代,开拓进取、艰苦创业的新一代。

(四)探索湖湘文化融入怀化学院精神文化建设的途径

湖湘文化融入怀化学院精神文化建设,可从培养大学生湖湘文化精神入手。积极组织开展丰富多彩的第二课堂活动,包括举办各种类型的湖湘文化精神学术报告会和专题讲座、学生读书会、学生社团活动、文艺会演、体育活动等,重视校园湖湘文化精神人文环境建设,创造良好的湖湘文化环境,以丰富学生的课余文化生活,陶冶情操,提高文化修养。专业课程中蕴含着丰富的湖湘文化精神,教师在讲授专业课时,要自觉地将湖湘文化精神的培养贯穿于专业教育的始终,充分挖掘和发挥专业课对人才湖湘文化精神养成的潜移默化作用，真正做到教书育人；同时，也要把湖湘文化精神教育的有关内容渗透到专业课程教学中去，使学生在学好专业课的同时，也丰富自身的文化素质。鼓励大学生参加社会实践活动。社会实践活动是加强湖湘文化精神教育的重要方面，也是检验湖湘文化精神教育的重要途径。要认真组织学生参加教育实习，积极开展湖湘文化调查、社会调查和教育调查，让学生在广阔而丰富的湖湘文化知识大背景中接受熏陶，开阔视野，增长才干，提高综合素质。

第七章

湖湘文化融入湖南高校制度文化建设的实践

2015年8月18日召开的中央全面深化改革领导小组第十五次会议审议通过了《统筹推进世界一流大学和一流学科建设总体方案》,强调以中国特色为统领,以支撑创新驱动发展战略,服务经济社会为导向,培养一流人才,产出一流成果。强调要引导和支持高等院校优化学科结构,凝练学科发展方向,突出学科建设重点,通过体制机制改革激发高校内生动力和活力。这一政策必将促进湖南高校建设的新一轮发展。怀化学院地处湘西南,交通发达,又属于武陵山片区,具有丰富的自然资源和人文资源,特别是自然资源和具有民族特色的沅水流域文化艺术资源。怀化学院作为地方高校,制度文化建设要立足于本土湖湘文化资源,必须与地域特色结合起来。怀化学院要以全面建成小康社会、全面深化改革、全面依法治国、全面从严治党的战略布局和习近平总书记系列重要讲话为指导,结合怀化学院总体发展目标,以服务怀化及周边地区地方社会经济发展为突破口,立足自身优势特色,以湖湘文化资源整合为契机,融合湖湘文化资源,着力制度文化建设,实现怀化学院又好又快地发展,为建设高水平区域性应用型大学提供强有力的支撑。

第一节　高校制度文化建设的内涵、内容变迁和发展趋势

一、高校制度文化建设的内涵

高校制度文化建设是指高校制度所依据及体现的高校理论、思想、观念的价值水平。高校制度一般可以从宏观和微观两个层面进行。宏观的高校制度是指一个国家或地区的高等教育系统,包括高校管理体制、投资体制和办学体制等;微

观的高校制度是指一所大学内部的组织结构和运行机制,包括组织机构、决策机制、激励机制、资源配置机制、工作机制和制度创新机制等。袁贵仁部长认为,"现代大学制度的核心是在政府的宏观调控下,大学面向社会,依法自主办学,实行民主管理"。现代学校制度的建设是教育制度创新的基本内容,它主要涉及学校与政府的关系、学校内部治理结构、学校与社会的关系。学校内部治理层面,要区别不同类型的学校建立法人治理结构。首先是制定学校章程;其次,学校内部治理的核心是完善决策、执行、监督的机构设置和运营程序,把决策、执行和监督三者分开,并有相互的制约;最后,在内部治理结构中,市场、学术、政府这三种力量如何通过一定的组织体系来协调其相互作用,也是现代学校制度创新中的一个需要探索的问题。

高等学校内部管理体制改革的目标是建立现代大学制度。现代大学制度的前提是与社会主义市场经济体制相适应,符合高等教育规律;核心是面向社会,依法自主办学,实行民主管理;特征是学术自治、政校分开,权责分明,管理科学;关键是建立现代大学法人制度。为了实现现代大学制度的目标,高等学校内部管理体制改革必须坚持管理体制多样化、资源配置社会化、教育活动市场化、管理法制化的方向。

高等学校内部管理体制改革的核心在于政治权力、行政权力、学术权力的科学配置与整合,外部又受市场的力量、政府的力量、社会的力量的制约和影响。高等学校内部管理体制改革呼唤重构政府、社会与高等学校的关系,落实高等学校办学自主权。市场的力量、政府的力量、社会的力量形成合力,与高等学校内部的力量形成互动,促进高等学校面向社会,依法自主办学,实行民主管理,将高等学校内部管理体制改革推向前进,推动建立和完善现代大学制度。①

二、我国高校制度文化建设的内容变迁

(一)后勤社会化改革

20 世纪 80 年代初期,高校食堂就开始实行单项定额承包,逐渐转到 20 世纪 90 年代的综合承包方式,通过转机制、改体制、引进企业管理模式,发展到小机关、大实体、大服务,直至 21 世纪初各高校组建后勤集团。后勤社会化改革的成功主要体现在三大方面:第一,以学生公寓与食堂为重点的改革取得重大成效,为将近

① 毕宪顺. 高等学校内部管理体制改革研究综述,《中国特色社会主义研究》,2005(04).

连续10年的高校扩招作出了巨大贡献,而且在服务质量上提高很快;第二,企业投入改革的积极性越来越高,许多企业进驻高校,校企联合建立后勤集团公司;第三,社会各界一致认为高校后勤社会化改革是一场成功的改革,许多学者越来越投入这一领域的理论研究。

(二)人事与分配制度改革

作为整个高校内部管理体制改革的突破口,人事与分配制度改革试图从传统的人才管理转换到人力资源开发,打破计划体制下人才流动的壁垒,由人才的激发带动高等教育的激发。但就目前的改革局面来看,离这一目标的实现尚远。

(三)高校自主权下放

从理论上来讲,高校自主权就是高校所拥有的自主管理权,政府应该是归还而非下放,退一步讲,就算是下放,呼吁这么多年了,也早该下放了。政府一直不归还高校自主权更有可能的原因是长期以来形成的集权式管理传统以及政府全能的管理观念,同时也可能是由于不断困扰着高校的诚信危机以及高校自我约束机制的不完善。政府应主动进行改革,进行权力让渡,这才是当前真正解决高校办学自主权的核心所在。与此同时,政府要引导高校主动独立承担办学责任,面向社会办学,面向市场办学,建立办学的市场约束机制,用市场竞争和市场约束来引导和约束所获得的办学自主权。

(四)现代大学制度建设

现代大学制度包括两个基本层面,一是国家层面的关于大学的制度安排,涉及大学与政府的关系、大学与社会的关系、大学与大学的关系等方面。二是大学自身层面的内部制度设计,主要表现为大学的内部治理结构。实质上是要解决两个基本问题:如何促进大学的社会化,形成大学与社会的有效互动机制;如何解决好大学自身发展逻辑与服务社会的目的冲突问题。西方发达国家基本上都建立了与自身文化和国情相适应的现代大学制度。而我国的大学制度还存在着高校主体性地位缺失、高校自我行为目标缺失、高校间公平竞争机制缺失、高等教育系统开放性机制缺失、学术权力与行政权力平衡机制缺失等问题。

毋庸讳言,关于现代大学制度目前还没有形成明确的政策文本来推进现代大学制度建设。这是因为现代大学制度是一个关涉到高等教育全局及根本的问题,要在实践上予以推进难度很大。同时,理论研究和比较研究也还存在一些盲点,特别是在引进西方先进国家经验的同时,如何结合中国国情和高等教育实际,通过制度创新来建设现代大学制度，还有诸多重大问题需要加以研究。①

(五)党委领导下的校长负责制的健全与完善

党委领导下的校长负责制是我们党对高等学校领导的根本制度，是高等学校坚持社会主义办学方向的重要保证，必须毫不动摇、长期坚持并不断完善。党委领导下的校长负责制是具有中国特色的高等教育制度。这一制度为坚持党对高校的领导，保障新时期我国高等教育事业改革与发展的平稳推进，为全面贯彻党的教育方针，坚持社会主义办学方向，培养中国特色社会主义事业合格建设者和可靠接班人，提供了坚强的组织保证，发挥了重要作用。然而 20 多年来，这一制度在实行过程中也存在着一些问题，如有些同志对其内涵的认识尚有偏差，有的甚至怀疑实行这一制度的必要性。2014 年中共中央办公厅印发了《关于坚持和完善普通高等学校党委领导下的校长负责制的实施意见》(以下简称《实施意见》)，总结了多年来的实践经验，针对工作中存在的突出问题，就进一步坚持和完善党委领导下的校长负责制提出要求、做出规定，为加强高校党的建设工作和完善中国特色现代大学制度提供了重要遵循。坚持和完善党委领导下的校长负责制，关键是要处理好以下三方面的关系。一是党委和行政的关系。这是党委领导下的校长负责制的核心。在实际工作中，一些高校之所以出现党政矛盾、扯皮等问题，很大程度上是因为对“党委领导”和“校长负责”的认识不一致，职权划分不清晰。《实施意见》在总结实践经验与教训的基础上，对党委领导和校长负责的主要内容、基本权限、运作方式都做了明确而科学的界定，对党委和行政的关系做了很好的规范，具有很强的指导性和可操作性。《实施意见》明确指出，党委在学校处于领导核心地位，统一领导学校的工作，并从管方向、管全局、管干部、管人才以及党要管党等方面概括了党委的 10 项工作任务，对党委领导的内容和途径做了规定。校长是学校的法定代表人，在党委领导下，贯彻党的教育方针，组织实施党委决议，行使国家法律规定的职权，全面负责教学、科研、行政管理工作。“党委领导”和“校长负责”是辩证的相互促进的关系。一方面，“校长负责”是以“党委领导”为前提的。党委是学校的领导核心，通过党委会、常委会等途径贯彻民主集中制，体现集体领导，其领导不仅是思想政治上的领导，而且是对学校改革发展稳定全局的领导。党委要总揽学校改革发展稳定的全局，把握学校的思想政治领导权，

① 张应强，程瑛. 高校内部管理体制改革:30 年的回顾与展望，《高等工程教育研究》，2008(11).

对重大问题和重大事项的决策权,以及对重大决议执行情况的监督权;要把好方向,抓好大事,出好思路,用好干部;要充分调动校长和其他行政领导的积极性、主动性、创造性,大力支持校长独立负责地行使职权。另一方面,“校长负责”是落实“党委领导”的基础,“党委领导”要靠“校长负责”来落实。校长负责主要是负责落实党委的领导,执行党委的决议,把党委的决议转化为贯彻落实的行政措施和行为。二是个人与集体的关系。处理好个人与集体关系的关键是要贯彻落实民主集中制。民主集中制是我们党和国家的根本组织原则和领导制度,也是实行党委领导下的校长负责制的根本制度。《实施意见》充分体现了民主集中制,就集体领导和个人分工负责的管理权限、党委常委会议和校长办公会议议事规则、重大问题重大事项的决策程序、干部选拔任免的决定程序、专家咨询制度和征求群众意见制度、民主决策和管理制度、学校党政领导民主生活会制度、监督检查和责任追究制度、工作请示汇报和反馈制度等,既提出原则性的指导意见,又做出了非常具体的操作性规定。例如,《实施意见》强调要坚持集体领导和个人分工负责相结合,重大事项必须坚持科学决策、民主决策、依法决策,集体研究决定,防止个人或少数人专断,又强调领导班子成员要认真执行集体决定,按照分工积极主动开展工作,防止议而不决、决而不行,防止推诿扯皮。三是书记与校长的关系。书记和校长的团结协调是党委领导下的校长负责制有效运转的关键因素。书记和校长的团结协调、配合默契,不仅可以促使整个领导班子成为坚强的领导核心,而且能在全校形成强大的凝聚力和示范作用。如果书记和校长各吹各的调,互不买账,势必班子涣散,什么事情都办不好、办不成。要处理好二者的关系,首先要提高书记、校长的个人素养。高校党委书记和校长应该成为社会主义政治家、教育家,树立政治意识、大局意识,相互理解、相互信任,相互支持、相互补台。他们担负的角色不同,但分工不是分家,凡事要从学校事业出发,出于公心,开诚布公,把问题摆到桌面上,不计较个人的名利得失。应换位思考,多听取对方的意见,团结协调,合作干事。要建立定期沟通谈心机制,及时交流工作思想情况。书记和校长由于考虑问题的角度不同,对有些问题的看法难免会出现分歧,这是完全正常的。因此,建立党委书记和校长的沟通机制非常重要,平时应定期相互谈心,经常交流思想、交换意见,努力营造团结共事的和谐氛围;特别是决定重大事项前,更要事先酝酿、充分沟通。要严格制度规范,按制度规范办事。党委领导下的校长负责制实质上是一种集体领导制度。保障书记、校长的团结,最重要的是要靠制度,严格以制度规范办事。凡属重大问题,都应经过一定的程序,集体讨论,做出决定,决不能脱离集体领导这一原则,争个人的“拍板权”,或搞团团伙伙,搞个人专断。如果书记和校长过于计较“谁说了算”,必然滋生矛盾,甚至相互争斗,相互拆台。这是必须坚决防止和纠正的。

坚持党委领导核心地位,重在加强以民主集中制为核心的制度体系建设。要按照中央深化党的建设制度改革的要求,通过建设配套衔接和统筹协调的制度体系,健全落实民主集中制的议事规则和程序,完善权力运行的制约体系和监督体系,保证高校领导体制的科学性和稳定性。落实校长依法行使职权,重在正确处理党委领导和校长负责的关系。党委领导是集体领导,非党委书记个人领导。党委总揽全局、科学决策、建好队伍、协调各方、凝聚人心,支持校长依法负责地行使职权,力戒包揽具体行政事务。促进高校办出特色提高水平,重在正确处理行政权力和学术权力的关系。高校要办出特色提高水平,必须尊重并强化学术权力。高校党委、校长必须遵循教育规律,科学界定学术权力和行政权力的范围,理顺学术权力和行政权力的关系,发挥好专家教授在学科建设、学术评价、学术发展和端正学风等方面的重要作用。推进和谐校园建设,重在以党内民主引领校园民主管理。基层党组织是党在高校全部工作和战斗力的基础,党委必须发挥党的组织优势强化领导。要以党内民主引领校园民主管理,全心全意依靠教职工办学,推进党务公开和校务公开,健全教代会、学代会制度,充分发挥民主党派和无党派人士参与校务和民主监督作用,畅通民主表达渠道,创建民主和谐、公平公正的校园环境。

三、我国高校内部管理体制改革的发展趋势

高校推进外部和内部管理体制改革要在正确认识和把握转型与改革的若干关系的同时,还要善于准确把握好转型与改革中方法论层面的若干问题。高校要遵循高等教育发展规律、高校办学与人才培养的基本规律,又要能够顺应高校转型发展的大势,要符合高校自身的办学定位,能够支撑和保障高校发展的战略目标与主要任务。这一改革的特殊性从高校自身来说,应当聚焦和体现在应用型人才培养的体制机制改革与创新上、实施产学研合作的新教育模式上、开展应用型科研与提升服务能力上、有利于建设双师双能型师资队伍的导向上。高校管理体制改革不是局限于学校发展与改革中的某些个别问题,而是同时涉及学校全方位的转变,需要选择局部推进、重点突破再到全面推进的策略。也就是说,改革要坚持全局和局部相配套、渐进和突破相促进,要以重点突破带动整体推进。高校校

内管理体制改革涉及高校转型发展、建设改革的各个方面,其中内部管理体制改革的重点不外乎两个层面。一是内部治理结构层面的改革,可以说是改革自身的顶层设计,主要涉及以下方面:校政行企合作办学机制、校政行企协同育人机制以及校院两级管理体制、内部组织机构设置等方面的改革;二是学校内涵建设层面的改革,更多地侧重院校改革的实践层面,主要涉及人才培养管理体制、师资队伍建设与评价、科研管理体制、教学管理质量监控体制、人事制度体制等方面的改革。如人才培养模式改革一直是新型大学改革的重点、难点,可以此为突破点,带动学校人事师资、学生工作、服务保障等方面的系列改革的推进与落实。就高校内部管理体制而言,自上而下的改革推进往往与事关重大重要领域、紧要迫切问题相关,这种方法的改革具有较强的行政性和较高的管理效能,但也会因为对基层单位情况不明或过于强势的组织推进引起消极甚至逆反心理。教师是学校办学的主体,也是教学改革的主体,在学校有了顶层设计以后,人才培养的真正落实和推动需要依靠更多的教师参与。

高校内部管理体制改革的目标有两个:一个是按精简效能原则进行的管理组织本体改革;另一个是以学术管理为特征的配套改革。简约化的高校组织结构要求除了教学和科研,其他活动基本上都会划归到服务性工作中去,这样一来,庞大的行政队伍将会不断缩编。品状组合的高校权力结构要求重振学术,将成为高校唯一的生存之道。今后的权力结构将呈品字状分布,学术权力置于顶端,行政权力与政治权力构成底部支撑。政治权力要为高校发展保驾护航,在行政权力结构中,人才培养、人力资源配置、学科发展要占绝对比重以彰显行政权力服务于学术权力的理念。另外,法制化的体制改革势在必行,当前,高校与政府、高校与社会、高校与高校以及高校内部管理缺乏规范、人治空间远大于法治空间。因此,高等教育领域亟盼具有能规范各级职能部门管理的法典出台,这样,呼吁多年的高校自主权才有可能真正回归高校,并在法律框架内实现责权统一。①

① 张应强,程瑛. 高校内部管理体制改革:30 年的回顾与展望,《高等工程教育研究》,2008(11).

第二节　高校制度文化建设的原则与重要性

一、高校制度文化建设的原则

(一)本真高校原则

从根本上来讲,培养一流人才,是大学永恒的核心使命,人才培养质量是世界一流大学的“本真”。看一所大学办得怎么样,关键还是要看它培养出什么样的人才。从这一核心使命出发,现代高校制度建设的基本原则,要让高校是培养人才的地方。第一,要保证高校在本质上是培养人才和发展文化的机构,是以学术或知识为核心活动的机构,高校活动的基本价值取向和精神主旨是追求学术、文化、知识的进步,是培养人格健全、富有智慧和责任感的优秀人才。第二,在进行现代高校制度建设的时候,必须具备这样的前提性观念:高校在本质上应该是一个培育人才、发展文化的组织,高校的思想应该是自由和开放的,高校的价值取向及活动目标应该是多元的,高校在法律和机构的层面上应该是独立的,高校在具体的活动中应该是富有个性特色的。第三,高校活动的动力及为社会服务的自觉性,主要不是来自高校外部的压力或荣誉,而是来自高校内部的活动目的和教育自觉性,是高校活动的逻辑使然。亦即只要是真正的高校,必然会产生上述的结果。当然,真正的高校是有条件的。学术自由、高校自治、教授治校等原则,就是高校作为高校的基本条件,这些条件虽然随着社会的发展形式上有所变化,但其基本精神不会改变。第四,现代高校制度建设的内容,既要参照国外优秀高校的现成制度,使其符合世界高校的标准;又要参照国内著名高校历史上的先进制度及优良传统,使现代高校制度合乎逻辑地生长于传统的教育和文化土壤之中;还要凝聚当代社会文化、道德、学术等对高校的期待和希望,集中社会各个方面的高校理想和诉求,使人们在高校是什么、什么是高校等问题上形成共识,目的是让高校像高校。而要保证高校具备培养人才、发展文化、引领社会文明和进步的特质,就必须在高校的思想和制度方面充分地保护高校中的学术权力,张扬学术原则和逻辑,凸显教师及学者们学术活动的教育价值和文化创造意义,使高校成为文化和知识活动的场所,使高校成为教师和学者们人格、权利、尊严、荣誉被充分尊重和保护的地方,成为知识和文化的胜地及教师理想和追求栖息的精神家园。① 第五,新时代高校制度建设要贯彻习近平新时代中国特色社会主义思想,贯彻党的十九大对高校制度建设提出的新要求,以党章为根本遵循。"天下至德,莫过于忠。"对党忠诚,是高校制度建设的首要政治品质和政治生命线。对党忠诚,不是有条件的而是无条件的,不是抽象的而是具体的,必须体现到对党的信仰、党的组织、党的事业的忠诚上。最重要的就是要把党放在心中最高位置,牢固树立党的领导是中国特色社会主义最本质特征和中国特色社会主义制度最大优势、党是最高政治领导力量的观点,坚持党对高校制度建设的领导。高校制度建设要坚持"四个服从",与以习近平同志为核心的党中央保持高度一致。

(二)循序渐进原则

从最初的"211 工程"到后来的"985 工程",20 多年来,我国一直在为创建世界一流大学、建设高等教育强国不懈努力。今天的中国高等教育,不仅实现了规模的扩大、数量的增长,教育质量也在不断提高。站在新起点上的"双一流"建设与曾经的"211""985"工程有何联系,又该如何做好衔接?从中国高等教育发展历史的角度来看,"双一流"建设是"211""985"工程的延续,但在建设思路方面有待不断创新。"双一流"建设意义重大,它将有力支撑国家相关战略的实施,更好地服务国家与社会发展,将推动我国高等教育事业再上新台阶。"211""985"工程和"双一流"建设,都是时代发展的必然选择,也是我国高等教育发展的必由之路,这是一个循序渐进的过程。只有坚持社会主义办学方向,才能建设中国特色的世界一流大学。大学从来不是脱离社会而孤立存在的。哈佛、耶鲁、牛津、剑桥等世界知名大学的成功,都深植于本国独特的文化和历史之中。我们只有扎根中国大地,才能办好有中国特色和优势的世界一流大学,培养一大批投身国家经济建设、社会发展的栋梁之材。坚持正确的社会主义办学方向是首要标准。要坚持立德树人,把人才培养摆在最重要的位置——培养为人民服务的人,培养巩固和发展中国特色社会主义制度的接班人,培养为社会主义现代化服务的人。"双一流"建设,从大方向到小细节都应该体现中国特色。不管是教材设计,还是课程设置,我们都要不断地调整和修正。大学要紧跟甚至引领社会发展,必须要让学生们了解我国乃至世界发展动态和社会发展需求,并将其融入我们的课程体系和教材建设中,让学生在学习阶段就对国情和社会有足够了解。在"双一流"建设过程中,我

---

① 王长乐. 现代大学制度建设的基本原则,《清华大学教育研究》,2007(06).

们不仅要充分参考一些被国际广泛接受的客观标准,还要坚持立足本国国情办大学。政府应加强规范引导,同时给予高校充分自主权。“双一流”建设不搞“终身制”,而是按照竞争优选、专家评选、政府比选、动态筛选原则实施,借助第三方和专家评比,最后服务于国家战略。“双一流”建设没有国家和地方项目之分,只要第三方专家评选通过,就可以实施。“双一流”建设过程中,国家不仅要加强对高校发展的财力支持,还要进一步改革完善评价体系,加强对高校发展的规范引导,避免类似于经济领域曾经出现的重复建设、产能过剩、恶性竞争等问题的发生,为高校发展创造一个良性竞争环境。而高校自身,应有更强的战略定力,坚持围绕国家需要和学校长远发展搞建设,不能只顾指标不顾目标,更不能为了指标而违背目标。在“双一流”建设过程中,政府应当给予高校充分自主权,允许高校将“双一流”建设方案与自身规划紧密结合,保证高校的办学特色和水平。拥有一流的人才、一流的科技成果、一流的大学软硬件环境和一流的大学文化,才是真正的世界一流大学。其中,一流人才格外重要,虽然培养人才不像科研成果显性、可量化,但它为学校带来的声誉和文化价值却是其他因素无法比拟的。高校发展和“双一流”建设都离不开人才支撑,合理的人才流动是正常的,但由于我国中西部发展相对较慢,“双一流”建设过程中也要给予中西部高校更多关注,由国家统筹各区域均衡发展,不能只是不鼓励东部高校从中西部高校引进人才,也要鼓励人才继续留在中西部。我国高校应该把视野放宽,多从海外发现和挖掘人才。下面是中南大学的办学理念与办学定位:

中南大学的办学理念与办学定位

中南大学坚持社会主义办学方向,以立德树人为根本任务,全面贯彻党的教育方针,增强“四个意识”,坚定“四个自信”,落实“四个服务”;坚持中国特色、世界一流,秉承“知行合一、经世致用”校训,弘扬“向善、求真、唯美、有容”校风,践行“人本、求实、卓越、担当”办学理念,聚焦创新驱动,培养拔尖创新人才,支撑科教兴湘,服务行业发展,面向国家战略,勇攀世界高峰,贡献人类文明,建设特色鲜明的世界一流大学。

新时代,高校制度文化建设应服务于推动一批高水平大学和学科进入世界一流行列或前列,加快高等教育治理体系和治理能力现代化,提高高等学校人才培养、科学研究、社会服务和文化传承创新水平,使之成为知识发现和科技创新的重要力量、先进思想和优秀文化的重要源泉、培养各类高素质优秀人才的重要基地,在支撑国家创新驱动发展战略、服务经济社会发展、弘扬中华优秀传统文化、培育和践行社会主义核心价值观、促进高等教育内涵发展等方面发挥重大作用。

（三）实效原则

高校制度建设应讲究实效。那么，现代高校制度的实效性是什么呢？所谓实效，通俗说就是“管用”。习近平曾指出对于制度建设有一个很重要的思想就是，制度建设贵在精，贵在管用。管党治党，制度再多，如果不精准，结果就会大而化之，起不了作用。这个思想，不仅体现在管党治党上，还体现在高校制度建设方面。高校制度建设有自己的规律。高校制度很重要，要认真研究高校制度建设的历史经验。制度不精准，就不管用，这个是一方面；还有一种情况是制度叠床架屋，这就不仅是不管用的问题，更会带来内耗，走到了制度建设初衷的反面上去。这样的教训在历史上是很多的，不胜枚举。现代高校制度的内涵和精神一方面应该深入高校师生们的内心，得到他们真心的认同和支持；一方面应该充分体现高校师生们的意志和信念，包含真实地尊重他们权利、尊严、人格、荣誉的内容，体现他们的精神追求和情感需要，使他们的学术权利能够得到充分保证、他们的精神可以得到寄托、他们的劳动能够得到尊重和回报、能够让高校师生感到安心和舒心。新时代，高校“建章立制”要确保党中央确定的改革方向不偏离、党中央明确的改革任务不落空，与高校发展所需、师生所盼、社会需要对接上。高校进步和发展的真正力量及原因，绝对是在高校的内部而不会在高校的外部，要相信广大师生和教育家们能够承担高校进步和发展的使命和责任，政府应该以高校的进步为主旨，学习和借鉴国内外先进的高校制度，支持高校身份和地位的独立和自由，帮助高校尽快地形成自我发展、自我完善的自主办学制度体系，让高校成为真正的文化和知识活动机构，发挥文化和知识机构应有的影响和作用。

（四）逻辑一致性原则

要保证高校制度体系在逻辑上的一致性，需要注意以下几点：一是现代高校制度的制定，虽然是高校的利益相关者的博弈过程，但这个博弈过程却并非是随心所欲的，而是一个权利和责任对称的过程，博弈的胜利者虽然使自己的思想或理论转化成为制度，但也相应地要承担自己思想转化为制度的责任，这是保证博弈健康进行的逻辑约束。二是现代高校制度体系的建构，虽然是新时代高校发展的基石，但也不能仓促决策，而应该在理论层次上进行深入研究和充分讨论，破除思想障碍和制度积弊，把问题消灭在理论研究阶段，使现代高校制度的思想根基合理而深厚，为高校的世代延续打下基础。三是教育家办教育本是天经地义的事情，可是由于早期极端强调教育的阶级性，堵塞了教育家治教的途径，致使我国现行的高校体制,对教育规律的体现很不彻底,教育制度难以体现教育真谛。其在教育观念方面积重难返的程度,因而要倡导和支持教育家办学。四是改革开放后的高校,虽然经历过拨乱反正,但仍然有许多理论性问题和制度性问题没有解决。基于发展中国家教育跨越式发展的经验和规律,在高校及主管高校的教育行政机关都无力主导高校制度改革的情况下,呼吁对现行高校制度进行大胆改革。①

二、高校制度文化建设的重要性

高校制度文化是高校文化建设的保障。俗话说:“没有规矩,不成方圆。”追求自由是人的天性,但这种自由不是无限制无边界的,不是为所欲为与胡作非为,人必须在规与距所成形的范围内活动,否则就会产生碰撞冲撞。规矩是人类生存与活动的前提与基础,任何个人、组织、社团都存在于特定的制度与规矩的网络之中,一方面我们受其束缚与制约,另一方面规矩也使世界、使我们的生活更加有序顺畅与便捷高效。这种规矩,可以是规则、规范、守则、纪律、制度、法律法规,也可以是协议、条例、条约。高校制度文化是具有规范性和组织性的一种独特的文化概念,是指人们对创建制度与遵守制度的态度、价值观、认同观等。

加强高校文化建设,必须加强高校制度建设。制度建设是保障高校正常运转的重要基础,是高校的一项基本建设。离开了制度建设,高校中的人就会处于迷茫状态,其行为就无法约束,高校将处于混乱无序的状态,高校的发展就会失去方向感。制度是文化和理念的一个载体,高校制度的建构基础是高校理念、高校文化,高校制度反映着高校的基本理念和高校文化,高校制度的建设从根本上讲是规范和塑造人们的行为习惯以及共同的行为准则,直接联系到价值取向,具有明确的引导作用。所以,高校制度的建设必须坚持高校文化的引领,注重制度建设的文化取向,体现出理念和精神的指导作用,与高校的办学理念和办学价值导向相统一。

加强高校文化建设,还必须培育高校制度文化。有研究者认为,在管理中有三种境界,即人盯人的管理、制度管理和文化管理。而文化管理是居于最高层次的。培育高校制度文化,就是要在制度建设的同时,紧紧地渗入文化的东西,使制度的每一条款都充满着文化的细胞和血液。培育高校制度文化,就是要加强法制教育,倡导依法办事、按规则办事,把学校的规章制度内化为师生员工自觉的行为

① 王长乐. 现代大学制度建设的基本原则,《清华大学教育研究》,2007(06).

规范和习惯,每个人做每件事都有章可循,有法可依,增强广大师生的制度意识,并在这一过程中培育高校师生员工的自觉规范的行为、良好文明的习惯,逐步形成共同的价值取向,向上的清风正气,和谐的校园氛围。培育高校制度文化,还必须加强对规章制度执行情况的监督,做到有法有纪必依,违法违纪必究。高校制度文化是高校文化建设的保障。在高校文化建设中,必须把制度文化建设放在更加重要的位置,以制度文化保障和促进高校的科学发展。

三、新时代高校文化建设的理论指导

新时代高校文化建设应坚持以习近平新时代中国特色社会主义思想为指导,紧紧围绕统筹推进"五位一体"总体布局和协调推进"四个全面"战略布局,坚持和加强党的全面领导,充分发挥中国特色社会主义教育的育人优势,以立德树人为根本,以理想信念教育为核心,以社会主义核心价值观为引领,以全面提高人才培养能力为关键,强化基础、突出重点、建立规范、落实责任,一体化构建内容完善、标准健全、运行科学、保障有力、成效显著的高校文化建设制度体系,服务于培养德智体美全面发展的社会主义建设者和接班人。

首先,高校文化建设制度设计要突出价值引领,遵循文化建设规律,坚持以师生为中心,激活高校文化建设内生动力。充分发挥课程、科研、实践、网络等方面工作对高校文化建设的作用,切实构建高校文化建设的制度体系。优化课程设置,发挥科研育人功能,引导师生树立正确的政治方向、价值取向、学术导向,培养师生至诚报国的理想追求、敢为人先的科学精神、开拓创新的进取意识和严谨求实的教学与科研作风;坚持理论教育与实践养成相结合,整合各类实践资源,丰富实践内容,创新实践形式,引导师生在亲身参与中增强实践能力、树立家国情怀;注重以文化人以文育人,深入开展中华优秀传统文化、革命文化、社会主义先进文化教育,推动中国特色社会主义文化繁荣兴盛,牢牢掌握高校意识形态工作领导权,践行和弘扬社会主义核心价值观,优化校风学风,繁荣校园文化,培育大学精神,建设优美环境,滋养师生心灵、涵育师生品行、引领社会风尚;加强校园网络文化建设与管理,建强网络队伍,净化网络空间,推动文化建设同信息技术融合,引导师生树立网络思维,提升网络文明素养,创作网络文化产品,弘扬正能量。

其次,深入推动习近平新时代中国特色社会主义思想进教材、进课堂、进头脑。面向全体学生开设提高思想品德、人文素养、认知能力的哲学社会科学课程,加强教材使用和课堂教学管理,建立哲学社会科学专业核心课程教材目录,培养师生科学精神和创新意识，实施科研创新团队培育支持计划、科教协同育人计划、产学研合作协同育人计划等项目，引导师生积极参与科技创新团队和科研创新训练，及时掌握科技前沿动态，培养集体攻关、联合攻坚的团队精神和协作意识。

最后，整合实践资源，拓展实践平台，依托城市社区、农村乡镇、工矿企业、爱国主义教育场所等，建立多种形式的社会实践、创业实习基地。丰富实践内容，创新实践形式，广泛开展社会调查、生产劳动、社会公益、志愿服务、科技发明、勤工助学等社会实践活动，推动专业课实践教学、社会实践活动、创新创业教育、志愿服务、军事训练等载体有机融合。

推进中华优秀传统文化教育，建设一批文化传承基地，引导高雅艺术、非物质文化、民族民间优秀文化走近师生。挖掘革命文化的育人内涵，有效利用重大纪念日契机和重点文化基础设施开展革命文化教育。开展社会主义先进文化教育，开展高校师生社会主义核心价值观主题教育活动，推广展示一批社会主义核心价值观教育典型案例，选树宣传一批践行社会主义核心价值观先进典型。大力繁荣校园文化，创新校园文化品牌，挖掘校史校风校训校歌的教育作用，引导高校建设校园文化。

第三节　湖湘文化与怀化学院制度文化建设

一、怀化学院制度文化建设的现状

（一）教学质量管理制度

1. 教学质量保障机制

（1）加强教学中心地位，强化质量意识。学校教学中心地位不断加强，通过完善体制机制，形成了领导重视教学、政策倾斜教学、经费优先教学、科研促进教学、管理服务教学、后勤保障教学、舆论激励教学、人人关心教学的良好氛围，落实了党委会每学期至少专题研究教学一次、校领导和中层领导深入教学一线查课听课评课、津贴和奖励向教学一线倾斜 10% 等制度和政策。学校不断强化教学质量意识，按照《教育部关于全面提高高等教育质量的若干意见》要求，根据学校办学定位和人才培养目标定位，持续深入地推进应用型人才培养体系改革创新，实施专业和课程综合改革，采取“双师型”师资队伍建设系列举措，不断加强教学内涵建设,提高教师的教学水平和教学质量。学校每年召开一次教学工作会议或教学工作专题研讨会,理顺教学工作思路,明确教学工作目标,交流教学工作经验。

(2)完善主要教学环节的质量标准,规范教学质量管理。学校出台了28个教学质量标准的相关文件,进一步规范了课程理论教学、实验教学、实习(见习)、课程设计、毕业论文(设计)和课程考核等主要教学环节的要求和标准,为本科教育教学质量的提高奠定了制度基础。

(3)完善质量保障组织体系,形成质量保障合力。学校明确校长和分管教学副校长分别是全校教学质量的第一责任人和直接责任人,二级学院是教学质量保障的主体,院长和分管教学副院长分别是本单位教学质量的第一责任人和直接责任人。学校设立教学质量监控与评价中心,负责全校教学质量保障工作。学校出台文件明确教学单位教学质量监控的主要环节、主要内容、组织机构和主要措施,落实二级学院的教学质量保障主体责任。学校每年对教学单位的教学工作进行年度考核评估,其考核指标体系加大了教学组织、教学管理与监控、教学质量等核心指标的权重。调整充实了校教学指导委员会、教学督导等专家组织,使质量管理的组织体系更加完整。

2. 教学质量监控机制

(1)健全"四个三"的教学质量监控运行机制。充分发挥学校、院系和教研室三个管理层次,教务处、督导团和学生教学信息员的巡视、检查和反馈的三支管理队伍,期初、期中和期末三次重点教学检查,教学工作例会、教师教学工作座谈和学生教学座谈三个重要会议在教学监督与教学检查中的重要作用,使教学监督与教学检查形成了多层次、全方位、立体化的格局。

(2)充分发挥督导团在教学质量监控和教师培养中的作用。学校不断充实教学督导团队伍,督导团成员实行专职和兼职相结合,并且每年从兄弟院校聘请专家来校做专项(如工科专业)教学督导。教学督导工作秉承"以人为本、督导与提高、督察与反馈、督导与服务"的工作原则,发挥对学校教学工作、教师课堂教学的监控、指导、咨询、评比等作用。督导团除课堂教学督导外,还开展本科生毕业论文(设计)、试卷及成绩管理、作业、实验报告等专项检查。常年坚持的教学督导工作有力地促进了教师特别是青年教师的教学水平提高。

(3)建立及时有效的信息收集和反馈机制。学校秉承"以学生为评价主体",以"过程性评价为主要形式"的工作思路,借助现代信息化的手段,通过教学督导团、学生信息员、学生教学通讯员这三支主要队伍,深入到教学检查与教学评价中，定期通过《教学舆情报》《学生教学座谈会纪要》《教学质量意见箱》《督导月报》《教学简报》等平台，及时向全校通报教学运行、教学管理、教学质量、人才培养等方面的具体情况。同时建立教学信息反馈机制，要求相关教学单位和相关职能部门针对反映的问题，提出整改意见并限期整改。

3. 教学质量激励机制

（1）实行教学奖励，形成有力的教学导向。学校不断完善教学奖励制度，实现了教学奖励对教学工作的方方面面的覆盖，既有对个人的奖励、也有对集体的奖励；既有课堂教学、课程建设、教学手段、教学技术方面的奖励，也有教学管理方面的评比奖励，形成了多层次、全方位、立体化的教学奖励机制和教师以教为本、以教为荣的良好育人氛围。教学集体奖励主要有校级教学团队选拔、教学成果奖励、教研室和实验室评优；个人奖励主要有教学名师、教学优秀奖、教学奉献奖、青年骨干教师推选、青年教师教学比武奖、教学管理先进个人、现代教育技术应用奖等。

（2）实行学习奖励，激发学生的学习热情。学校以树立学习标兵来激发学生信心、明确目标，引领成长，形成了集体奖励与个人奖励相结合，物质奖励与精神奖励相补充的多级奖励体系。在个人奖励方面，通过国家奖学金、国家助学金、农林师专奖学金，学校奖学金、学习成绩奖学金、各类学科竞赛奖励、挑战杯、著作、论文、文学、新闻等作品奖励、学生专利作品奖励、大学生创新实验项目、优秀实习生和社会、企业的资助奖学金等，提高了学生学习的积极性。在集体奖励方面，通过集体学科竞赛或省级以上（含）政府部门授予荣誉的配套奖励等，极大地促进了学生自我成才。

（3）实行形式多样的教师培训，促进教师的教学能力和水平提高。学校健全了教师教学发展的多种培养培训机制，对新进教师开展岗前培训、教学规范与教学方法培训，并推行导师制、助教制度、督导团专项督导等，促使新进教师尽快熟悉教学、适应教学需要；对中青年教师要求利用暑期或脱产到企业进行实践能力锻炼培养；对教学科研骨干采取到国内知名高校访学、国外进修交流等方式，进一步提高教学科研水平。

（二）教学评价制度

1. 教师对教学工作和人才培养方案的评价

2014 年 11 月，学校就专业人才培养方案、教学基础设施、教学管理、实践教学、教学对象及教学质量监控等方面设计了 24 个目标问题对 200 位本校教师进行问卷调查，问卷设计采用“很满意、比较满意、一般满意、不满意、很不满意”五分制、五级量表。调查结果显示，教师对教学工作和人才培养总的满意度（“很满意”“比较满意”“一般满意”）比例为95.5%。

2. 学生对专业培养目标定位、教师教学能力和学术水平的评价

2014年6月，学校就专业培养目标定位、教学实施与教学管理、教师教学能力和学术水平等方面设计了17个目标问题，每个问题设计仍然采用五分制、五级量表，对1424个学生有效样本进行了抽样调查。调查结果显示，学生对教学工作总满意度比例为83.5%。说明学生对学校专业人才培养目标定位及教学工作的满意度较高，整体评价良好。

3. 学生对课堂教学效果的评价

学生对课堂教学效果的评价主要采取学生网上评教的方式进行。以2015年6月学生网上评教为例，应参加评教的课程为1368门，覆盖率为100%，应参加评教学生11740人，实际参加评教学生11729人，参评率为99.91%。通过对学生网上评教的数据分析，学生评价结果全为优秀87.43%、良好11.84%、一般0.73%，没有差的评价。

（三）育人制度建设

1. 强化教风学风建设

学校出台了《怀化学院关于进一步加强教风建设的十条意见》《怀化学院关于进一步加强和改进学风建设的十条意见》和《怀化学院关于进一步加强教风和学风建设的实施细则》，一方面通过进一步强化责任，建立工作机制，强化教师职业理想与职业道德教育，落实教师课堂第一责任人制度，加强教师业务水平与实践能力培养培训，严格教学过程与教学环节监控，完善教师业绩考核与教学奖罚机制，建立与完善优良教风建设的长效机制；另一方面，加强课堂检查与考勤，强化考风建设，严格学籍管理，全面实施各类学科竞赛活动和大学生科技创新计划，通过深化“学风示范班”与“学风标兵班”创建活动在学生中开展目标教育，推行学生党员与干部的“成长计划”，实施学生“朋辈教育项目”，成立“大学生学习与发展指导中心”，完善大学生创业教育机制，建立学风建设评价体系，创造良好的学习环境与氛围，促进优良学风的形成。

2. 强化资助育人功能

学校资助工作始终坚持“奖助结合、育人为本、助学与励志并重”的工作理念，建立了以助学贷款为主体，通过“奖、助、贷、补、勤”等多种形式，为家庭经济困难

学生提供有效资助。学校建立了“学校、政府、社会”三位一体的资助体系,实现了“不让一名大学生因家庭经济困难而辍学”的目标。

(四)专业建设制度

1. 加强专业结构调整

学校按照“做大工科、做强经管、做优教育、做精艺体、做实文理”的专业发展思路,重点建设和拓展了工学、管理学类等应用性专业。2013—2015 年先后增加了 4 个工学类专业(材料科学与工程、食品质量与安全、电气工程及其自动化、生物制药)、3 个管理学类专业(财务管理、酒店管理、土地资源管理)和 1 个艺术学专业(服装与服饰设计)招生,同时将理学专业景观学改造为工学专业风景园林,将音乐表演、广播电视工程、工业设计等 3 个专业暂停招生,并将城乡规划、高分子材料与工程、物联网工程、数字媒体艺术、电子商务、资产评估、网络与新闻媒体、土木工程等应用型专业作为今后五年重点考虑发展的专业,基本形成了以工、管、教为主干学科,文、理、艺等为支撑学科的专业布局。

2. 加强特色专业建设

学校遵循“分类指导、重点扶持、创优建特”的原则,依托优势学科,按照服务地方经济社会发展和区域产业结构调整的要求,重点投入,加强建设,突出应用性特色,努力打造教育、经管、电信、制药、艺术等特色专业集群,构建了国家、省级、校级三级特色专业建设体系。截止到 2015 年 8 月 31 日,学校有国家级特色专业建设点 1 个、省级特色专业建设点 7 个、校级特色专业建设点 13 个,初步形成了文理并重、理工协同、基础与应用协调发展的门类较为齐全、优势互补、特色鲜明的特色专业布局。

3. 加强专业综合改革试点工作

学校积极开展专业综合改革试点工作,大力推进人才培养模式、教学团队、课程教材、教学方式、教学方法、实践教学、教学管理等专业发展重要环节的综合改革,全面实施校地校企合作,主动对接市场和行业企业需求,与行业企业联合修订人才培养方案,共建实验室与开发实验项目,强化实践教学环节,培养学生创新意识和实践能力。截止到 2015 年 8 月 31 日,学校有国家级综合改革试点专业 1 个、省级综合改革试点专业 2 个、校级综合改革试点专业 6 个。学校进一步将这些综合改革试点专业作为校企合作育人试点专业和卓越人才教育培养计划试点专业,加大校企合作、产教融合育人的力度。这些综合改革试点专业,按照专业综合改革目标要求,坚持以服务地方经济社会发展为导向,以应用型人才培养为目标,狠抓教学改革,突出能力培养,加强师资队伍建设,不断改善教学条件,积极构建和实施科学的人才培养模式,取得了良好效果,对全校专业建设改革起到了示范引领作用。

(五)课程与教材建设制度

1. 构建了以能力培养为核心的课程体系

学校围绕应用型人才培养目标,以能力培养为主线,以专业能力培养为核心,加强课程结构的调整,构建与应用型人才培养相适应的,集“公共能力课程模块、专业能力课程模块、发展能力课程模块”于一体的课程体系和校、系两级能力素质拓展项目。同时强化实践教学课程的设置,全校实践教学课程占课程总门数的24.35%,实践课程开出率100%,“三性”实验项目占实验项目总数的58.26%。

2. 强化了课程建设与改革

学校强化精品课程建设,促进课程建设水平提升。目前学校有省级精品课程9门,校级精品课程96门,实现了精品课程的教案、大纲、课件、习题、实验以及教学文件与参考资料等教学资源上网开放,精品课程已经成为教学的优质公共资源。与此同时,积极探索课程改革,有效地推动研究性教学课程、考核改革课程建设,已立项支持33门课程进行研究性教学改革试点、50门课程进行考试改革试点。此外,还开始引进国内公共选修课的优质慕课资源,以此带动学校课程教学改革,促进学生共享优质教学资源。

3. 优化了课堂教学与课程开设

2014—2015学年,学校共开设课程1683门,全年开设课程的班级数5630个,其中40人以下的课程班2057个,占开课班级总数的36.54%;各专业课程设置按学分计算,必修课占85.51%,选修课占14.49%,其中公共能力选修课占4.63%,实践教学课程平均占43.27%。

4. 注重选用优秀教材

学校制定了《怀化学院教材建设管理条例》,对教材的选择、征订、使用等各方面做出了明确规定,鼓励使用面向21世纪课程教材、国家级规划教材和专业教学指导委员会推荐教材。本科生选用省部级(含)以上规划和获奖教材比例为56.15%。

5. 加强本校特色教材建设

学校按照创新、效益、择优的原则加强校本特色教材建设,每年立项资助7—10部校本教材(讲义)编写,截至2015年8月31日,学校立项资助教师编写教材

(讲义)54种,正式出版发行并使用教材18部。

(六)实践教学制度

1. 实践教学基本情况

学校坚持培养"工程师、设计师、会计师、物流师、精算师、策划师、经济师、营销师、教师"等"师字辈"的应用型人才,突出专业能力培养核心,一方面增加实践教学课时,加大实践教学的比重;另一方面改革实践教学内容与方式,逐步实现由基础验证实验向综合性、设计性、创新性实验转变,由规定性实验向自主性实验转变,由传统型实验向开放型实验转变。

为保障实践教学质量的提高,学校出台了一系列规章制度,加强实验、实习、社会实践、学年论文(课程设计)、毕业论文(设计)、科研训练等实践教学环节的建设与管理,按照公共能力、专业能力、发展能力三层次循序渐进的要求,着力提高学生的综合能力。

2. 实践教学基地建设

学校继续加强实验(训)、实习基地建设与合作教育基地建设。2014年,学校共投入实践教学经费共304.52万元,已建成校内成建制的实验(训)室、实践教学中心、实践基地共36个,其中与国内知名企业共建的教学实验室(中心)3个;与企业、行业、事业单位合作共建了131个校外实践教学基地和人才培养基地。截至2015年8月31日,已有教育部大学生校外实践教育基地1个,湖南省实践教学示范中心3个,湖南省大学生创新训练中心2个、湖南省校企合作人才培养示范基地4个、湖南省基础课教学示范实验室1个、湖南省虚拟仿真试验室教学中心1个、湖南省优秀实习基地8个。

3. 毕业论文(设计)

学校十分重视本科毕业论文(设计)工作,不断规范毕业论文管理。2015年3729份毕业论文(设计)共3729个课题,其中在实验、实习、工程实践和社会调查等生产和社会实际中完成的毕业论文(设计)课题3020个,占80.9%;2015届本科生毕业论文(设计)成绩优秀的137篇,良好的1553篇,优良率为45.32%。

4. 校企合作教育

学校积极推进校地合作,与怀化市政府及所辖的多数县、市、区签订了合作协议,并与为数众多的企业、行业、事业单位建立了深入的合作关系,共建了3个校内实践教学基地、131个校外实践教学基地,合作开办了课程嵌入、定向培养和分段教学等形式的校企合作教育班8个,大大促进了相关专业学生的实践能力培养,促进了学生的创业和就业。例如,大唐移动通信设备有限公司在我校共建了通信工程实验室,并合作开办了通信工程专业“大唐班”,大唐移动开设并承担该班12门专业课程的教学工作;酒店管理专业与黄山温泉旅游管理有限公司合作开办“联华班”;国际经济与贸易专业与广东新航线跨境电商服务有限公司合作开办跨境电子商务“新航线订单班”;计算机科学与工程学院与昆山杰普软件公司合作开办了“2+2”形式的“软件工程师”和“物联网工程师”班;法学专业与怀化市司法局、法院、检察院深度合作共同培养适应地方需要的法学专业人才并开展法官、检察官、律师等培训。同时,学校确定了11个校企合作育人和卓越人才教育培养计划试点专业建设,通过示范引领大力推进校企合作教育,实施了社会服务项目100余项,引进资金近300万元。

5. 创新创业教育

学校成立了创新创业教育领导小组,不断完善人才培养质量标准,健全创新创业教育课程体系,完善创新人才培养机制,强化创新创业实践,形成良好的创新创业环境与条件。学校面向全体学生开设《大学生职业生涯规划》《创新创业基础》和《就业指导》三门必修课,68课时,4学分;开设10门左右创新创业教育选修课,学生必选其中2学分;开设创新创业论坛、讲座、竞赛和创新创业模拟实践等系列课程;多形式举办创新创业教育实验班,探索建立校校、校企、校地和校所以及国际合作的协同育人新机制;本年度投入专项经费233.49万元,支持学生参加社会实践、学科竞赛和职业资格认证考试,支持学生发表论文、申请发明专利、实施研究性学习与创新性实验项目及大学生创业项目。此外,学校还大力支持专业类、学术类、科技类、公益环保类社团的发展,鼓励学生以学生社团为平台开展各类科技创新活动,参加省内外各项大赛。2014年,学校立项资助“大学生研究性学习与创新性实验项目”154项,其中14项和4项获省级和国家级立项。学生依托各类立项课题发表学术论文41篇、发表作品143篇(件)、申请专利10项。学生参加国家、省级各类学科竞赛,共获219项奖励,其中国家级奖励39项、省级奖励189项。

二、湖湘文化融入怀化学院制度文化建设的实践

(一)改善校园人际关系,助推校园精神文化

要树立“以人为本”的管理理念,以优化心理环境为突破口,注重学校人际关系的改善,注意挖掘和利用一切有利于教育、教学活动和学生身心健康发展的积

极的心理环境因素,改善学校领导与教师,教职工内部,师生之间的人际关系,为师生创造舒适的工作、学习环境和宽松和谐平等的人际环境,使学校内部形成强大的凝聚力,激发师生高度的工作和学习热情,有效地促进学校各项工作全面深入开展,取得最佳的工作效果。

1. 完善制度文化,实行人文管理

要根据党的教育方针和教育法规要求,逐步完善制度文化模式,把规章制度的有形约束转化为师生的无形自律,促进学校工作有效有序运转。俗话说:“没有规矩,不成方圆。”良好的校风的形成与保持,必须要有严格的纪律和有一套完整的规章制度予以保证,使之成为师生员工的行为规范,做到有法可依,有章可循。

2. 改善师生关系,创建和谐校园

开展“献师情,树师德,扬师风,铸师魂”的师德师风教育系列活动,如“关爱学生行动”系列活动等,建立新型师生关系,活跃校园文化,把校园建成全面提高学生素质的一个愉快、和谐、健康的教育乐园。学校要定期开展安全知识的宣传教育和技能演练活动,积极开展用电安全、交通法规知识竞赛、自护自救安全知识讲座等形式的“珍爱生命”主题教育活动。要制定安全检查工作预案,完善“安全管理规定”“建筑及设施安全管理措施”和“学生宿舍管理制度”。定期开展安全大检查,消除安全隐患,为师生提供一个安全的活动场所。

(二)树立良好校风,净化校园文化环境

校风是一所学校师生员工在教育、教学管理等实践活动过程中逐步形成的一种道德风尚,是全体师生员工思想、道德、纪律、作风以及精神风貌的综合体,是一所学校的灵魂。因此,建设优良的校风对于学校全面贯彻教育方针,把学校办出特色,提高教育、教学质量,为建设四化、培养“四有”的合格人才具有重要作用。在校风建设上要把领导作风、学风和教风的建设有机结合起来。

1. 领导作风。领导作风是校风的“源头”,学校的校长、领导班子人员是学校的管理者和领导者,在校风建设中起着主导和表率作用,是形成校风的“风源”。因此,作为学校领导者,一是思想作风要纯正。二是工作作风要民主。三是管理方法要科学。只有这样,才能更好地推动教育改革,不断提高管理水平和办事水平。

2. 学风。学风是学生群体的风气,学生是学校的主体,因此,学风是校风的核心。要引导学生明确学习目的,潜心培养群体学习动机、学习兴趣和学习态度。只有经过长期的办学实践活动,才能形成具有自己学校特色的学风。

3. 教风。教师的教风是学生学风形成的起因，是校风形成的关键。因此，我们十分重视教风的建设，要求教师具有渊博的知识，认真的教学态度和精湛的教学艺术，同时，要求教师树立正确的人生观，具有良好的道德修养。一所学校良好的校风的形成，必须树立共同的奋斗目标，发挥校长和教师的表率作用，以良好班风的形成作为基础，以严明校纪校规作保证，以整洁的校容校貌为标志。

(三)结合湖湘文化，强化校园文化建设

学校以能力素质培养为主线，结合湖湘文化，以青年大学生为主体，以建设优良的校风、教风与学风为目标，以优化、美化校园文化环境为重点，以丰富多彩、积极向上的校园文化活动为载体，强化校园文化建设。2014—2015 学年，充分利用校园广播、校报、网站、宣传橱窗等校园文化设施，大力宣扬好人好事，弘扬、传播正能量；利用国旗下的讲话、团日活动与主题班会，强化学生的养成教育、感恩教育与心理健康教育；通过开展“三下乡”社会实践活动，引导学生自觉践行社会主义核心价值观。结合能力素质培养，指导 54 个校级学生社团、27 个院(部)学生社团开展了一系列活动，如恒宇讲辩协会的“我是演说家”、读者协会的“关注村小留守儿童下乡活动报告会”等活动，丰富了校园文化生活；举办“两节一赛”即上半年的“科技·读书”节、下半年的校园文化艺术节，全年穿插“挑战杯”科技创新竞赛，在院系实施“一院一品”校园文化活动精品工程，形成了如马克思主义学院的“时政大讲坛”、经济学院的“经济文化大看台”、法学与公共管理学院的“社工活动月”、教育科学学院的“蒙学经典诵读大赛”、体育学院的“体育广场文化节”、文学与新闻传播学院的“影像艺术节”、外国语学院的“中外文化大看台”、数学与计算科学学院的“信息文化节”、机械与广电物理学院的“科普文化节”、电气与信息工程学院的“科技创新创意大赛”、化学与材料工程学院的“创业大讲坛”、生物与食品工程学院的“食品文化艺术节”、计算机科学与工程学院的“社会导师计划”、风景园林学院的“园林文化艺术节”、商学院的“商道文化艺术节”、音乐舞蹈学院的“金秋艺术节”、美术学院的“五溪民间美术节”、设计艺术学院的“设计生涯动漫节”、少数民族预科部的“民族手工艺作品展”等一大批精品校园文化活动项目，推动了校园文化向健康高雅的方向发展，促进了学生能力素质的全面提高，提高了人才培养质量。

(四)面向社会需要，打造应用性特色

学校自 2008 年起进一步明确了应用型地方本科院校的办学定位，大力推进学术型人才培养向应用型人才培养的转变。一是针对地方经济社会发展和产业转型升级的需要，大力发展应用型本科专业，新增了材料科学与工程、食品科学与工程、食品质量与安全、网络工程、软件工程、风景园林、生物制药、电气工程及其自动化、财务管理、酒店管理、土地资源管理、服装与服饰设计、产品设计等一批工学、管理学和设计学类应用性专业，专业结构明显改善，其中工学、管理和经济类专业已占专业总数的48%。二是大力发展应用学科，新增了金融学、民俗学、设计学、计算机应用技术、旅游管理、无线电物理、应用化学等10个校级重点建设的应用型学科，并建立了一批省、市、校级应用研究科研平台，为应用型专业的发展和学生创新能力培养提供了强有力的学科支撑。三是大力推进人才培养模式改革，构建了在人才培养规格上融"知识、能力、素质"为一体、在人才培养的内容上融"公共能力、专业能力、发展能力"为一体、在人才培养途径上融"理论教学、实践教学、校园文化活动"为一体的应用型人才培养模式，形成了以能力培养为主线，以专业能力培养为核心的人才培养方案。为加强学生实践能力培养，逐步建立和完善了"基本技能训练平台 + 综合能力训练平台 + 创新能力培养平台"和"专业实习模块 + 专业实验实训模块 + 研究性实践模块 + 其他实践模块"的"三平台、四模块"实践教学体系，并积极推进产教融合、校企合作的办学模式，让企业、事业单位直接参与到人才培养方案制订、课程教学和学生实践能力训练中，校企合作开办的专业已达8个。为保障应用型人才培养，学校通过引进企事业单位兼职教师与大批选派教师到企事业单位学习锻炼相结合的方式，建设"双师型"教师队伍，将生产一线的工作经验带入课堂，促进学生职业能力和就业能力的提高。

（五）立足当地资源，打造地方性特色

学校立足怀化及武陵山片区丰富的自然资源与文化资源，推进优势特色学科专业建设，促进人才培养质量提高。为发挥怀化及武陵山片区自然资源优势，学校相继获批建立了民族药用植物资源研究与利用湖南省重点实验室、武陵山片区生态农业智能控制技术湖南省重点实验室、湘西药用植物与民族植物学湖南省高校重点实验室、怀化市特色农产品资源加工重点实验室、湖南文化遗产翻译与传播基地及武陵山片区民间文化传承与发展协同创新中心等8个省、市级科研平台，开展民族药用植物资源、山地生态农业、特色农产品加工等地方优势自然资源的研究与开发，取得了较显著的成果，形成了地域特色鲜明的学科特色和科研方向，促进了生物工程、食品科学与工程、食品质量与安全、制药工程、电子信息科学与技术等专业的特色办学。为发挥怀化及武陵山区文化资源优势，学校相继获批建立了湖南省民间非物质文化研究基地、湖南省和平文化研究基地、湖南省民族民间文化艺术研究中心、湖南省民族传统体育研究与训练基地、怀化市工业产品设计与文化创意研究中心等7个省、市级哲学社会科学研究基地，开展了怀化及其周边区域的非物质文化、和平文化、民俗、民间艺术、民间音乐、民族传统体育等的系列研究，主持完成了一批国家和部省级课题，取得了突出成果，形成了具有鲜明地域特征的我校人文社会科学特色学科和研究方向，推动了旅游管理、艺术设计、音乐、体育类专业的特色发展。除上述省级平台外，我校还建立了13个旨在开展地方性应用研究的校级研究平台，全面推进我校开展符合地方经济社会需要的应用研究，提高我校服务地方经济社会发展的能力。与此同时，学校注重将取得的具有地方特色的科研成果转化为特色教学资源，增加课程教学内容，开发校本教材，开设特色课程，使人才培养更接地气。

（六）服务区域发展，打造民族性特色

作为坐落在多民族地区的地方高校，学校十分注重发挥其服务民族地区经济社会发展的作用，在科学研究和人才培养上彰显民族性特色。在学科建设和科学研究中，学校坚持聚焦怀化市及武陵山片区民族文化和民族发展问题研究，重点开展了民族医药、民俗旅游、民族文化、民族民间艺术的研究与开发，已在侗族医药研究与开发、侗族傩戏的保护、侗族大歌和苗族歌鼟的传承、侗族节会文化研究等方面取得了显著的研究成果。在专业建设和教学中，注重将丰富的侗族、苗族、瑶族、土家族文化、艺术知识纳入相应课程教学内容，或直接开设诸如民族传统体育、民间木雕与石雕、民间竹编技艺等特色课程；建立了集收藏、研究、展示和传承于一体“五溪流域民族民间艺术实践中心”，打造了深化民族性办学特色的多功能平台。学校实现了与怀化市体育局、怀化市旅游局、麻阳苗族自治县、新晃侗族自治县、沅陵县等市政府部门和县级政府就民族体育、民俗旅游、民间雕刻、侗族村寨遗产等民族文化挖掘与开发方面的服务与合作，助推了我校办学的民族性特色形成。

（七）结合湖湘文化发展，努力营造风清气正良好育人环境

1. 抓住“牛鼻子”，认真落实全面从严治党

学校党委和二级单位党组织认真履行并落实从严治党的主体责任，强化政治担当和责任意识，层层传导压力。要认识到位。各级党组织都是党风廉政建设的责任主体，领导干部是推进学校落实全面从严治党的“关键少数”，要强化政治担当意识，将从严治党的责任扛在肩上，确保从严治党的要求传导到每一个党员，落实到每一个环节。全体党员和领导干部要警惕涛声依旧的惯性思维、克服我行我

素的行为习惯、力戒事不关己的看客思想、打破法不责众的陈旧观念、破除查不到我的侥幸心理。要执行到位。落实全面从严治党主体责任和党风廉政建设，认识上不能有任何含糊，行动上不能有丝毫犹豫，贯彻上不能按选择打折扣，必须坚决执行。要教育到位。强化问题意识，以问题为导引，进行有针对性的教育培训和学习讨论。把《关于新形势下党内政治生活的若干准则》和《中国共产党党内监督条例》的学习与学校、本单位、本部门出现的问题结合起来，突出重点，真正做到学深学透、学以致用。

2. 逐步实现“标本兼治”，推进党风廉政建设向纵深发展

将党风廉政建设与立德树人的根本任务结合起来。党风廉政建设是立德树人的政治保障，为立德树人营造风清气正的党风、学风、教风、校风。立德树人是社会主义大学的根本指向。立什么德、树哪种人？“面对公与私、是与非、义与利、正与邪、苦与乐”的矛盾，靠的是思想境界和政治觉悟，警惕精致利己主义蔓延，课堂教学要有质量标准和底线意识。立德树人与党风廉政建设两手抓才能事半功倍，做到既教书又育人、既管理又育人，既服务又育人，深化党风廉政建设。

3. 聚焦稳定主题，推进各项事业健康发展

衡量稳定的标准是政治上的安定、环境上的安全、人心上的安稳。我校正处于改革发展的关键期，当前务必做到“三个确保”。确保政治安定，包括意识形态安全。紧握党风廉政建设利器，坚持有腐必反、有贪必肃，做到惩治腐败力度绝不减弱，零容忍态度绝不改变；确保校园安全，进一步强化责任意识，实施责任追究制。围绕“平安高校”建设标准，加大软硬件条件建设，构建全方位、全覆盖的技防体系。加强校园及周边治安综合治理，深入推进安全大检查和隐患排查整改工作，以及加强校园网络安全、交通安全、食品安全等方面建设；确保人心安稳。学校将大力推进“四心工程”，即贯彻“以人为本”的原则，贴近师生员工的思想实际，为了学校的发展目标统一思想、统一行动，做到“同心”。进一步关注群众的切身利益，化解矛盾，理顺情绪，做到“暖心”。全力优化育人环境，创造条件，增强合力，做到“聚心”。用高尚的师德学风净化灵魂，排除干扰，增强动力，做到“净心”。

第八章

湖湘文化融入湖南高校文化建设的对策

高校文化建设有着独特的特点和趋势，由于社会经济的发展和教育体制改革的进一步推进，给高校文化建设带来了新的挑战和矛盾，湖南高校应在习近平新时代中国特色社会主义思想的指导下，全面贯彻党的教育方针，坚持社会主义办学方向，坚持“四个服务”，坚持中国特色，坚持内涵建设，确保学校始终沿着正确方向健康发展，深化综合改革，提高办学质量水平，为实现“两个一百年”奋斗目标和中华民族伟大复兴的中国梦作出应有贡献。

湖湘文化是历代湖湘民众在湖湘大地上所创造的实物、知识、信仰、艺术、道德、法律、风俗以及其余从社会上学到的能力和习惯的总和，包含了湖湘物质文化、湖湘制度文化和湖湘精神文化三个层面。湖湘文化源远流长，底蕴深厚，博大精深，是中华文化百花园中的一朵奇葩。尤其是在中国近现代史上，写下了浓墨重彩、光辉灿烂的一页，孕育了一批又一批历史伟人。湖湘文化中至少有三个方面值得我们去重点发掘弘扬：一是爱国主义的传统。湖湘文化中的爱国主义在不同历史时期有着各不相同的具体内容，但是深沉的忧患意识和以天下为己任的坚定历史责任感与使命感却始终未变。二是注重实干、勇于任事、自强不息、勤勉朴实的传统。① 三是开拓创新与对外开放的传统。这些传统可培养大学生具备以下五种湖湘精神：心怀天下，忧国忧民的爱国主义精神；追求理想信念和认准奋斗目标而坚忍不拔、百折不挠的进取精神；思变求新，敢为人先的创新精神；艰苦奋斗、吃苦耐劳的创业精神；融合百家，兼收并蓄的开放精神。湖湘文化是一种具有湖湘人精神的文化特色，她影响着世世代代的人们去奋斗，去创新，去改造自然，改造社会。湖湘文化有她独特的精神，独特的魅力和鲜明的个性。在社会主义市场经济发展的今天，需要更多人去奋斗、去创新、去敢为人先。作为湖湘的高等学

① 田光辉．湖湘多民族文化对湖南高校文化建设的影响研究，《民族论坛》，2015(02)．

府,有义务培育具有湖湘精神的社会主义新型劳动者。因此,继承和发展湖湘文化对丰富湖南高校文化建设内容,创新湖南高校文化建设方法,实现湖南高校文化建设目标具有十分重要的现实意义。在湖南高校文化建设中,应弘扬湖湘文化中的开拓创新精神,不因循守旧,不抱残守缺,敢于探索创造,敢于走别人没有走过的路。此外,还要发掘并弘扬湖湘文化中兼收并蓄、睁眼看世界的对外开放传统,克服故步自封、盲目排外的狭隘民族主义心态,虚心学习借鉴外省市高校的先进教育教学经验,加快我省高校文化建设的步伐。形成具有浓厚的湖湘文化氛围的书香校园,充满人文精神。湖南高校应该充分汲取湖湘文化的营养,依托三湘本土,结合高校自身发展的传统与现实,将湖湘文化的优秀成果融入湖南高校的文化建设中,打造湖南高校文化建设的地域特色。

第一节 充分利用湖湘文化资源助推湖南高校文化建设

一、弘扬湖湘优秀文化、将湖湘文化与湖南高校文化建设密切融合

湖湘文化是在湖湘大地上孕育形成的具有地方特色的社会意识、价值观念、思想观念、生产方式、生活方式、思维方式、社会心理、风俗习惯等精神因素的总和。湖湘文化的精华主要体现为心忧天下、敢为人先、经世致用、百折不挠、兼容并包等精神,这些文化品质在中国近现代历史舞台上彰显出惊人魅力,是湖湘文化对中华文化发展的重要贡献。它使湖南人才辈出,成为一种在全国范围内有巨大影响力的文化现象。这些文化因素在今天的现代化建设中仍具有重要价值,需要我们继续发扬光大。既是顺应世界潮流,强化湖湘文化促进发展,价值取向的需要,也是挖掘和利用湖湘文化资源,扩大湖湘文化的当代影响力,充实湖湘文化的时代内涵,续写湖湘文化新篇章的切实需要。①

在湖南高校文化建设中,要着力将湖湘文化与湖南高校文化建设密切融合。湖南高校在将湖湘文化融入高校文化建设过程中会遇到这样或那样的问题,但追根求源,还是高校对湖湘文化融入湖南高校文化建设的重视程度不够。当今社会大环境的变化,给高校文化带来了巨大冲击,大学生的价值观念、道德品质和行为

---

① 周建华. 建设文化强省需要一种精神,《中国文化报》,2012 - 06 - 27.

方式等都受到了严重的影响。湖湘文化对湖南高校文化建设具有导向作用、陶冶和塑造作用、规范和约束作用。湖南高校的教育工作者们应充分发挥湖湘文化的作用,把湖湘文化渗透到湖南高校文化建设的方方面面,为大学生创造一个良好的文化环境。要培养学生形成宽广的胸怀、坚强的意志、不懈的奋斗,将校园精神文化紧密与湖湘文化相结合;将湖湘文化和时代精神相结合,兼顾爱国情怀和创新观念,在湖南高校文化中注入湖湘文化因素,在传承的同时兼顾创新,形成统一的湖湘文化自豪感;将湖湘文化融入大学生的诚信意识和自律意识创建过程中。在湖湘文化融入湖南高校文化建设具体实施时,必须得到学校高层领导充分重视。由于我国高等教育的现有体制的影响,学校高层领导的办学思想制约着整所高校的发展,只有高层领导充分重视校园文化建设,才能够得到学校从上至下部门的重视与认可,将湖湘文化融入湖南高校文化建设付诸实践,明确工作思路,落实其可操作性。

二、突出湖湘文化精神,促进湖南高校文化建设

湖湘文化作为湖南这块土地上发展起来的一种特有的区域文化,孕育于炎舜时期的苗蛮文化,萌芽于荆楚时期的骚辞文化,形成于两宋时期的湖湘学派,成熟于明末清初的唯物主义思想家王夫之,而在戊戌维新变法和五四运动前后实现了近、现代化的革新。历经一代代湖湘士子的传承和发展,湖湘文化汇纳群流,融合百家,逐步形成了自己独树一帜的文化内涵和特点:忠君爱国、忧国忧民的爱国情怀——湖湘文化的主旋律;①关心现实、经世致用的务实学风——湖湘文化代代传承不息,及时实现转换、革新的桥梁和纽带;传道求仁、力行践履的道德原则——湖湘文化的突出特点;图变求新、敢为天下先的创新意识——湖湘文化与时俱进、立足千年而不败的活力所在;博采众长、兼容并蓄的开放精神——湖湘文化独树一帜的主要原因;重教兴学、磨血育人的民风传统——湖湘文化的一大特色。德国哲学家雅斯贝尔斯说:"教育本身就意味着一棵树摇动另一棵树,一朵云推动另一朵云,一个灵魂唤醒另一个灵魂。"在湖南高校文化建设中,要突出湖湘文化精神,更新观念,以发展的眼光去分析新时期、新阶段的湖南高校文化建设。

---

① 蒋作斌．略论湖湘文化对湖南教育的影响,《湖南社会科学》,2002(06).

以“文明的力量”展示湖湘精神内涵①

湖湘文化千年流传。精神文明处处在，芙蓉国里尽朝晖。“文明的力量”就像一曲回味悠长的文明赞歌，在湖湘大地尽情地奏响和传唱。心忧天下，敢为人先，奠定了湖湘文化的精神底色。屈子投江，明生死兴亡之轻重；贾谊哀鹏，定忧民爱国之情操。湖湘大地，范仲淹的《岳阳楼记》传诵千古，让心系天下、先忧后乐的基因，根植于湖湘人民的精神家园；近现代，更有毛泽东等开国功勋，心忧天下，敢为人先，救民于水火，救国于危难。湖湘精神代代相传，三湘儿女正在循着先辈的足迹，在这片土地上砥砺前行。坐地湖湘，心系天下，早已成为湖湘子女自觉传承的精神底色。志愿服务无止境，雷锋精神永流传。湖南，是雷锋的故乡。乐于助人，无私奉献在这片土地上时刻有最生动的写照。感动中国人物李丽受尽苦难自强不息，温暖他人回报社会;60 多万长沙志愿者日夜守护湘江两岸，战胜洪峰过境，等等，这些感人事迹都是雷锋精神的传承。榜样力量的引领，更让雷锋精神广泛播撒。向上向善，精神文明之花在湖湘绽放得质朴而绚烂。十八大以来，湖南有 4 个城市成为全国文明城市，5 个地级市、6 个县级市获得全国文明城市提名奖，57 个村镇成为全国文明村镇，65 个单位成为全国文明单位。长沙浏阳着力打造“幸福屋场”，怀化“乡村少年宫”建设，有声有色的三下乡、四个教育、五进农村活动，窗口服务电子化管理，文明礼仪，绿色环保等主题建设在三湘四水硕果累累，大放异彩。一座座文明城镇的建立，一个个身边榜样的诞生，让三湘大地刮起一股文明新风，精神文明之花在湖湘大地尽情绽放。千年湖湘，物华天宝，人文荟萃，源远流长，薪火相传。作为三湘儿女，期待精神文明建设更广泛开展，让这片 21 万平方公里的古老土地，在未来绽放出更富青春活力的风范。

湖南高校文化建设具有利用湖湘文化教育资源的地缘优势，湖湘文化春风化雨、润物无声，湖湘大地丰富的湖湘文化教育资源，有利于湖南高校文化建设就地取材，寓教育于日常学习生活之中，引导学生爱国爱校爱家、实践创新、锐意进取。以湖湘文化教育资源为载体，深化湖南高校文化建设，能够使湖湘文化精髓在一定程度上内化为学生品质，使学生在无形中受到湖湘文化的影响。

三、培养高素质教育队伍成为湖湘文化融入湖南高校文化建设的先行者

教育管理者素质以及教育管理水平的高低左右着湖湘文化融入湖南高校文

---

① http://blog.sina.com.cn/s/blog_a89b4b270102x3h7.html.

化建设的成果优劣。要实现湖南高校文化与湖湘文化的完美融合,就需要一支专业素质过硬的教育和管理师资队伍。学校教育管理人员在不断完善自身的管理理论知识的同时,要不断寻求进取,提高自身素质,加强对湖湘文化的理解和践行,树立正确的世界观、人生观和价值观。这样才能够以正确、高尚的人格魅力和精神力量去影响学生、塑造学生、激励学生,起到为人师表、身先士卒的作用。高校教师是高校文化建设的指导者和引领者,不仅只是承担教书的责任,更担负着育人的重担,教书并不是最终的目标,而育人才是。优质的高校文化的诞生,意味着全体高校教师需要及时更新自身的知识储备,完善自身的道德情操,指导学生朝着正确的方向健康成长,成为指导湖湘文化融入湖南高校文化建设的专家。

四、完善湖南高校文化建设的相关制度

湖南高校文化建设的相关制度的重要作用就是规范高校成员的行为以及思想活动,一经确立就具有法定的规范效力,成为湖湘文化扎根高校的制度保障。要实现湖湘文化与湖南高校文化建设的融合,必须建立适应湖南高校文化建设的长效机制。在具体的实施过程中,要将湖湘文化贯穿于整个湖南高校文化建设过程中,通过湖南高校文化建设的相关制度来约束文化建设的行为活动,成为文化建设实践的基本标尺,使湖南高校文化建设的相关制度发挥标准规范的作用,成为湖南高校文化建设应遵守的行为准则和评判标准。由于高校文化建设工作的难度较大,因此湖南高校文化建设的相关制度,也面临着新的发展要求。

1. 深化文化体制改革,注重文化建设“精气神”的高度统一。文化建设是中国特色社会主义五位一体总体布局的重要内容,文化体制改革是我国全方位改革事业的重要组成部分。多年来文化产业体制机制改革效果显著,然而随着我国改革开放进入深水区、“五位一体”的战略发展布局要求新时代下文化体制改革将只有进行时,没有完成时。

2. 深入实施文化精品工程,繁荣文化精品创作与生产。优秀精神文化产品反映一个国家和民族的文化创造能力,是衡量和检验文化改革发展成效的根本标准。

3. 坚定文化自信是实现中华民族伟大复兴的现实要求,是中国特色社会主义新时代下的必然要求,是解决新时代我国社会主要矛盾的内在基础。新时代下人民对丰富精神文化生活的期待与日俱增。只有坚定文化自信,进一步解放和发展文化生产力,推进文化领域供给侧结构性改革,才能更好满足人民日益增长的精

神文化需求,切实保障人民基本文化权益。

4. 坚定先进文化前进方向离不开意识形态工作领导权。十九大报告中将“牢牢掌握意识形态工作领导权”单独提出并特别强调。牢牢掌握意识形态工作领导权,首先要继续推进马克思主义的中国化、时代化、大众化,要加强理论武装,推动习近平新时代中国特色社会主义思想深入人心。其次,要重视互联网内容建设,创新传播手段。

5. 弘扬中华优秀传统文化是践行核心价值观必然要求。培育和践行社会主义核心价值观,要深入挖掘中华优秀传统文化内涵。第一,中华优秀传统文化是社会主义核心价值观的源头。只有不断挖掘中华优秀传统文化,才能让社会主义核心价值观更加深入人心。第二,践行核心价值观,必须弘扬中华优秀传统文化。

6. 繁荣社会主义文艺是文化自信深入人心的重要途径。树立文化自信,首先要坚持民族的文化认同。只有创作出属于本民族精品文化,才能让人民加深对本民族文化的热爱,而这正是文化自信。第一,文艺创作要坚持以人民为中心的创作导向。第二,文艺创作要不断推出精品之作。第三,要加强文艺队伍建设。

7. 坚持“双效统一”是推动文化产业事业协调发展的准绳。推动文化事业和文化产业发展,要深化文化体制改革,完善文化管理体制,加快构建把社会效益放在首位、社会效益和经济效益相统一的体制机制。“双效统一”既是保证文化领域健康、有序发展的基石,也是激发文化市场活力、繁荣文化生态的前提,需要依靠政府引导和市场主体的双向合力。

8. 加快文化发展,推进社会主义现代化强国建设。文化产业在未来必将成为经济发展新的增长极,必将成为提高国家文化软实力、增强中华文化竞争力的重要依据。因此,未来文化发展仍需注意坚持创新驱动,推动国家数字化技术与产业发展;强化文化惠民,“脱真贫、真脱贫”注重文化领域的精准扶贫;加快转型升级,文化产业供给侧改革提质增效;注重文化安全,加快构建国家文化安全体系。

第二节 加强湖湘文化融入湖南高校文化建设的引导

湖湘文化带有浓郁的湖南本土气息,从20世纪起它已经从一种地域文化上升到中国文化的重要层面。湖南高校学生群体中,绝大多数来自湖南本土,对于他们而言,身为湖南人“只有先了解湖湘文化才能真正理解中国文化,只有先了解湖南人才能真正了解中国人。”至于来自外省的学生，虽然不生于此，却生活于此，同样需要学习和了解湖湘文化，以促进文化的交流。因此，湖南高校有必要通过大力宣传和倡导湖湘文化，使大学生对湖湘文化产生浓厚的兴趣和敬慕之情，也使他们的思想觉悟和政治素养得到提高。① 结合湖南高校具体实际，可以从如下几个方面加强湖湘文化的宣传教育。

一、将湖湘文化教育贯穿于其他相关课程教学中

将湖湘文化教育贯穿于其他相关课程教学中，可采用必修课和人文素质选修课两种形式。这两种形式都是通过教师的讲解，使大学生较系统地学习湖湘文化的哲学思想、历史宗教、文学艺术以及湖湘区域的饮食文化、民俗风情和风景名胜等。将湖湘文化作为必修课和选修课开设，不仅可丰富必修课和选修课的内容，而且可以让更多大学生在湖湘文化的熏陶下健康成长、顺利成才。面对多元文化的冲击，湖南高校必修课和选修课教师更应意识到自身的责任与使命，认真备课、授课，确保对湖湘文化的教育不是流于形式或照本宣科，而是真正有效地进行；面对大学生主体性意识的不断增强和大学生不同的个性特点，必修课和选修课的教师需在传统教育方法的基础上不断创新。在教学中，要坚持“以人为本”的教育理念，注重学生自身的发展，尊重学生的个性差异，采取诸如讨论、演讲、案例、讲座等形式，激发大学生学习湖湘文化的兴趣。还要充分利用现代教育手段，使湖湘文化教学更加生动、直观，尽可能地贴近大学生的思想特点、贴近大学生的现实要求、贴近大学教育的精神诉求。

营造湖湘文化学习环境既是助推湖南高校文化建设的有益举措，也是拓展湖南高校人才人文精神培养模式的重要保障。湖湘文化学习必须坚持问题导向、破解发展难题，将湖湘文化和大学生全面自由发展的实际联系起来。以弘扬湖湘文化为突破点，助推湖南高校文化建设。一是要完善湖湘文化相关课程体系建设和教材开发，设定针对性、层次化的课程内容，提高湖湘文化教育的针对性、实效性和应用性。二是要注重湖湘文化教育方式和手段的综合运用，开展体验式、互动式、案例式授课方式和学习方式的运用研究，建立慕课、微课、云课堂等在线学习平台，运用新媒体新技术使湖湘文化教育活起来、动起来，帮助大学生充分利用课

---

① 王文平．论高校学生思想政治教育中湖湘文化的融入，《湖南师范大学硕士论文》，2012(12).

余时间和碎片化时间有针对性地自主选择学习内容。三是要注重以同学圈、朋友圈、社会圈为主体的人际交往和社会参与,让大学生在实践中深刻感知和领悟湖湘文化精神。四是积极创设湖湘文化学习情境,利用校园广播、电视台、报纸、网络新媒体等手段营造积极向上、友好合作、共创共享、互利共赢的湖湘文化学习氛围。

在湖湘文化教育中,使用最多、应用最广的一种方法就是讲座形式。这种通过教育者口头语言向受教育者讲述的教育方法有明显的优势,它能让教育者和受教育者面对面的沟通交流,且组织起来也比较容易。近年来,我省部分高校将湖湘文化教育贯穿于其他相关课程教学中,为湖湘文化的传承和大学生文化建设积累了丰富的经验,成了湖湘文化传承的重要载体。只有将湖湘文化教育贯穿于其他相关课程中,才能使湖湘文化充分发挥湖湘文化的精神作用。在具体操作上,要不断提高教师的综合素质,创新课堂教育的教学手段,使得课堂教学实现高效化,使学生在潜移默化中形成湖湘文化的思想观念。可在大学生第二课堂中加入湖湘文化教育活动,强调教师的参与性和指挥性,创新课外活动形式,增加学生学习湖湘文化的参与度。定期开展有关湖湘文化的学习培训和讲座报告,将湖湘文化展现在学生面前,鼓励大学生积极参与湖湘文化的学习。①

二、成立湖湘文化研究性学生社团,推动湖湘文化与现实文化相融相通

学生社团是高校大学生中最活跃、最富激情的学生群体,也是大学生进行文化交流和思想沟通的重要阵地。高校大学生文化建设工作越来越重视对大学生社团的开发和引导,湖湘文化融入湖南高校文化建设,可充分借助大学生社团,突出大学生的主体地位,充分利用学生社团这个载体开展湖湘文化研究,通过学习研究提高大学生学习湖湘文化的兴趣,通过成立湖湘文化研究性学生社团,提高大学生学习湖湘文化的自觉性,推动湖湘文化与现实文化相融相通,激发湖湘文化的时代活力。一是融入国民教育。把湖湘文化教育贯穿国民教育始终,贯穿于启蒙教育、基础教育、职业教育、高等教育、继续教育各领域,进入课堂教学和教材体系,提升青少年的湖湘文化涵养。把知识教育和文化熏陶结合起来,推动戏曲、书法、武术等进校园,让青少年在湖湘文化的沐浴中成长。加强湖湘文化的社会普及,发挥博物馆、文化馆、图书馆等文化场所作用,推出更多湖湘文化节目栏目

① 田光辉. 对湖湘文化融入湖南高校文化建设的思考,《怀化学院学报》,2015(03).

和实践活动，为人们传习湖湘文化创造便利条件。二是融入道德建设。深入挖掘湖湘文化中的道德教化资源，进行合乎时代精神的阐发运用，使之成为涵养主流价值、涵育美德善行的重要源泉。大力弘扬湖湘文化，将其纳入思想道德建设和精神文明创建全过程，深入实施公民道德建设工程，广泛开展爱国主义教育，不断深化孝老爱亲教育、诚信教育、勤劳节俭教育，培养传承优良家风校训、企业精神、新乡贤文化，培育积极健康的社会风尚。三是融入文化创造。珍视湖湘文化宝贵遗产，加强对湖湘文化文学艺术的扶持，重现湖湘文化的魅力。善于从湖湘文化中提炼题材、激发灵感、汲取养分，创作更多体现湖湘文化精髓、反映人们审美追求、传播当代中国价值观念的优秀作品。四是融入生产生活。强化实践养成，注重把传承湖湘文化贯穿融入人们生产生活各个方面，与法律法规、节日庆典、礼仪规范、民风民俗相衔接，与文艺体育、旅游休闲、饮食医药、服装服饰相结合，让湖湘文化内涵更好地融入生活场景。

三、开设湖湘文化网络课堂

湖湘文化是传统文化的重要组成部分，在历史上对形成和维护我国团结统一的政治局面，对形成和巩固多民族和合一体的大家庭，对形成和丰富中华民族精神，对激励中华儿女维护民族独立、反抗外来侵略，对推动中国社会发展进步、促进中国社会利益和社会关系平衡，都发挥了十分重要的作用。网络信息技术的发展和普及，对社会生活的各个领域和大学生成长成才产生了深刻的影响。湖湘文化网络课堂内容的设计，不仅要包含湖湘文化的过去，帮助大学生了解湖湘文化、认识历史的湖南人，而且要突出对湖湘文化的反思，帮助大学生剖析湖湘文化、思考如何做一个新时期的湖南人。由此来吸引大学生对湖湘文化的重视和思考，引导大学生领会湖湘文化的精神，并将其应用到学习中。网络课堂的开设，一方面改变了大学生的学习方式，打破了学习的时空界限，提高了学习的效率和质量，增强了他们学习的自主性和自由度；另一方面，这种方式系统性强，覆盖面大，影响范围更加广泛，不仅直接影响本校的学生，而且能够教育其他的群众，营造出良好的氛围，提高大学生的思想政治觉悟。

四、加强湖湘文化的实践教育

文化建设本质上是一种教育实践活动，实现文化建设的目的离不开实践教育。湖湘文化虽然在本质上表现为一种文化、一种精神，但这种文化、这种精神正是人们在社会实践中长期积累形成的，它所蕴含的传统精神和物质实体就是湖湘人社会实践的结果。将湖湘文化应用到湖南高校文化建设中，正是要发挥实践性的优势。在应用的过程中，必须突出实践教育，发挥大学生主体作用，引导他们自我体验、自我反思，在实践中锻炼，在锻炼中成长，培养和提高他们的价值理念、思想品德和政治觉悟。在实践教育中开展教育活动的方式多种多样，主要有以下几种途径：

一是组织大学生对湖湘文化的物质实体进行参观考察。通过组织学生参观考察湖湘大地秀美的山水和蕴藏其中的历史遗存和人文景观，比在课堂上讲授湖湘文化的非物质文化来认知湖湘文化则容易得多。这种实地体验，更能触动学生心灵，在阅读湖湘文化这本大书的同时，加强自我价值观、道德观的修炼。

二是利用社会实践平台开展“湖湘文化”调查活动。通过社会实践活动如暑期“三下乡”活动等，组织大学生深入湖湘大地考查湖湘文化的物质实体，调查湖湘文化对当地人们价值观、道德观的影响，思考湖湘文化发展的建议，以此来深化思想认识，提高思想政治水平。

三是组织大学生参加湖湘文化整理、维护和传播等活动。大学生具有知识和能力的优势，应该成为传承湖湘文化的一支生力军。大学生参加这样的实践活动，一边充实了对湖湘文化的认识，一边受到湖湘文化的熏陶，而且接受着思想、能力及体力上的锻炼，在锻炼中不断提高，逐步成长。

四是组织大学生走访当代传承湖湘文化的杰出代表。这些代表所具有的崇高的道德和忘我的精神是湖湘文化的精髓，走访他们，倾听他们的讲述并感受他们人格的魅力，正是文化建设所希望达到的教育目的。

湘潭大学：以独特的地域文化和办学传统发挥红色文化育人功效①

红色文化是中国人民宝贵的精神财富。全面继承和大力弘扬红色文化，是推进社会主义核心价值观教育的良好载体和有效途径。始终弘扬和传承红色文化是湘潭大学办学的一大特色。湘潭大学继承和弘扬红色文化，以独特的地域文化和办学传统等优势，营造厚重的人文底蕴，着力在推进红色文化进校园活动中加强大学生思想政治教育，取得了一定的成效。

1. 依托学校特殊区位优势，发挥红色文化育人功效。“湘中灵秀千秋永、天

① http://news.nankai.edu.cn/xwzt/system/2016/11/11/000304696.shtml.

下英雄一郡多”，湘潭市为湖湘文化的重要发祥地，历史悠久，文化灿烂，人杰地灵。是中国革命的重要策源地、毛泽东思想的最初发源地，也是毛泽东、彭德怀、陈赓、谭政、罗亦农等许多老一辈无产阶级革命家的故乡，他们的精神感召、革命业绩和奋斗精神构成了湘潭人文精神的一部分，红色也早已渗透在每一个湘潭人的内心，成为湘潭这座城市的生命色。伟人们艰苦卓绝、敢为天下先的崇高品质深深影响着我们这些后来人。这片红色土地为我校的文化建设与发展提供了丰厚的载体。学校以特殊的区位优势，着力发挥红色文化的育人功效。学校充分发挥毗邻革命圣地韶山毛主席故居、乌石镇彭德怀故居、花明楼刘少奇故居、曾国藩故居等一大批红色景点的区位优势，积极开发利用红色资源推进校园文化建设，开辟第二课堂。每年组织青年学生走进红色基地进行现场教学。组织开展“纪念世纪伟人征文”“徒步韶山行”等活动，开设“追寻伟人足迹，提高综合素质”专题讲座。

2. 依托学校独特办学传统，发挥红色文化育人功效。历史赋予了湘潭大学红色文化基因。湘潭大学创办于1958年，是毛泽东同志亲自倡导创办、亲笔题写校名，并亲切嘱托一定要办好的综合性全国重点大学。1978年湘潭大学成为全国16所综合性重点大学之一。湘潭大学的发展还先后得到了李先念、华国锋、江泽民、李鹏、贺国强、刘延东等领导同志的亲切关怀。可以说，湘潭大学的发展历史，为校园文化建设注入了红色文化基因。湘潭大学邀请老一辈革命家后代走进湘潭大学与师生重温红色记忆。以重要节庆、纪念日为契机，开展“重温入党誓词，缅怀伟人功绩”纪念活动、“盛世中华、辉煌湘大”征文活动、“腾飞的中国，腾飞的湘大”大型主题书画展、爱国主义电影展播、百人大合唱、新生军训会演等多种形式的主题教育活动。开设“湘潭大学校史纵横谈”专题讲座。加深学生对爱国主义、集体主义的认识，提升学生的思想道德素养。

3. 依托学校优势学科平台，发挥红色文化育人功效。依托马克思主义中国化学科和毛泽东思想研究独特优势，将理论研究成果运用、转化为红色文化育人的“思想宝典”。湘潭大学拥有马克思主义中国化国家重点学科、教育部人文社会科学重点研究基地毛泽东思想研究中心，教育部、中共中央党史研究室中国共产党革命精神与文化资源研究中心。湘潭大学红色旅游研究中心为地方旅游产业的发展献计献策，完成《湖南省红色旅游专项规划》的编制。中心学生开展调研形成的成果，为全国红办及湖南省红色旅游研究基地提供决策和科研的参考依据。湘潭大学开展红色文化育人工作的过程中，将这种独特的学科优势成果运用至优秀青年工作研究与教育,取得了良好成效。学校依托学科优势,不断改进课堂教学,积极邀请红色文化研究领域专家学者来校讲学,举办或承办相关领域学术研讨会,积极推动红色文化走进校园、走进课堂、走进学生。学校开设了面向全校学生的马克思主义哲学课堂,定期举办“毛泽东思想研究”学术研讨会,不断提升青年学生对马克思主义的认识水平以及学校马克思主义研究水平。

4. 依托学校多彩学生活动,发挥红色文化育人功效。学校每年举行丰富多彩的校园文化活动,在活动中融入红色元素,潜移默化地对学生产生影响。湘潭大学开展了“我的国防梦”国防教育知识竞赛、中华经典诵读大赛。党史学社(党史党建研究协会)、邓小平理论研讨协会、国际问题研讨协会、青年政治研究协会等理论性社团开展了党史文化宣传周、红色经典电影展播、党史知识竞赛、征文、讲座和学习论坛等活动,激发以及培养学生爱党爱国的热情,增强党以及党领导人民在革命以及建设过程中创造出的红色文化在学生中的影响力。湘潭大学由此培育了一批具有理论实践经验和理想信念坚定的青年学生。湘潭大学开展“重走毛泽东成长之路”社会实践活动,以红色文化激励青年学生踊跃参与志愿服务活动。结合大学生暑期“三下乡”社会实践活动,精心组织师生分赴北京、延安、常熟、信阳、井冈山、韶山等全国红色旅游经典景区开展全国红色旅游抽样调查活动,加深对红色文化的感悟。

通过以上途径,近年来湘潭大学红色文化育人工作取得了一定的成绩。

五、利用湖湘文化加强典型教育

典型教育又叫示范教育,是指通过典型人物或典型事件对受教育者的思想行为施加影响的一种教育方法。它将抽象的文化建设理论通过生动的典型人物或事件进行直观的教育,是文化建设工作中常用的教育方法。三湘大地,人才辈出,每一位代表人物都是湖湘文化的最生动的诠释。可以说,一部湖湘文化发展史就是一本文化建设的教科书,其人其事其物为我们开展典型教育提供了丰富的素材。在运用湖湘文化开展文化建设工作中,教育者开展典型教育往往喜欢选取湖南近现代史上的人物及事迹,如曾国藩等清代名臣、毛泽东等老一辈革命事迹、雷锋精神等,这些典型能够帮助青年学生树立科学的世界观、人生观和价值观,有助于青年学生形成高尚的思想道德素质。但还有两个时期的杰出人物,同样需要教育者引起重视。一是为湖湘文化作出巨大贡献的古人,如湖湘学派开创人胡安国、理学大师周敦颐、伟大思想家王夫之等,通过了解他们的生平和事迹,一方面可以帮助青年学生更深地了解湖湘文化,另一方面激发青年学生在思想上受到教育,在精神上受到鼓舞,在心灵上受到净化,在感情上引起共鸣。二是生活在我们身边的杰出人物,特别是基层的广大党员干部群众,长期以来在平凡的工作岗位上辛勤耕耘、默默奉献,在他们中间有许多先进模范人物和生动感人的事迹。通过这些活生生的实例向大学生宣讲,有利于提高大学生贯彻党的路线、方针、政策的自觉性和信仰的坚定性。①

第三节 优化湖湘文化融入湖南高校文化建设的环境

一、完善湖湘文化理论研究环境

湖南高校文化建设的有效性依赖于理论研究的科学性、全面性、系统性、发展性。近年来,有关湖湘文化研究的书越来越多,证明了湖湘文化越来越受到人们的肯定,引起了学术界的重视。但是,仔细阅读就会发现大多数的书只是介绍湖湘文化的发展历程及其优良学风,对于湖湘文化的理论体系的研究现状及理论的进一步创新、发展,很少提及。现在湖湘文化的理论体系还没成形,优秀的文化要与时俱进,要有创新才能适应这个时代的需求,为时代的发展作出贡献。湖湘文化的最大特点是其开放性与包容性,以治国为治学的终极目的,因此这种理论可以根据时代、社会的需要来完善原有理论和进行创新发展,同时吸收各种外来的、先进的文化,使其与自身理论完美融合。可以说,湖湘文化最重要的理念就是发展和创新。湖南高校文化建设如果能融入湖湘文化这种积极的精神,不仅能使文化建设真正做到为国家建设提供精神动力和智力支持,更能引导高校学生脚踏实地生活学习,将当前利益与长远利益,个人利益与集体利益有机地统一起来,将学到的知识运用到经世治国上来。湖湘文化要想发扬光大,只有形成自己的理论体系并根据时代特征加以创新发展。湖南高校文化建设中要融入湖湘文化精髓,还要增加有关湖湘文化的辅助课程,帮助学生了解湖湘文化的历史与来龙去脉,真正使湖湘文化服务于高校文化建设中。首先,要科学、系统、全面地阐释湖湘文化

① 王文平.论高校学生思想政治教育中湖湘文化的融入,《湖南师范大学硕士论文》,2012(12).

精神内涵，充分挖掘湖湘文化所蕴含的文化建设资源；其次，要将湖湘文化的发展和应用置于中国传统文化这个整体来思考，提炼出它的区域特色和文化特质，同时要看到湖湘文化同其他区域文化相比是平等的，没有优劣高下之分，只是发展程度的差别；最后，要用马克思辩证法来看待湖湘文化，取其精华，去其糟粕，在应用的过程中注意克服其不可取的一些弱点。

二、营造良好的社会环境

社会环境，是指与人们生存、生活有关的各种社会条件和社会关系的总和，一般包括社会经济环境、政治环境、文化环境、传媒等。当前，文化全球化、全球信息化的浪潮在带来发达的科学技术、经济迅速发展的同时，文化殖民、文化侵略、“西化”的宣传教育也泥沙俱下，不断地刺激着我们自有的中华文化体系和民族精神。社会环境的优劣对高校文化建设具有至关重要的作用，甚至优良的社会环境本身就是一种教育资源，远胜过单纯的口头说教与理论灌输。因此，在湖湘文化融入湖南高校文化建设中，必须大力改善和优化社会环境，为湖南高校文化建设活动的顺利进行提供良好的环境支撑。

首先，要营造良好的经济环境。健康、稳定、持续发展的经济环境，有利于湖湘文化融入湖南高校文化建设。湖南高校文化建设要有一定的物质基础做后盾，适当的教育经费以及活动经费是湖湘文化融入湖南高校文化建设的重要保障。政府和相关部门要加大对湖湘文化融入湖南高校文化建设的投入力度，使湖湘文化能满足湖南高校文化建设的需要，保障湖湘文化为湖南高校文化建设注入更多的活力。

其次，要营造良好的政治环境。大学生的思想政治素质，如价值观念、行为规范、政治方向等，必然要受到当今社会政治环境的制约。良好的政治环境将为湖湘文化融入湖南高校文化建设提供重要的保证。只有拥有良好的政治环境才能发挥湖湘文化的精神魅力，在党的路线方针政策的指引下，促进大学生思想政治素质的不断提高。

另外，要营造良好的社会文化环境。社会文化环境，是指人们在精神文化支配下的各种行为联系而构成的社会文化关系。当前，社会文化环境给湖南高校文化建设带来了深刻影响。湖湘文化融入湖南高校文化建设要坚守以下原则：要坚持以科学的理论武装人，以正确的舆论引导人，以高尚的精神塑造人，以优秀的作品鼓舞人，弘扬时代主旋律；要正确认识和处理继承和发扬湖湘文化与湖南高校文化建设的关系,使其与社会发展的要求相吻合;要正确认识、处理吸收和借鉴外来文化与保持和发扬湖湘文化的关系,坚持在开放的条件下保持湖湘文化的区域特性和文化特质。

三、优化高校教育环境

良好的教育环境是湖湘文化融入湖南高校文化建设的重要保证。优化高校教育环境可从以下几个方面进行。一是要强化对大学生理想信念的教育。大学生肩负着祖国的未来和民族的希望,承载着家庭和亲人的嘱托,不仅要提高知识水平,增强实践能力,更要有坚定科学、崇高的理想信念,明确做人的根本,这对学生成长成才具有重要的意义。湖湘文化能给大学生理想信念教育提供一部活生生的教材。二是要提高高校教育管理水平。对学生进行有意识、有目的、连续性地培养,促进学生身心的健康成长,满足学生多方面的发展需求,增强他们遵守规章制度的自觉性,充分发挥制度的德育功能,节约学校的管理成本。保证各项规章制度的严格执行,进一步规范学生的行为。三是要营造良好的校园环境、加强学风建设和开展丰富多彩的校园文化活动。整合文体性竞赛,鼓励思想性、学术科技类活动,实施校园创新教育计划,设立创新活动学分体系,并对高品位、高品质活动倾斜,构建学生参与创新活动的长效机制,提升校园文化品位。四是要加强文化建设队伍建设。要使湖湘文化充分发挥其文化建设功能,并在时代的发展中开创新的局面,为社会主义现代化事业服务,关键是要建设一支能适合湖湘文化融入湖南高校文化建设的专业队伍。

第四节 拓展湖湘文化融入湖南高校文化建设的载体

文化建设的载体是指能够承载和传递内容或信息,促成文化建设主客体之间相互作用、相互沟通的一种活动形式或物质实体。在湖湘文化融入湖南高校文化建设过程中,湖湘文化一方面可以作为大学生文化教育的内容,通过形式多样的教育载体将湖湘文化所蕴含的文化建设信息传递给大学生,另一方面,湖湘文化本身就是对大学生进行文化教育的一种良好的载体,直接承载湖湘文化融入湖南高校文化建设的文化内容。拓展湖湘文化融入湖南高校文化建设的载体,可使湖南高校文化建设取得更好的效果。

一、发掘湖湘文化的物化载体

湖湘文化的物化载体是指蕴含着湖湘文化的文化产品，以及反映湖湘文化精神的历史遗存和人文景观，如博物馆、纪念馆、文物等，能够以物质形态传递湖湘文化信息的载体形式。发掘湖湘文化的物化载体开展湖南高校文化建设，应该从以下形式进行：一是发掘、利用湖湘文化产品，如书籍、绘画、戏曲、歌曲、影视作品等为湖南高校文化建设服务。湖湘文化深厚的人文底蕴，为其文化产品的开发提供了丰富的内容。在文学方面，如果说齐己的《白莲集》和王夫之的《船山遗书》不为大学生熟悉，那么从屈原的《离骚》到周敦颐的《爱莲说》再到毛泽东的诗词，都已深入到大学生心里。生于湖南衡阳的唐浩明，受湖湘文化的熏陶至深，埋首十余年，创作了长篇历史小说《曾国藩》《杨度》《张之洞》等，他不仅将三位湖南人写得淋漓尽致，更写出了湖南人的精神。而沈从文的散文和黄永玉的国画，则尽情展现了湖南的灵山秀水，使凤凰这座边城成为人们放松心情、洗涤心灵的佳境。湖南民歌在李谷一、张也、宋祖英、汤灿、陈思思等一大批湘妹子的高歌中，早就像湖南的辣椒一样红遍全国，一曲《浏阳河》、一曲《辣妹子》，唱出了湖南的人杰地灵，唱出了湖南人的性格，放眼近四十年来，还没有哪个省份有像湖南那样大规模地出现如此多的民歌人才，而且始终引领中国民族唱法的潮流。湖南影视文化根植于湖湘大地，向全国乃至全球传播“湖南声音”，实现宣传党的意志与“三贴近”原则相结合、文化产业与文化事业相结合、社会效益和经济效益相结合。所有的这些承载着湖湘文化的文化产品，都能为湖南高校文化建设所用。湖南高校可以充分利用这些文化产品，根据大学生文化建设的需要，潜移默化地对大学生思想认识方面产生影响。而这种影响作用是多方面的，既包括文化知识、科学素养、专业技能的影响，也包括思维方式、审美意识的影响，当然更能影响到大学生的价值观念、道德规范、思想观点和政治水平等。二是充分利用湖湘文化代表的历史遗存和人文景观等物质载体服务于湖南高校文化建设。湖湘大地秀美的自然山水和蕴藏其中的古遗址、古祠庙、书院、牌坊、寺观、宫观、古城、古亭、古村落、古园林、古陵墓、古桥、摩崖石刻等历史遗存和人文景观，以及博物馆、纪念馆、展览馆无不是湖湘文化多姿多彩的物质载体，并以风景名胜的形式成为今天湖南的文化符号和旅游文化的重要内涵。湖南高校可采取以实物讲解的形式让大学生切身感受湖湘文化的浓浓气息，激发他们热爱湖南、建设湖南的热情和对自己立志成才、追求美好生活的向往。三是通过在高校校园人文环境建设中注入“湖湘文化元素”开展湖湘文化教育。高校是传播文化知识的地方，文化的传授不只是在有讲台和座位的教室，更要让校园的每一个角落都彰显文化的力量。因此，在校园环境建设中要合理规划、科学构思、精心设计，让校园的每一座建筑、每一面墙壁、每一条干道都能达到使用功能、审美功能和教育功能的和谐统一。在运用湖湘文化加强文化建设工作中，可以考虑在校园的路名、桥名、标牌、标识以及雕塑、园林等主题中注入更多的“湖湘文化元素”，这能起到文化建设润物细无声的效果。当湖湘文化渗透高校校园时，生活在其中的大学生耳濡目染，就能在心中、在行动中、在言语中、在活动中了解、理解、传播和传承湖湘文化。

二、建设湖湘文化的活动载体

在湖湘文化融入湖南高校文化建设工作中，以活动为载体，就是充分利用湖湘文化所蕴含的丰富的文化资源有意识地开展各种各样的特色活动，将湖湘文化融入湖南高校文化建设的活动内容之中，使大学生在活动的过程中接受熏陶和感染，达到无声处胜有声的独到效果。从湖湘文化融入湖南高校文化建设的客体看来，受教育的对象是大学生，在心理和生理特征上表现为积极、热情、好动、善思。因此，组织形式应当与大学生的特点相对应，形式多元化，内容生动化，寓教于乐，能够起到事半功倍的效果。因此，丰富多样的大学生活动是湖湘文化融入湖南高校文化建设的有效载体。根据大学生的身心特长，善于将湖湘文化融入大学生活动当中，寓教于乐，才能让学生在活动中求真、求知、求善。可以开展文化娱乐活动、参观访问活动、湖湘地方节庆活动、湖湘文化推介活动、学习活动以及体育竞技活动等。

通过“湖湘文化艺术节”活动的文艺演出、书画竞赛、摄影展览、戏剧表演等，让大学生在亲自参与到湖湘文化的创作中，领略湖湘文化的魅力，弘扬源远流长的湖湘艺术，陶冶情操。

通过征文、演讲等形式，使来自三湘四水的大学生用心观察自己的家乡，用饱满的热情讲述湖南各地的山山水水、民俗风情、文明建设等。使他们了解湖南、丰富生活、陶冶情操。还可让大学生参与社会实践，加强对大学生进行爱国主义和革命传统教育，弘扬和培育民族精神，增强民族凝聚力。激发大学生在实践活动中提高自我，展示自己的智慧和才能，实现自我价值，在提升能力的同时自觉承担起文化传承的历史使命。

三、运用湖湘文化的网络载体

互联网已经成为高校文化建设的必争之地，互联网为湖湘文化融入湖南高校文化建设的开展提供了新的工具、方法、技术和途径，深入到大学生管理的每一个角落，在湖南高校文化建设中发挥着日益重要的作用。湖湘文化融入湖南高校文化建设同样离不开网络这个现代化载体。一方面，网络以其丰富的知识资源、迅捷的传播方式、即时的参与性，已经成为大学生获取各种知识和信息的重要来源和渠道，成为高校一个非常重要的思想文化阵地。这为湖湘文化融入湖南高校文化建设提供了良好的条件。另一方面，当前利用网络传播湖湘文化的状况不容乐观，互联网上介绍湖湘文化的信息资源极为有限，即使在设有湖湘文化网页的湖南政府网站上，其信息并不丰富，内容大多是概况介绍，缺乏深度，难以彰显湖湘文化的魅力和吸引人们的关注。因此，利用现代信息技术传播湖湘文化，已是刻不容缓的事情。结合湖湘文化融入湖南高校文化建设的实际，聘请研究湖湘文化的专家进行指导，积极向政府或社会争取资金和物质支持，组织一批爱好湖湘文化的学生，共同建设好湖湘文化网站，使之成为宣传湖湘文化的阵地，帮助大学生树立科学的世界观、人生观、价值观。将湖湘文化网站办出特色，增强吸引力，开展富有针对性和校园特色的学术、文化、科技、艺术和娱乐等活动，寓教育于活动中，帮助大学生自觉抵制腐朽思想、文化及生活方式的侵蚀和诱惑，加强湖湘文化网站的管理和监控，对青年大学生的网上行为和言论进行必要的规范和约束，主导网上舆论，形成主流意识，增强湖湘文化融入湖南高校文化建设的实效性。

第五节　理顺湖湘文化融入湖南高校文化建设的机制

一、科学制定湖湘文化融入湖南高校文化建设的目标

湖湘文化融入湖南高校文化建设的根本目标，是以共产主义理想教育大学生，树立正确的人生观与价值观，提高他们认识世界和改造世界的能力，以文化人，传承包括湖湘文化在内的中华优秀文化，深入挖掘学科创新文化，将学科文化内化于高校文化，凸显湖南高校文化内核，构建创新、开放、包容、和谐的湖南高校文化，以包括湖湘文化在内的中华优秀文化和现代高校文化提升育人效果。湖湘

文化与中华民族传统文化一脉相承,是中华民族传统文化中一支富有特色的区域性文化。充分发挥其独特的地方特色,无疑有助于丰富大学生的精神文化生活,同时教育大学生,达到高校文化建设的根本目标。湖湘文化中敢为人先、勇于创新的时代精神有利于鼓舞高校大学生的斗志,凝聚人心。同时,湖湘文化也要以党的路线、方针、政策为指导,以社会主义核心价值观教育大学生。湖湘文化也要发掘地方特色文化的物化载体,以大学生喜闻乐见的形式发挥自身的影响力,到达润物细无声的效果。要充分利用湖湘文化的物化载体,通过物化载体开展高校文化建设来感染受教育者,用生动的典型人物和先进事迹来进行教育,激励受教育者奋发向上,达到高校文化建设的目标。

湖南师范大学扎实推进校园文化建设营造文化育人良好氛围①

近年来,湖南师范大学扎实推进校园文化建设,不断满足学生日益增长的精神文化需求,为培养社会主义合格建设者和可靠接班人提供了强大精神动力,收到良好效果。大力弘扬校训精神,培育共同价值。湖南师范大学大力弘扬“仁爱精勤”的校训,倡导师范仁道、追求高尚,爱人以德、追求和谐,研精思覃、追求真理,勤奋踏实、追求卓越的校训精神。学校在广泛征求意见的基础上,重新修订校训、校徽、校歌,并在学生中开展了读校史、唱校歌、戴校徽、升校旗活动;进一步完善师德师风评价机制,将其作为教师聘任、晋升和奖励的重要依据,坚持开展两年一度的“师德标兵”和“三育人”先进评选表彰活动;加强大学生理想信念教育,建立党性教育和培训保障机制,打造学生党建工作品牌;加大学生评先评优的奖励范围和奖励力度,注重用身边典型教育引导大学生成长成才;严格学术规范,鼓励学术争鸣,严肃处理学术不端事件。营造了教师以教书育人和学术科研为立身之本,学生以学习为主要任务、以道德和能力提升为目标的文化氛围。完善各项规章制度,把关爱学生落到实处。学校以深入学习实践科学发展观为契机,全面清理各项规章制度,修订和制定了多项加强和改进大学生思想政治教育的相关制度,确保将关爱学生落到实处。明确家庭经济困难学生资助机制、实施大学生心理健康教育和心理疾病干预三级防护制度、出台就业困难学生扶助制度,帮助大学生解决实际困难;修订教育教学管理规章制度,进一步明确学生休学、转专业等方面的规定,实现学生管理“宽严相济”;实施本科生导师制、推行教师与学生交

---

① http://www.moe.edu.cn/s78/A12/moe_2154/201006/t20100628_90399.html.

友、安排学工干部与学生宿舍结对,全面关心学生成长成才。建设校园文化景观,优化育人环境。学校注重校园环境的育人功能,将文化建设与环境建设有机融合,建成了一批校园文化景观。开展"校园八景"评选,得到师生和海内外校友的热情关注和参与;翻修四处历史建筑,筹建学校博物馆,传承历史文化;建设岳王亭景区,使其成为学校爱国主义教育基地和学生志愿服务基地。景区内有麓山忠烈祠、岳王亭、爱国诗词碑廊等多处历史人文景观,全天候对师生和社会免费开放,由学生担任义务讲解员。努力满足大学生的精神文化需求,推进文化惠生。学校坚持组织开展丰富多彩的文体活动和社会实践,每年举办文化艺术节、学生学术节、寝室装饰大赛等活动,形成了一批文化活动品牌;延时开放图书馆,免费开放动植物标本馆、校史馆,创办楚源素质训练学校,为学生提供学习和休闲的平台;大兴全员节俭活动,推进节约型校园建设,培育节约文化,引导学生养成文明节约消费行为。精神文化生活的充实带动了教风学风的良性互动,促进了学生思想道德素质、科学文化素质和健康素质的协调发展。

二、注重湖湘文化融入湖南高校文化建设的实效性

湖湘文化融入湖南高校文化建设可以推动湖南文化创新繁荣:弘扬湖湘文化优秀传统,加快构建公共文化服务体系,实施精品创作和演艺惠民工程,推进全民阅读,建设"书香湖南";完善基层综合文化设施,加快省博物馆、省美术馆、省图书馆新馆等重大文化设施建设。加强文物、非物质文化遗产,以及历史文化名城、名镇、名街和传统村落的保护与利用,推进侗族村寨申遗;发展和繁荣哲学社会科学。大力发展广播、影视、出版事业;培育新型文化业态,促进文化与科技、旅游、金融、体育、设计、饮食等融合发展,推进马栏山创意产业园建设;支持文化企业并购重组、上市融资,进一步做强做优做大。湖湘文化融入湖南高校文化建设目标明确了,怎么实施就成为关键的一环。湖湘文化融入湖南高校文化建设目标的具体实施,在湖南高校文化建设中起着关键的作用。湖湘文化融入湖南高校文化建设实施阶段也是和湖湘文化地方特色联系最紧密的阶段,一系列文化建设活动,都会在本阶段展开,只有提升湖湘文化融入湖南高校文化建设实施的实效性,湖南高校文化建设过程才能得以圆满完成。在实际湖湘文化融入湖南高校文化建设中,只有制定科学的目标,紧密结合湖湘文化的特色,制订有效的实施方案,才能够较好地保证湖湘文化融入湖南高校文化建设目标以及任务的顺利完成。围绕湖湘文化融入湖南高校文化建设的目标,运用目标管理的方法去激活湖湘文化

融入湖南高校文化建设工作体系，通过制定各阶段明确、客观、详细的工作目标，使湖湘文化融入湖南高校文化建设逐步实现规范化、连续化，建立一个相互制约、相互协调的责任制体系，注重湖湘文化融入湖南高校文化建设的实效性，从不同的角度，推进湖湘文化融入湖南高校文化建设工作的有效实施。

三、总结湖湘文化融入湖南高校文化建设工作的经验和教训

湖湘文化融入湖南高校文化建设工作最重要一环就是要评估文化建设的效果，及时反馈、总结。不断地总结与反馈能逐步优化湖南高校文化建设效能，能够提高湖南高校文化建设的实效性。反馈能对上一阶段工作的成果和不足客观地展示出来，认识到工作中各种联系与缘由，达到整体认识事物本身的物质。而总结起着承前启后的作用，对前阶段的工作进行总的概括，进而指导后面的工作。因此，总结与反馈的作用就是对湖南高校文化建设目标，及湖南高校文化建设的实效做出评价，找出湖湘文化融入湖南高校文化建设过程中的优势和不足，总结经验和教训，为制定今后的湖南高校文化建设目标提供客观依据。只有拥有丰富的、准确的、及时的反馈信息，才能在一定程度上保证湖南高校文化建设决策的科学性，也会给下一阶段湖南高校文化建设工作以正确指导。通过信息的总结与反馈，进一步加强和完善督导机制，使湖湘文化融入湖南高校文化建设的目标朝着正确的方向前进。要运用多种调研方式，如调查问卷、开座谈会等，多渠道收集信息。然后对获取的信息进行科学分析，确保实现湖南高校文化建设的目标和计划。

总之，湖湘文化中体现着深沉的忧患意识和以天下为己任的坚定历史责任感与使命感，湖湘文化中的爱国主义、注重实干、勇于任事、自强不息和勤勉朴实的精神。湖南高校应通过调查湖湘文化在高校文化建设中应用的现状，了解湖湘文化在高校文化建设中存在的问题，探索湖湘文化推动和促进湖南高校文化建设的路径、理论体系的构建，从而在推动新时期湖湘文化的传承和发展的基础上，寻求湖南高校文化建设新的突破，将湖湘文化的优秀成果融入湖南高校文化建设中，以丰富湖南高校文化建设的内容，创新湖南高校文化建设的方法，实现湖南高校文化建设的目标。

参考文献

一、学术著作

1. 王兴国主编:《湖湘文化纵横谈》,湖南大学出版社1996年出版。

2. 朱汉民等著:《湖湘学派源流》,湖南教育出版社1992年出版。

3. 周秋光主编:《湖湘文化宏观研究》,湖南师范大学出版社2001年出版。

4. 伍新福等主编:《湖南通史》,湖南出版社1994年出版。

5. 罗玉明著:《近代湖湘文化与湖南党史人物群体的成长与形成》,湘潭大学出版社2015年出版。

6. 范文澜:《中国近代史》,新华书店1947年出版。

7. 郑焱著:《近代湖湘文化概论》,湖南师范大学出版社1996年出版。

8. 刘泱泱著:《近代湖南社会变迁》,湖南人民出版社1998年出版。

9. 钱基博、李肖聃著:《近百年湖南学风·湘学略》,岳麓书社1985年版。

10. 陶用舒:《近代湖南人才群体研究》,岳麓书社2000年出版。

11. 易永卿:《现代湖南人才群体研究》,湖南人民出版社2004年出版。

12. 刘华清:《湘籍无产阶级革命家群体研究》,湖南人民出版社2004出版。

13. 雷国珍:《任弼时与党的第一代领导集体》,湖南人民出版社2005出版。

14. 王继平:《毛泽东与湘籍无产阶级革命家研究》,湖南人民出版社2004年版。

15.《湖南工人运动史》,中国工人出版社1994年出版。

16. 李锐:《毛泽东早年读书生活》,辽宁人民出版社1992年出版。

17. 宋斐夫:《新民学会》,湖南人民出版社1980年出版。

18.《湖南人民革命史》,湖南人民出版社1991年出版。

19. 钱基博:《近百年湖南学风·湘学略》,岳麓书社1985出版。

20. 杨慎之、黄骊镛:《魏源思想研究》,湖南人民出版社1987出版。

21. 冯友兰:《中国哲学史新编》,人民出版社 1989 出版。

22. 冯天瑜、黄长义:《晚清经世实学》,上海社会出版社 2002 年出版。

23. 梁启超:《中国近三百年学术史》,山西古籍出版社 2001 年出版。

24. 皮锡瑞:《经学历史》,中华书局 1959 年出版。

25. 林增平主编:《湖南近现代史》,湖南师范大学出版社 1991 年出版。

26. 毛注青:《黄兴年谱长编》,中华书局 1991 年出版。

27. 李柏荣:《魏源师友记》,岳麓书社 1985 年出版。

28. 杜石然等:《洋务运动与中国近代科技》,辽宁教育出版社 1991 年出版。

29. 张朋园:《湖南现代化的早期进展(1860—1916)》,岳麓书社 2002 年出版。

30. 王兴国:《杨昌济的生平与思想》,湖南人民出版社 1981 年出版。

31. 马宗霍:《中国经学史》,商务印书馆 1936 年出版。

32. 黄利群:《留法勤工俭学简史》,教育科学出版社 1982 年出版。

33. 马玉卿等:《毛泽东成长的道路》,陕西人民教育出版社 1990 年出版。

34.《王船山学术讨论集》,中华书局 1965 年出版。

35. 龚育之:《毛泽东的读书生活》,三联书店 1986 出版。

36. 罗尔纲:《湘军兵志》,中华书局 1984 年出版。

37. 汪澍白:《毛泽东思想与中国传统文化》,厦门大学出版社 1987 年出版。

38. 贺明:《毛泽东和他同时代的人》,河南人民出版社 1992 年出版。

39.《毛泽东选集》第 1—4 卷,人民出版社 1991 年出版。

40.《毛泽东的早期革命活动》,湖南人民出版社 1980 年出版。

41.《毛泽东军事文集》第 5 卷,中央文献出版社 1993 年出版。

42. 斯诺:《西行漫记》,生活·读书·新知三联书店 1979 年出版。

43.《李达文集》第 4 卷,人民出版社 1988 年出版。

44.《黄埔军校史料(1924—1927)》,广东人民出版社 1982 年出版。

45.《船山全书》,岳麓书社 1991 年出版。

46.《胡宏集》,中华书局 1987 年出版。

47.《魏源年谱》,1967 年台湾出版。

48.《魏源集》,中华书局 1976 年出版。

49.《左宗棠全集》,岳麓书社 1987 年出版。

50.《郭嵩焘诗文集》,岳麓书社 1984 年出版。

51.《曾国藩全集》,岳麓书社 1994 年出版。

52. 黎昌庶:《曾国藩年谱》,岳麓书社 1986 年出版。

53.《谭嗣同全集》,中华书局 1998 年出版。

54.《杨昌济集》,湖南教育出版社 1983 年出版。

55.《郭嵩焘日记》,湖南人民出版社 1983 年出版。

56.《中国近代教育史料汇编——洋务运动时期》,上海教育出版社 1993 年出版。

57.《湘军人物年谱》,岳麓书社 1987 年出版。

58. 饶怀民:《刘揆一集》,华中师范大学出版社 1991 年出版。

59. 湖南社会科学院编:《黄兴集》,中华书局 1981 年出版。

60. 湖南省博物馆:《湖南革命烈士诗词书信选》,湖南人民出版社 1981 年出版。

61.《党史研究资料》第一集,四川人民出版社 1980 年出版。

62.《五四时期湖南人民革命斗争史料选编》,湖南出版社 1979 年出版。

63. 张应强:《文化视野中的高等教育》,南京师范大学出版社 1999 年出版。

64. 聂荣华,万里:《湖湘文化通论》,湖南大学出版社 2005 年出版。

65. 刘旭:《湖湘文化概论》,湖南人民出版社 2000 年出版。

66. 周兴旺:《湖南人,凭什么》,新华出版社 2002 年出版。

67. 杨晓优:《区域制度环境与区域竞争对策研究》,中南大学出版社 2005 年出版。

68. 李国钧:《中国书院史》,湖南教育出版社 1997 年出版。

二、期刊论文

1. 朱汉民:《湖湘文化探源》,《湖南大学学报(社会科学版)》,2011,4。

2. 何君辉:《湖南高校校园文化建设必须突出湖湘文化的精神内涵》,《湖南科技学院学报》,2015,1。

3. 罗玉明,董丽霞:《杨昌济教育经世思想及其对湖南早期党史人物群体的影响》,《江西社会科学》,2011,1。

4. 罗玉明,刘建辉:《王船山的军事思想及其对近代湖南历史人物的影响》,《衡阳师范学院学报》,2013,2。

5. 罗玉明,李富强:《近代湖南维新派人物群体经世观的主要特点论析》,《湘潭大学学报(哲学社会科学版)》,2012,5。

6. 王长乐:《现代大学制度建设的基本原则》,《清华大学教育研究》,2007,3。

7. 田光辉:《湖南省地方高校大学生职业生涯规划研究》,《怀化学院学报》,2011,9。

8. 田光辉:《湖湘多民族文化对湖南高校文化建设的影响研究》,《民族论坛》,2015,2。

9. 田光辉:《对湖湘文化融入湖南高校文化建设的思考》,《怀化学院学报》,2015,3。

10. 许益锋,刘新秀:《基于立德树人的大学校园文化建设与社会主义核心价值观融合机制研究》,《高教探索》,2017,9。

11. 王丹:《试论大学生管理工作的三个方面》,《出国与就业(就业版)》,2010,10。

12. 古冬雁:《加强思想政治教育,提升大学生综合素质》,《教育观察(上旬刊)》,2013,4。

13. 周秋光:《湖湘文化的个性特征与历史缺陷及现实价值》,《湖南省社会主义学院学报》,2009,3。

14. 周秋光:《近代湖南人才群体现象及其原因》,《湖南师范大学社会科学学报》,2003,2。

15. 郭锐:《新时期大学生思想政治教育的策略研究》,《新课程(下)》,2012,3。

16. 唐大光:《高校质量文化及其培育研究》,《国家教育行政学院学报》,2009,5。

17. 金鑫:《王船山是湖湘学派承上启下的关键人物》,《湖南师范大学社会科学学报》,1995,5。

18. 周跃云:《湖南地理与湖湘文化》,《求索》,1993,3。

19. 罗敏中:《论湖湘文化之源及其'蛮'的特性》,《湖南师范大学社会科学学报》,1997,5。

20. 陈甲标:《湖湘文化兼容性特性的形成与影响》,《湖南社会科学》,2000,6。

21. 陈先枢:《试论湖湘学风的特征》,《湖南社会科学》,1997,2。

22. 王兴国:《郭嵩焘与湖湘文化》,《湖南师范大学社会科学学报》,1995,5。

23. 刘四平:《论湖湘学术之兴与湖湘人才之盛》,《湖南师范大学社会科学学报》,2002,1。

24. 罗福惠:《近代湖湘文化鸟瞰》,岳麓书院1010年周年纪念文集第1辑。

25. 谭双泉,章猷才:《略论近代湖湘文化嬗变中的若干特征》,《湖南社会科学》,1997,3。

26. 沈其新:《近代湖湘民主思想和闽粤、江淮两地民主思想之比较》,《求索》,1997,3。

27. 章犹才等:《从蔡锷人格的复杂性看湖湘文化的近代嬗变》,《湖南师范大学学报》,1996,6。

28. 陶用舒:《论湖南近代人才群体形成的标志》。《求索》,1996,5。

29. 陶用舒:《湘军人才群和经世致用之学》,《益阳师专学报》,2000,4。

30. 陈先枢:《论湖南近代人才群体及其形成原因》,《湖南社会科学》,2000,1。

31. 刘华清:《湘籍无产阶级革命家群体对新民主主义革命家的历史贡献》,《湖南行政学院学报》,2004,6。

32. 刘华清:《论湘籍无产阶级革命家群体形成的社会历史条件》,《湖湘论坛》,2005,6。

33. 刘华清:《论湘籍无产阶级革命家群体的成长规律》,《湖南社会科学》,2006,5。

34. 霍修勇:《试论湘籍无产阶级革命家的群体特征》,《聊城大学学报》,2006,5。

35. 霍修勇:《试论湘籍无产阶级革命家群体的忧患意识》,《湖南农业大学学报》,2006,2。

36. 李惠康:《论湘籍无产阶级革命家群体的特点》,《社会科学论坛》,2007,1。

37. 李惠康:《论湘籍无产阶级革命家群体的形成》,《青海社会科学》,2007,6。

38. 唐振南:《论长沙共产主义小组的几个问题》,《求索》,2001,3。

39. 熊英:《湘军对近代湘湖文化的贡献及影响》,《常德文理学院学报》,2007,4。

40. 胡波:《容闳与中国近代化》,《求索》,1999,4。

41. 王继平:《论近代湖湘文化的基本精神》,《求索》,1993,4。

42. 汪澍白:《试论毛泽东哲学思想与中国传统哲学的继承关系》,《求索》,1982,6。

43. 罗玉明,李富强:《近代湖南维新派人物群体经世观的主要特点论析》,《湘潭大学学报(哲学社会科学版)》,2012,3。

44. 罗玉明,王秋娜:《王夫之的"和合"思想述论》,《怀化学院学报》,2011,3。

45. 童潜明:《从地学谈湖湘文化的起源(上)》,《国土资源导刊》,2010,3。

46. 童潜明:《从地学谈湖湘文化的起源(下)》,《国土资源导刊》,2010,4。

47. 吉龙:《浅析做好准大学生的思想政治教育工作》,《高考(综合版)》,2013,6。

48. 周光礼:《完善高教治理结构 加快现代大学制度建设》,《中国高等教育》,2009,3。

49. 别敦荣:《现代大学制度的典型模式与国家特色》,《中国高教研究》,2017,5。

50. 张俊宗:《现代大学制度:内涵、主题及主要内容》,《江苏高教》,2004,4。

51. 周光礼:《我国现代大学制度构建的法律视界》,《中国高等教育》,2007,2。

52. 王建华:《第三部门视野中的现代大学制度》,《高等教育研究》,2007,1。

53. 周佑勇,曹萍,孙海,许海波,赵大为:《依法治校与现代大学制度建设》,《国家教育行政学院学报》,2017,10。

三、学位论文

1. 王文平:论高校学生思想政治教育中湖湘文化的融入,《湖南师范大学硕士论文》,2012,12。

2. 郑涛:论湖湘文化孕育的近代湖南人精神,《中南大学硕士论文》,2003,6。

3. 李福杰:大学文化视野下的大学发展研究,《华东师范大学博士论文》,2006,6。

四、辞典、人物传记

1.《梁启超选集》,上海人民出版社 1984 年出版。

2.《黄克强先生荣哀录》,1917 年印行。

3.《辛亥革命前十年间时论选集》,生活·读书·新知三联书社1960年出版。

4.《中外历史人物词典》,湖南人民出版社1987年出版。

5.《中国现代史人物传》,四川人民出版社1986年出版。

6. 王东主编:《中国共产党大辞典》,中国广播电视出版社1991年出版。

7.《蔡和森传》,湖南人民出版社1980年出版。

8.《中共党史人物传》,陕西人民出版社1985年出版。

9. 李侃:《中国革命史人名大辞典》,海南出版社1992年出版。

10.《三湘英烈传》,湖南人民出版社1987年出版。

11.《现代汉语词典》,商务印书馆1985年出版。

12.《湖南省志·教育志》,湖南出版社1991年出版。

13.《会同县志》,生活·读书·新知三联出版社1994年出版。

14.《永定县志》,中国科学技术出版社1994年出版。

15.《凤凰县志》,湖南人民出版社1988年出版。

16.《保靖县志》,中国文史出版社1990年出版。

17. 施拉姆:《毛泽东》,红旗出版社1995年出版。

18.《柳直荀》,天津人民出版社1979年出版。

19. 姚仁隽:《抗日名将左权》,中共党史出版社1996年出版。

20. 盛仁学编著:《曾中生和他的军事文稿》,重庆出版社1984年出版。

21.《谢觉哉传》,人民出版社1984年出版。

22. 林健柏等:《李启汉》,广东人民出版社出版。

23. 唐纯良:《李立三大传》,安徽人民出版社1999年出版。

24. 余鉴则,袁廷华等:《李维汉传略》,《李维汉纪念集》,华文出版社1998年出版。

25. 凌辉:《李六如》,海潮出版社1990年出版。

26. 蒋忠文:《蒋先云烈士传略》,湖南人民出版社1979年出版。

27. 吕芳文、蒋薛:《夏明翰》,人民出版社1984年出版。

28. 刘梦华等:《熊瑾玎传》,重庆出版社1992年出版。

29. 苏平:《蔡畅传》,中国妇女出版社出版。

30.《杨开慧》,上海人民出版社1984年出版。

31.《粟裕传》,当代中国出版社2000年8月版。

32. 吴湘湘:《宋教仁传》,台湾传记文学出版社1985年出版。

33.《林伯渠传》,红旗出版社 1986 年出版。
34. 朱永来:《寻淮洲将军传》,解放军出版社 1991 年出版。
35.《任弼时传》,中央文献出版社 1996 年出版。
36. 何贻焜:《曾国藩评传》,《民国丛书》第一编(85),上海书店。
37. 金冲及:《刘少奇传》,中央文献出版社 1998 年出版。
38. 穆欣:《陈赓大将军》,上海人民出版社 1999 年出版。
39.《黄公略》,湖南人民出版社 1978 年出版。
40.《罗荣桓传》,当代中国出版社 1997 年出版。
41.《世纪风云中的共和国大将——许光达》,作家出版社 1998 年出版。
42. 侗枫:《粟裕大将军》,上海人民出版社 1997 年出版。
43. 湖南省政协文史委员会编:《党和人民的骆驼任弼时》,岳麓书社 2003 年出版。
44. 胡正耀:《女杰何宝珍烈士》,中国妇女出版社 1998 年出版。
45. 戴树恭:《向警予传》,人民出版社 1981 年出版。

五、互联网文档资源

1. 大舜史称舜帝(http://www. docin. com).
2. 湖湘文化融入高校文化建设的四种途径(http://ldhn. rednet. c).
3. 湖南主要史前文明遗址(http://www. docin. com).
4. 楚文化的六大支柱及其精神特质(http://www. zuowenw. c).
5. 湖湘文化(http://wenku. baidu. c).
6. 魏源以"变易"为主轴的今文经学思想(http://www. zuowenw. c).
7.《海国图志》和"师夷长技以制夷"(http://fanwen. chazid).
8. 近代湖南人才群体(转载)(http://blog. sina. com).
9. 独特的湖湘文化(http://wenku. baidu. c).
10. 湖湘文化造就湖南名人堂(http://www. docin. com).
11. 关于湖湘文化精髓的概括(http://wenku. baidu. c).
12. 大力弘扬湖湘文化优秀传统(http://theory. people).
13. 校园文化建设方案(http://wenku. baidu. c).
14. 浅析高校校园文化建设论文(http://wenku. baidu. c).
15. 大学校园文化建设浅析(http://www. yxtvg. com).
16. 大学制度文化是大学文化建设的保障(http://blog. sina. com).

后 记

湖湘文化源远流长，博大精深，内涵丰富，自近代以来，湖湘文化浩然特立，大放异彩。及至现代，学术界关于湖湘文化之研究更是蔚然成风。湖湘文化是一种具有悠久历史和深厚蕴含的区域文化，对我国民族文化传统的形成与发展产生过极其重要的影响，尤其是近现代以来，湖湘文化的巨大影响甚至推动了中国历史发展进程。这种影响今天仍然在湖南乃至我国的经济、文化以及日常生活中发挥重要的作用。湖湘文化具有悠久的历史，其精神实质对湖南高校文化建设起着举足轻重的作用。把湖湘文化融入湖南高校文化建设中，有利于引导学生爱国、爱校、爱家，塑造学生的自信品质，力倡经世致用，鼓励学生拼搏进取，艰苦奋斗。湖湘文化是湖南高校文化建设的有效资源，是取之不尽的源泉和理论宝库。

文运同国运相牵，文脉同国脉相连。党中央高度重视传承发展中华优秀传统文化，党的十九大报告提出，要坚定文化自信，推动社会主义文化繁荣兴盛。作为中华优秀传统文化重要组成部分的湖湘文化源远流长、博大精深，具有独特的文化品质和文化魅力。在湖南高校学生群体中，绝大多数来自湖南本土，对于他们而言，身为湖南人“只有先了解湖湘文化才能真正理解中国文化，只有先了解湖南人才能真正了解中国人。”至于来自外省的学生，虽然不生于此，却生活于此，有些学生毕业后还会留在湖南工作和生活，他们同样需要学习和了解湖湘文化，以促进文化的交流。湖湘文化作为湖南特有的区域性文化，具有独特的文化秉性，将之融入湖南高校文化建设中，将大大升华湖南高校文化建设的文化张力，不仅让本土学生倍觉亲切亲近，也会使外省学生产生亲和感。因此，湖南高校有必要通过大力宣传和倡导湖湘文化，使大学生对湖湘文化产生浓厚的兴趣和敬慕之情，也使他们的思想觉悟和政治素养得到提高，从而助推湖南高校文化建设，打造湖南高校文化的地域特色。

本书主要对湖湘文化融入湖南高校文化建设的实践进行研究。湖湘文化是湖南省的地域文化，湖南高校不可避免地打上了湖湘文化的烙印。湖南高校文化建设不仅能从湖湘大地丰富的自然人文景观、名人名著、科教水平等物质文化中找到参照，同时受到湖湘伦理法制、风俗民风、宗教信仰等制度性约束，还能从湖湘文史、艺术等精神成果中汲取灵感。湖南高校应该充分汲取湖湘文化的营养，结合高校自身发展建设的传统与现实，探索湖湘文化推动和促进湖南高校文化建设的路径，以物质文化为载体，以制度文化为保障，以精神文化为灵魂，培育出底蕴深厚、特色鲜明、立足长远的高校文化。从而在推动新时代湖湘文化传承和发展的基础上，寻求湖南高校文化建设新的突破，将湖湘文化融入湖南高校文化建设中，以丰富湖南高校文化建设的内容，创新湖南高校文化建设的方法，实现湖南高校文化建设的目标，为相关部门提供决策参考。由于笔者水平有限，错谬之处在所难免，敬请方家批评指正。

田光辉
2018 年 1 月